SHEJIAO LIYI

社交礼仪

第二版

叶蓉 主编　　黄俊亮　邹莉　副主编

·北京·

内容简介

礼仪是人生的必修课，被誉为步入社会的“通行证”，走向成功的“立交桥”。本书详尽地介绍了社会交往中必须遵循的各种礼仪知识，具有很强的实践性、实用性和可读性。主要内容包括：绪论、个人形象礼仪、日常交往礼仪、餐饮礼仪、公共礼仪、职场礼仪、通联礼仪、民俗节庆礼仪、涉外礼仪等内容。在体例设计上每章前都有学习目标、案例导入，每章后都设计了实操性训练题，适合实训课堂使用或作为课外拓展训练，帮助学生结合理论学习的同时提高实践技能。

本书紧扣时代脉搏，内容丰富，案例鲜活，实用性强，是广大学生和职场人士学习礼仪知识、提高文化素养的优秀教材；也可作为其他不同学历层次、社会机构、企业培训用书，还可作为自学参考书。

图书在版编目（CIP）数据

社交礼仪/叶蓉主编.—2版.—北京：化学工业出版社，2021.8（2024.11重印）
ISBN 978-7-122-39415-6

Ⅰ.①社… Ⅱ.①叶… Ⅲ.①社交礼仪-教材
Ⅳ.①C912.12

中国版本图书馆CIP数据核字（2021）第127984号

责任编辑：蔡洪伟　洪　强　　　装帧设计：王晓宇
责任校对：王素芹

出版发行：化学工业出版社（北京市东城区青年湖南街13号　邮政编码100011）
印　　装：涿州市般润文化传播有限公司
787mm×1092mm　1/16　印张14½　字数361千字　2024年11月北京第2版第3次印刷

购书咨询：010-64518888　　　售后服务：010-64518899
网　　址：http://www.cip.com.cn
凡购买本书，如有缺损质量问题，本社销售中心负责调换。

定　　价：42.00元

前言

礼仪是人类文化的结晶，是社会文明的标志。社交礼仪是人们进行社会交往的行为规范与准则，被喻为步入社会的“通行证”，走向成功的“立交桥”。一个人只有知礼、懂礼、守礼、行礼，才能够树立良好的个人形象，才能够得到他人的尊重和信任，才能够在现代交际活动中如鱼得水，从而实现自身价值，收获成功。

当前，各高职院校越来越重视学生的礼仪教育，将之作为培养学生基本素养，使之具备可持续发展能力的重要途径。基于这样的背景，我们组织多位高职院校具有丰富礼仪教学实践经验的教师，根据高职教育发展的要求和人才培养特点，编写了此书。本书初次编写于2012年，2021年进行了修订。在编写和修订过程中着力突出以下三个特点。

第一，实践性。本书充分考虑高职教育特色，突出学以致用。在体例设计上，按照社交活动内容分为八章，每章开头提出明确的学习目标，并以社交礼仪中的典型案例为切入点，章尾则设计了系列实操性训练题，适合实训课堂使用或作为课外拓展训练，使学生在学习基础理论知识的同时，提高实践技能。

第二，实用性。本书在内容、结构安排上，由浅入深、循序渐进，既注重知识体系的完整和系统，又遵循理论知识“必需、够用”的原则。着眼于应用型人才的需要，尽量缩短理论与实践的距离，强化知识的应用性和可操作性。

第三，可读性。本书体例新颖，配有较多例证。每章都以经典案例导入，吸引读者阅读、学习，章节中间也穿插了较多典型案例，增强了趣味性和吸引力。加之语言简洁流畅、通俗易懂，具有较强的可读性。

总之，本书体系完整，内容丰富，案例鲜活，实用性强，是广大学生和职场人士学习礼仪知识、提高文化素养的优秀教材。

本书由武汉软件工程职业学院叶蓉担任主编，黄俊亮和邹莉担任副主编。叶蓉制定编写大纲并最后统稿。全书除绪论外，另分八章，绪论和第一章“个人形象礼仪”由文峥嵘编写和修订，第二章“日常交往礼仪”和第三章“餐饮礼仪”由黄俊亮编写和修订，第四章“公共礼仪”和第八章“涉外礼仪”由邹莉编写和修订，第五章“职场礼仪”和第六章“通联礼仪”由叶蓉编写和修订，第七章“民俗节庆礼仪”由冯玫编写和修订。

本书在编写和修订过程中，参考了有关教材、著作、论文等，吸收和借鉴了相关作者的研究成果和学术精华；此外，还参考了相关网站上的部分文献，引用了其中的数据、资料，在此对相关文献的作者表示诚挚的谢意！

由于编写、修订此书时间仓促、经验不足、水平有限，在内容选择和体例安排上难免存在疏漏与不当之处，敬请读者谅解，诚请大家批评指正，以利今后持续修改完善。

编　者

2021年5月

目　录

目 录

绪论

学习目标

- 认识个人形象礼仪的重要性。
- 掌握仪容修饰的各项要求和面部化妆技巧。
- 掌握仪态美的基本要求，正确使用目光和手势。
- 掌握着装的原则和技巧，学会得体的着装。

案例导入

修养是一封介绍信

一位老板雇了一个没带任何介绍信的学生到他的办公室做事，老板的朋友挺奇怪。老板说："其实，他带来了不止一封介绍信。你看，他在进门前先蹭掉脚上的泥土，进门后又先脱帽，随手关上了门，这说明他很懂礼貌，做事很仔细；当看到残疾老人时，他立即起身让座，这表明他心地善良，知道体贴别人；那本书是我故意放在地上的，所有的应试者都视而不见，只有他俯身捡起，放在桌上；当我和他交谈时，我发现他衣着整洁，头发梳得整整齐齐，指甲修剪得干干净净，谈吐温文尔雅，思维十分敏捷。怎么，难道你不认为这些小节都是极好的介绍信吗？"

礼仪是人类文明的重要组成部分，是世界各民族几千年来共同创造、共同享有的宝贵文化积累和精神财富。一部礼仪的发展史，就是一部人类文明的发展史。

一、社交礼仪概述

社交礼仪是人们进行交往的行为规范和准则，被喻为步入社会的"通行证"，沟通人际关系的"立交桥"。

（一）礼仪的含义

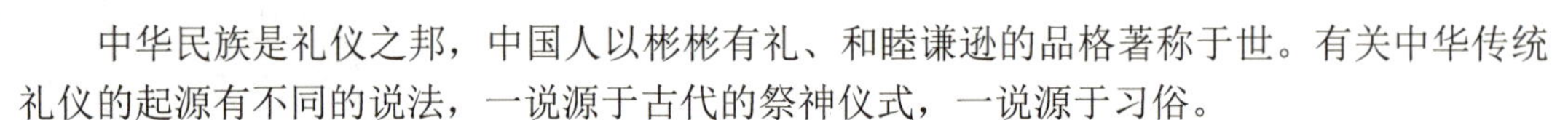

中华民族是礼仪之邦，中国人以彬彬有礼、和睦谦逊的品格著称于世。有关中华传统礼仪的起源有不同的说法，一说源于古代的祭神仪式，一说源于习俗。

（1）祭神仪式来源说　礼的繁体字“禮”，左边的“示”表示“神的启示”，右上部的“曲”表示供奉给神明的祭品，右下部的“豆”是古代一种礼器。在祭祀神灵的仪式上，有专门祭神的舞蹈动作，这些动作，成为后来礼仪形式的起源。礼仪就逐渐由“神”转向“人”，转化为一种社会行为准则。

（2）习俗来源说　此即“礼源于俗”的观点，俗就是习俗，是人们在各自特定的环境生活中形成的不同风俗习惯。随着社会进步，一些有损于人类健康的蛮风野俗被人们自觉地放弃了，一些落伍的风俗被新的风俗取代，还有一些风俗继续留在文化中，对形成民众的良好习惯、协调人际关系，发挥了重要作用。

在现代社会中，人们通常“礼仪”连称。其实，“礼”和“仪”的含义是有差别的。“礼”是一种内在的态度要求，是对内心恭敬庄严的要求；“仪”则是个人外表和仪态的行为方式，是一种符合“礼”的外在行为动作。这就意味着，“仪”是“礼”的具体表现形式，是依据“礼”的规定和内容形成的一套系统而完整的程序。因此，人们一般认为，现代礼仪具体表现为礼貌、礼节、仪表、仪式等。

礼貌是指以言语、行动所表现的恭敬谦虚，如尊老爱幼、热情待客等。

礼节是指人们在交际活动中待人接物的形式，如拜会、回访、握手等。

仪表是指人的外表，如容貌、服饰、表情、姿态等。

仪式是指在一定场合举行的具有专门程序的活动，如开业典礼、迎送仪式等。

（二）礼仪的特征

与其他学科相比，礼仪具有独有的特征，主要表现在以下四个方面。

1. 规范性

礼仪是人们在交际场合待人接物的行为规范。这种规范性不仅约束着人们在一切交际场合的言谈话语、行为举止，使之合乎礼仪；也是人们在一切交际场合必须采用的一种“通用语言”，是衡量他人、判断自己是否自律、敬人的一种尺度。任何人要想在交际场合表现得彬彬有礼，必须无条件地遵守礼仪。

2. 共同性

礼仪是在人类共同生活的基础上形成的，是同一社会中全体成员调节相互关系的行为规范。礼仪随着社会生产、生存环境和生活形态的变化而不断充实完善，逐渐成为社会各阶层共同遵守的行为准则。礼仪的内容大都以约定俗成的民俗习惯、特定文化为依据，集中反映了一定范围内人们共同的文化心理和生活习惯，从而带有明显的共同性特点。由于交往范围不断扩大，地域和文化交流限制所造成的礼仪规范的差异逐渐被打破，许多礼仪形式被越来越多的人接受和认可，礼仪的共同性特点将会日趋明显。

3. 差异性

礼仪作为约定俗成的行为规范，其运用要受到时间、地点和环境的约束，同一礼仪会因时间、地点或对象的变化而有所不同。礼仪的差异性主要表现为民族差异性、个性差异、时代变异性等。民族差异性是指不同民族的礼仪多姿多彩、各具特色；个性差异，每个人因其地位、性格、资质等因素的不同，在使用同样的礼仪时会表现出不同的形式和特点；时代变异性是指礼仪随着社会的进步而不断发展、丰富和完善。礼仪总是体现着时代要求和时代精神，因而随着时代发展而产生差异。世界各国都很重视礼仪改革，现代礼仪发展变化的趋势是使礼仪活动更加文明、简洁和实用。

4. 传承性

礼仪的传承性是指每个国家的礼仪都有自己鲜明的民族特色，每个国家的当代礼仪都是在其古代礼仪基础上继承、发展起来的。离开了对本国、本民族既往礼仪成果的传承、扬弃，就不可能形成当代礼仪。对于既往的礼仪遗产，正确的态度不应当是食古不化，全盘沿用，而应有扬弃，有继承，更有发展。

（三）礼仪的作用

据传公元前592年，晋国、鲁国、卫国、曹国四国使臣带着墨玉、币帛等贵重礼品去拜见齐国国君齐顷公。献礼时，齐顷公发现，晋国使臣“独眼”，鲁国使臣秃头，卫国使臣跛脚，曹国使臣驼背，不禁暗自发笑。第二天，齐顷公设宴招待各国使臣，让自己的母亲萧夫人躲在帷帐后面观看这些使臣。萧夫人一看到这四个使臣便大笑起来，她的随从也个个笑得前仰后合。笑声惊动了众使者，当使臣们得知齐顷公是为了让母亲寻开心，特意作这样的安排时，个个怒不可遏，不辞而别，并约定各自回国请兵伐齐，血洗所受的耻辱。四年后，四国联合讨伐齐国，齐国大败，齐顷公只得讲和，这便是春秋时著名的“鞍之战”。

孔子曰，“富而好礼”；管子说，“仓廪实而知礼节，衣食足而知荣辱”。这都深刻说明了礼仪的重要性。礼仪不仅是个人成长的需要，是时代发展的需要，也是传承文明的需要。

第一，礼仪是个人美好形象的标志。个人形象是指个人在交往中留给他人的整体印象，以及由此而使他人对其所形成的评价整体和总的看法。完整的个人形象是从内在品质、仪容仪态、服饰表情、言行举止等方面塑造和展示的。礼仪是一个人内在素质和外在形象的具体体现，也是个人心理安宁、心灵净化、身心愉悦、增强修养的保障。

第二，礼仪是家庭美满和睦的根基。家庭是以婚姻和血缘为纽带的社会关系，礼仪是维持家庭生存和实现幸福的基础。“父子和而家不败，兄弟和而家不分，乡党和而争讼息，夫妇和而家道兴”“和”就是相互谦恭有礼的意思。礼仪可以使夫妻和睦、父慈子孝、家庭幸福，也有助于社会安定、国家发展。

第三，礼仪是人际关系和谐的基础。社会是不同群体的集合，群体是由众多个体会合而成，而个体的差异性是绝对的，例如性别、年龄、贫富、尊卑等。礼仪是社会交往的润滑剂、黏合剂和灭火剂，使不同群体之间相互敬重、相互理解、求同存异、和谐相处。

第四，礼仪是各项事业发展的关键。职业是人们在社会上谋生、立足的手段。讲究礼仪更可以促进全体员工团结互助、敬业爱岗、诚实守信，增强竞争实力，从而推动各项事业的发展，帮助人们实现理想、走向成功。

第五，礼仪是社会文明进步的载体。礼仪是人类社会进步的产物，蕴含着丰富的文化内容，体现着社会的要求与时代精神。礼仪作为社会行为规范，对人们的行为具有较强的约束力，在维护社会秩序方面，具有法律所起不到的作用。

拓展阅读

日本木村事务所

日本有一家叫木村事务所的企业想扩建厂房，他们看中了一块位于近郊的土地意欲购买。同时还有其他几家企业也想购买这块地。为购得这块土地，木村事务所的董事长多次登门，费尽口舌，但土地的所有者——一位倔强的老太太，说什么也不卖。

一个雪天，老太太进城购物顺便来到木村事务所，她本意是想告诉木村先生死了这份心。

老太太推门刚要进去，突然犹豫起来，原来屋内整洁干净，而自己脚下的木屐沾满雪水，肮脏不堪。正当老人欲进又退之时，一位年轻的女职员出现在老人面前："欢迎光临！"女职员看到老太太的窘态，马上回屋想为她找一双拖鞋，不巧的是拖鞋正好没有了。女职员便毫不犹豫地把自己的拖鞋脱下来，整齐地放在老人脚前，笑着说："很抱歉，请穿这个好吗？"老太太犹豫了：她不在乎脚冷？"别客气，请穿吧！我没有什么关系。"等老人换好鞋，女职员才问道："女士，请问我能为您做些什么？""哦，我要找木村先生。"老太太说。"他在楼上，我带您去。"女职员就像女儿扶母亲那样，小心翼翼地把老太太扶上楼。老人在踏进木村办公室的一瞬间改变了主意，决定把地卖给木村事务所。那位老人后来告诉木村先生说："在我漫长的一生里，遇到的大多数人是冷漠的。我也去过其他几家想买我地的公司，他们的接待人员没有一个像你这里的职员对我这么好，你的女职员年纪这么轻，就对人这么善良、体贴，真令我感动。真的，我不缺钱花，我不是为了钱才卖地的。"就这样，一个大企业家倾其全力交涉半年也徒劳无功的生意，竟然因为一个女职员有礼而亲切的举动而在无意间被促成了，真是奇妙之极。

（四）礼仪的原则

礼仪的原则是指人们处理相互交往关系时的出发点和应遵从的指导思想。礼仪的基本原则如下。

1. 尊重原则

尊重是交际礼仪的灵魂。古人云："敬人者，人恒敬之。"只有相互尊重，人与人之间的关系才会融洽和谐。所以，在人际交往中既要自尊又要尊重他人，既要尊重他人的人格、劳动和价值，又要尊重他人的思维方式和生活习惯，不应强求他人按照自己的标准来生活、行事。尊重他人就要在交往中换位思考，善解人意，努力做到以对方为中心。

2. 平等原则

平等是人们之间建立情感的基础，是保持良好人际关系的诀窍。礼仪的平等原则是指在人际交往中，既要以礼待人，有来有往，不盛气凌人，不卑躬屈膝，不以职业、地位、权势压人，又要对交往对象一视同仁，不厚此薄彼，不以貌取人，而是给予同样的礼遇，时时处处谦虚、友善待人。

3. 宽容原则

宽容就是允许别人自由行动或判断，耐心而毫无偏见地容忍与自己的观点或公认的观点不一致的意见。“海纳百川，有容乃大。”能设身处地为别人着想，原谅别人的缺点与过失是一种美德，也是基本的礼仪素养。俗话说：“金无足赤，人无完人。”表现在礼仪上，有的人擅长礼仪交际，说话办事滴水不漏；有的人不熟悉礼仪规则，行为举止粗俗。对于后者，我们要理解、宽容，不可求全责备。

4. 适度原则

适度是指施行礼仪过程中，按照礼仪规范，把握好与特定环境相适应的人们彼此间的感情尺度、言语尺度和行为尺度，以建立和维持健康、持久的人际关系。在与人交往时，既要彬彬有礼，又不能低三下四；既要热情大方，又不能轻浮谄谀；既要自尊又不能自负；既要坦诚又不能粗鲁；既要信人又不能轻信；既要活泼又不可轻浮；既要谦虚又不能拘谨；既要老练持重，又不能圆滑世故。

5. 从俗原则

由于国情、民族、文化背景等的不同，我们必须坚持入乡随俗，与绝大多数人的习惯做法保持一致，切勿目中无人、自以为是。如中东地区某些国家，受宗教信仰影响，禁止女性向家庭成员以外的男人裸露肌肤，严格讲究男女授受不亲，去这些国家访问或做客，就应尊重他们的礼仪规范。

6. 自律原则

礼仪不是法律，自律是其最高境界。自律是指人们在没有任何监管的情况下，能够自觉按照礼仪规范约束自我、管理自我。我们要通过礼仪教育与训练，在内心树立起高尚的道德信念和行为准则，养成“非礼勿视，非礼勿听，非礼勿言，非礼勿动”的自觉性，在人际交往中自觉遵从礼仪规范，使自己成为一个彬彬有礼并受人欢迎的人。

（五）礼仪的“3A”法则

“3A”法则，是由当代美国著名的人际关系学家莱斯·布吉林研究发现的，这个法则诠释了人际交往三大秘诀，因其在英语中都以字母“A”开头，所以被简称“3A”法则。

1. 接受对方（accept）

即要有一颗能包容的心。“己所不欲，勿施于人”，切不可把自己对别人的接受当作砝码与他人讨价还价。接受一旦变成了交易，就失去了对他人的尊重。美国华盛顿大学有位教授三十几年里专门研究了关于人在受到窘迫时该如何来应对的学问，得出以下结论：一是面红耳赤，这是一种幼稚的表现；二是暴跳如雷，这正中了别人的圈套；三是逃避，这是被动的表现；四是积极主动的态度，即当众表示一种幽默，这其实既是对别人的宽容，也是对自己的一种保护，即不让自己经历受到伤害的心理过程，因为真正的伤害永远只能来自对别人的不能宽容，也就是自己把自己推到了受伤害的境地。

锻炼一个人包容心的最好考验莫过于面对别人的嫉妒。一个人稍有成就，就会处于众目睽睽之下，有羡慕的、挑剔的，也有怀疑的、嫉妒的。培根曾说过：“在人类一切情欲中，嫉妒之情恐怕要算是最顽强、最持久的了。”应该学会弱化、融化和淡化嫉妒，其中最好的办法就是学会肯定别人，同时尽量淡化自己的优点。

2. 赞美对方（admire）

威廉·詹姆斯曾说过：“人性的根源有一种渴望被人肯定、称赞的强烈愿望，这是人和动物之间最大的不同，人类文明也因此而进步、发展。”美国前总统林肯也曾说过：“每

个人的内心深处最深切的渴望是得到别人的赞美。”赞美具有极大的魔力，在协调人际关系上，赞美对方简直可以视同生命中的阳光和空气。马克·吐温也曾说过，当他得到别人赞赏时，可以凭着这份赞赏愉快地生活两到三个月。人人都有双重赞美的需要，即受到赞美和称赞别人。如果没有赞美或称赞，人们就会丧失进取心和自信心。善于挖掘别人的优点，并且肯定和发扬它，甚至可以激发人的潜能。

3. 重视对方（appreciate）

这是指对所有人的重视。企业管理界有一个广为人知的“木桶原理”，讲的是一个木桶的蓄水量不是取决于最长的木板，而是取决于最短的木板。由此可见，在一个企业内部，每个员工都有其存在的价值和意义，而让别人感到他是受尊重的，这是对他最大的鼓励。比如，在与别人交往中往往会出现意见不一致，这是一种很正常的现象，因彼此站在不同的立场和不同的角度，必然会对同一个问题产生不同的看法，关键是如何消除这种不一致，使别人能够认同你的观点。

重视对方的基本要求就是不要直接否定对方。要学会使用“先肯定再否定”的表达技巧，因为当一个人被别人肯定时，心情就会放松，愿意继续接受其他信息。“先肯定后否定”不会直接引起对方的逆反心理，反而使他易于接受最后转折的意见。如果最后你是以征求的口吻，效果会更好。其实重视对方也是现代公关管理的基本要求。

重视对方的最好办法就是学会对别人的充分肯定和尊重。赞赏与感激他人意味着一种人际审美精神，充满热情地欣赏他人、发现他人的价值只会给对方带来心理与精神上的满足。同时，赞赏与感激也是我们对整个生活与世界的一种积极态度，一个能由衷赞美他人的人，必定是一个能体会到世界美好的人，是一个对自己前途充满信心的人，是一个能认识价值、发现价值、创造价值的人。

二、礼仪素质的培养

“做人先学礼”，礼仪教育是人生的第一课。我们要学习、应用礼仪，加强礼仪素养。从个人修养角度来看，礼仪是一个人内在修养和素质的外在表现。慧中才能秀外，一个人无论具有多么优越的先天条件，经过多么精心的打扮，受过多少严格的训练，如果不努力提高自己的内在素质，礼仪只能是缺乏内涵的机械模仿。所以，加强礼仪修养必须在提高内在素质上下功夫。

（一）修炼道德

礼仪的根基是文化，是道德。有德才有礼，无德必无礼，修礼必先修德。社会主义道德的具体内容，是社会所提倡的“三德”，即家庭美德、职业道德和社会公德，一个讲究“三德”的人，就是孝敬父母、遵纪守规、克己利人的人。

1. 重视家庭美德

家庭美德的核心是尊长爱幼。如果我们具备了良好的家庭美德，就会知道如何尊敬自己的父母。如经常向父母问候；逢“三八”妇女节、母亲节，给母亲送上一束鲜花，带着祝福的微笑，说：“妈妈，节日快乐！”；为父母过生日时，为父母敬上一杯酒，同时问候：“爸爸，祝您健康长寿！”“妈妈，祝您生日快乐，万事如意！”……与父母共享我们的成功，是美德的具体体现，然而对父母的精神慰藉，更是我们对父母孝敬的最高体现。

2. 恪守职业道德

一个受欢迎的人，一定是讲究职业道德的人。讲究职业道德的核心表现就是遵纪守规和爱岗敬业。首先，遵守所在组织的各项规章制度是每个人的天职，也是衡量一个人是否受欢迎的重要指标。其次，履行这些规章制度，是一个人职业道德的体现。试想，一个道德卑微、情感消极、神形猥琐、不学无术的人，在工作岗位上不可能有礼貌的言谈和优雅的举止。

3. 遵守社会公德

公共道德的核心内容是在公共场所和共用空间，你的举止言谈不打扰他人，并尽可能地给对方提供方便。一个具有公德意识的人，必须系统地修炼公共礼仪规范。例如，图书馆阅读礼仪、食堂就餐礼仪、着装礼仪、走路礼仪、问路礼仪、乘电梯礼仪、乘机礼仪、乘车礼仪、观光礼仪、观看展览会礼仪等。

（二）增厚学识

在社交活动中，具有较高文化修养的人，往往受人欢迎，而肤浅、粗俗的人很难与人建立良好的关系。广泛学习各种文化知识，不断充实自己，既是加强自身修养的需要，也是人际交往的要求。

1. 能力卓越靠学识

在人际交往中，需要与方方面面的人交朋友，进行广泛的交流，因而应当具备各方面的科学文化知识和社会知识。具有一定文学知识，能够提高理解问题的能力、语言表达能力，有助于进行业务洽谈，总结业务活动的经验，改进经营管理；具有一定的哲学、历史、心理学知识，能够提高分析问题、认识问题的能力，善于处理经营管理中的各种矛盾、协调各方面关系、掌握公众心理，根据不同对象的特点和要求，运用不同的方法，达到他们的要求；具有一定的经济学、法律知识，能够掌握经济规律，依法办事，提高办事能力；具有一定的美学、音乐、绘画方面的知识，能够陶冶情操、净化心灵，使人情趣高雅、充满活力，工作中积极热情、潇洒自信；了解各地风俗民情，熟悉当地经济、文化、交通、娱乐等方面的情况，可以使人在社交活动中广结人缘，应付自如。

2. 气度不凡靠学识

知识与教养结合，可以使人具有脱俗的气质和优雅的风度。知识就是财富，有了科学文化知识，才能使自己懂礼貌、讲礼节，才能分析、思考问题周到，处理解决问题得体妥当。广泛阅读各种书籍，欣赏艺术作品，不断寻找生活中的美好事物，久而久之，人的精神面貌、内在素质就会得到升华，仪表风度也会悄然改变。

3. 妙语连珠靠学识

古语说："腹有诗书气自华"，渊博的知识是修养的前提，绝妙的语言一定是以渊博的知识作为底蕴。

（三）调适心理

若没有健康积极的心态，很难在待人接物时表现出主动热情，也不可能做到彬彬有礼、自尊自信。我们很多人具有健康的体魄，却无缘无故地烦恼、苦闷、痛苦、焦虑、失眠等，这些都属于心理不健康的症状；有的人虽然读了关于提高自身素质的书籍，学习了行为举止礼仪规范，但在待人接物时却缩手缩脚、羞于见人，究其原因，往往是由于自卑胆怯、缺乏自信所致，这就更需要提高自身的心理素质、调整好自己的心态。

健康积极心态的特点是保持乐观而稳定的情绪，在工作和生活中充满热情和活力；有较强的事业心和目标意识，能够与组织行为和公众利益协调一致；能够正确地认识自己，并能公正地评价别人，豁达大度，自尊、尊人，建立和保持和谐的人际关系；积极进取，勇于追求，意志坚强，自我克制；能够坦然冷静地接受所发生的各种事情，迅速地作出反应。健康良好的心态，是展现礼仪的重要因素。

（四）加强学习

礼仪必须通过学习、培养和训练才能成为人们的行为习惯。每一位社会成员都有义务和责任，通过学习礼仪、传承礼仪，自然而然地成为这个民族和团体的一员。首先，大学生要利用课堂教学、图书、网络资料、广播电视，系统、全面地学习礼仪知识，并将礼仪知识的学习和其他科学、文化知识的学习结合起来，这样能更好地理解和掌握礼仪。其次，生活就是最好的老师，我们可以向彬彬有礼的人学习、模仿，细致观察哪些行为举止不合礼仪规范，学会自我反省。另外，“纸上得来终觉浅，绝知此事要躬行。”礼仪的学习重在能力的训练，要善于在礼仪实践中发现自己的缺点和不足，并加以改正和弥补。

（五）养成习惯

习惯一旦形成，就会成为无意识的行为。例如，一个在待人接物方面有礼的人，当他在交际场合遇到他人时，就会自然而然地主动向对方问好；看现场体育比赛或文艺演出时，就会自然而然地用掌声来表达情感，而不是无节制地乱喊乱叫，甚至起哄；若不慎碰撞到他人，就会自然地说声“对不起”，做到“明礼诚信”，有助于建立良好的人际关系，反之，缺乏应有的文化道德修养，就容易引起他人反感，伤害情感。“好习惯，好人生”，习惯往往在无意中形成，同时也可以有意识地加以培养和控制，要将学习、运用礼仪真正变成个人的自觉行为和习惯做法。

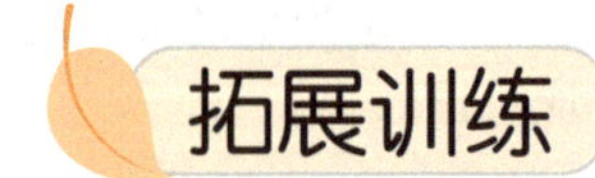

一、请你演讲

组织开展一次演讲活动，演讲主题：礼仪对人际交往和事业成功有何作用？

二、请你分析

1.元朝时，胡石塘应聘入京，元世祖忽必烈召见。胡石塘头戴的帽子稍有歪斜，忽必烈问他所学的是什么，胡石塘答道：“治国平天下之学。”忽必烈笑道：“自家的一顶帽子尚不端正，又怎能平天下呢？”于是就没有用他。

思考与讨论：胡学士因为歪戴帽子、不拘小节而葬送了前程，你认为忽必烈是小题大做吗？你如何理解“小处不可随便”这种说法？

2.李宝根是从边远山区里走出来的大学生，他纯朴善良，勤奋刻苦，学习成绩优异。

但来到喧嚣的大城市，走进陌生的大学校园，面对来自各地的同学，他很不适应，不知如何与人交流。他一开口，满嘴的方言别人往往听不懂。学校里同学们的穿着与家乡有很大差异。因为生活习惯不同，有时还闹出了笑话。这使得他很不自信，大学几年中，同学们很少注意到不起眼的他。毕业多年后，同学们突然在电视上看到了李宝根，他已经是某企业的总经理。大家几乎认不出他了：一身得体的西装，风度翩翩，谈笑风生。大家在佩服之余不免感到困惑：李宝根是因为礼仪有加才取得了成功，还是因为他成功了才变得礼仪有加？

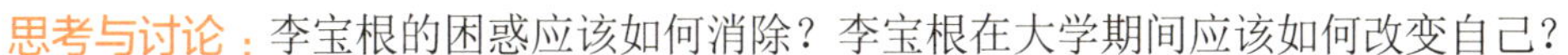

思考与讨论：李宝根的困惑应该如何消除？李宝根在大学期间应该如何改变自己？

第一章

个人形象礼仪

学习目标

- 认识个人形象礼仪的重要性。
- 掌握仪容修饰的各项要求和面部化妆技巧。
- 掌握仪态美的基本要求，正确使用目光和手势。
- 掌握着装的原则和技巧，学会得体的着装。

案例导入

“栽”在镜头前的尼克松

1960年9月26日，在哥伦比亚广播公司的电视直播间里，总统候选人理查德·尼克松和约翰·肯尼迪站在摄像机和聚光灯前，进行了美国总统竞选历史上第一次电视辩论。

尼克松当时是美国副总统，肯尼迪不过是马萨诸塞州一名资历尚浅的参议员，此前的历次民意测验中，尼克松都领先肯尼迪。许多人认为，这将是一场一边倒的竞选，经验老到的尼克松肯定会胜出。但当天的电视辩论使尼克松受到致命一击，也因此将肯尼迪送上总统宝座。如果在广播中收听这场辩论，听众会认为两个人旗鼓相当，不分高下。但电视观众看到的却是另一番情景：一脸憔悴的尼克松PK阳光活力的肯尼迪。

尼克松并非其貌不扬、精神萎靡之人，但他刚动过膝盖手术，脸色苍白，身体消瘦。更失败的是，他抹了颜色较深的男用粉底霜，在强烈灯光下，显得面色铁青、神情疲惫。正如历史学家罗杰·巴特菲尔德所形容的：“在全世界面前，他看起来好像一个不爱刮胡子和出汗过多的人，忧郁地等待着电视广告告诉他怎样不要失礼。”而肯尼迪不仅在事前进行了练习和排练，还专门跑到海滩晒太阳，积极进行体育锻炼，在电视屏幕里显得身材匀称、健康结实、精神饱满、活力四射，加之服饰得体，看上去神采奕奕、风度翩翩。

最后，肯尼迪以49.9%对49.6%的得票率战胜了尼克松。有评论称，战胜尼克松的不是肯尼迪，而是肯尼迪的形象设计师。

心理学家做过一个试验，分别让一位戴金丝眼镜、手持文件夹的青年学者，一位打扮入时的漂亮女郎，一位挎着菜篮子、脸色疲惫的中年妇女，一位留着怪异头发、穿着邋遢的男青年在公路边搭车。结果显示：漂亮女郎、青年学者搭车的成功率很高，中年妇女稍微困难一些，打扮怪异的男青年很难搭到车。这个试验说明，不同的礼仪形象会有不同的人生际遇。

一个人的形象不仅会给他人留下第一印象，影响着与他人沟通的效果，而且影响组织形象的塑造。得体的个人形象不仅使自己更容易被他人接受，为自己赢得机会，还有助于维护所在单位的良好形象。个人形象礼仪是一个人文化修养、个性气质的体现，它能帮助个体在社会竞争中更加自信，充分地实现自身价值。

个人形象礼仪主要包括仪容、仪态、服饰三个方面的礼仪规范。

第一节　仪容礼仪

仪容，通常指一个人的外观、容貌，包括发式、面容、脸色等状态。在人际交往中，每个人的仪容都会引起交往对象的特别关注，并将影响到对方对自己的整体评价。良好的仪容对于个人交际和工作都起着不可低估的作用，整洁、美好的仪容总是与办事认真踏实、有条理、一丝不苟联系在一起。

一、仪容美的含义

美好的仪容给人以健康自然、鲜明和谐、富有个性的深刻印象，它包括以下三个方面。

一是自然美。指仪容的先天条件好，天生丽质。尽管以貌取人不合情理，但先天美好的仪容相貌，无疑令人赏心悦目，心情愉快。

二是修饰美。指依照规范与个人条件，对仪容施行必要的修饰，扬其长，避其短，设计、塑造出美好的个人形象，在人际交往中尽量令自己显得有备而来，自尊自爱。

三是内在美。指通过努力学习，不断提高个人的文化、艺术素养和思想、道德水准，塑造美好的心灵，培养高雅的气质，使自己秀外慧中，表里如一。

美好的仪容，是上述三个方面的高度统一。忽略其中任何一个方面，都会使仪容美失之偏颇。其中，自然美是人们的心愿，内在美是最高境界，修饰美则是仪容礼仪关注的重点。要做到仪容修饰美，自然要注意修饰仪容。修饰仪容的基本原则是美观、整洁、卫生、得体。

二、个人卫生礼仪

干净、整洁是仪容修饰的基本标准。

（一）头发

头发位于人体的“制高点”，打量一个人，首先看到的是头发。头发要勤洗勤理，保持干净整洁，一般每周洗2～3次即可，短发每月修剪1～2次。头皮对温度的刺激比较敏感，洗头的水温以40度左右为宜，这可以清洁头皮与头发，改善头皮血液循环，消除疲劳、振奋精神。若水温过高，会将头皮所需的脂膜层除去，同时也会使头发因受热而失去柔软性，使头发变脆、易断；若水温过低，使得皮脂硬化，难于溶解，影响去污、除垢效果，并可致头皮血管急剧收缩，易使头发干枯、脱落、早衰。

温馨提示

正确使用电吹风

电吹风对人体有辐射且高温易伤头发，吹风筒应远离头发15厘米左右，避免碰及头发，太近会导致头发热损伤。湿头发的毛鳞片是张开的，顺着头发生长的方向吹会使毛鳞片闭合，如果倒吹会使毛鳞片张开，越吹越毛躁。

（二）皮肤

皮肤可以折射出人的健康、年龄和情绪状况。健美的皮肤，是湿润、有弹性、光亮细腻而且健康的。健美的皮肤需要科学的护理和保养。

1. 认识皮肤

人的皮肤可以分为中性、油性、干性和混合性四种类型。不同性质的皮肤应选用不同的化妆品，采用不同的方法护理。

（1）中性皮肤　也称正常皮肤，油脂分泌量适中，皮肤表面柔滑滋润，富有光泽，是比较理想的皮肤。

（2）干性皮肤　皮肤外观洁白细嫩，皮肤表面油脂分泌量少，毛孔不明显，不易长粉刺，但脸部无光泽，易起小皱纹。这类皮肤应选用含有保湿成分的化妆品，以保持皮肤润泽。

（3）油性皮肤　皮肤表面油脂分泌量多，面部油亮光泽，肌纹粗，毛孔明显，易生粉刺，但不易起皱纹。这类皮肤要注意皮肤表面的清洁。

（4）混合性皮肤　即额头、鼻子、下巴部位偏油，其他部位偏干。

随着季节的变化，皮肤性质会有所变化：一般在夏季皮肤普遍偏油，干性皮肤会显得光泽滋润；冬季皮肤偏干，皮脂分泌量相应减少。随着年龄的增长，皮肤的油脂分泌会逐渐减少，年轻时呈油性或中性皮肤，中年以后会逐渐转向中性或干性皮肤。

2. 护理皮肤

皮肤护理在日常生活中至关重要，可以采取以下方法。

（1）用正确方法洗脸　洗脸水的温度不宜过高，可以早上用冷水、晚上用热水。洗脸的方向应从下向上、从内向外。长期养成习惯，可以防止肌肉下垂。使用基础护肤品，一般包括洗面奶、柔肤水（爽肤水）和乳液。正确步骤是用洗面奶洗脸—拍打柔肤水—涂抹乳液。在室外工作时还要适量涂抹防晒用品。

（2）蒸面　即用蒸汽发生器或用开水倒入脸盆中用蒸汽蒸面，若加入薄荷、菊花等植物效果会更好。蒸面可以使毛孔张开、体温升高、加速血液循环，使皮肤吸收水分、增加光泽。

（3）面部按摩　按摩可以起到促进皮肤血液循环、活动面部神经、改善皮肤营养、减缓皮肤老化的作用。按摩方法有很多，一般可以用两只手掌相互摩擦发热，然后顺着脸部肌肉生长方向，逆着皱纹，由下向上、由内向外进行按摩，指法要轻。也可以用经络美容法，按摩有关经络和穴位，使皮肤健康柔润。此外，还可以使用各种面膜或营养液敷面，进行皮肤保养与护理。

3. 保养皮肤

皮肤的健康与身体的健康、精神的愉快密切相关，保养皮肤要做到以下几点。

（1）情绪乐观　这是最好的“润肤剂”，人笑的时候能促进血液循环、增强皮肤弹性。

（2）睡眠充足　充足的睡眠会使人精神振奋、容光焕发、眼睛光亮、神采奕奕。

（3）多喝水　多喝水可以保持皮肤的细嫩、滋润，还要注意保持室内空气湿润。

（4）合理饮食　从食物中摄取各种营养成分，其美容功效非任何化妆品所能及，而且获得的是健康的美。

（5）防晒防吹　强烈的紫外线不但会损伤白皙净透的肌肤，还会加速肌肤老化。暴露在强烈阳光下之前，宜适量涂抹防晒乳。此外，还要防止猛烈的风或沙的袭击，因为这会导致皮肤干燥粗糙。

（6）肠胃干净　人体内的毒素如得不到及时清理，随时会导致长痘、脸黄、便秘和失眠等症状的出现，因此，要调理肠胃，顺畅排泄，排除毒素。

（7）化妆得当　毛孔需要呼吸，长期化妆的人皮肤容易变得糟糕，所以，如果必须化妆，要使用质量好的化妆品和护肤品，卸妆则一定要干净，否则会有色素沉淀。

（8）注意表情纹　表情纹包括抬头纹、蹙眉纹、鱼尾纹、法令纹和颈部细纹等。给皮肤做运动是消除表情纹的好方法，因为表情纹的生成往往和肌肉紧张有关，每天按摩可以放松肌肉，一旦肌肉放松，皱纹自然会舒展开。

（三）耳朵

要保持耳部清洁，洗澡、洗脸、洗头时，不要忘记洗耳朵，必要时还要清除耳朵中的分泌物，及时清除耳垢。耳部清洁要注意安全，防止伤及耳膜。但不要当众清除耳垢，以免给人留下不良印象。

（四）眉毛

眉毛需要经常修饰，但最好不要改变天然的眉形。用眉夹拔去两眉间和眉毛下面多余的杂毛，形成柔和弧形。眉毛上部的毛不能拔，否则会改变眉形。应从内眼角的正上方开始，到外眼角稍偏外侧处结束。要想把眉毛修饰整齐，可以用眉梳加以梳理。对于特别不服帖的眉毛，可以使用少许无色透明的睫毛底液使之帖服。

（五）眼睛

眼睛是心灵的窗口，是人际交往中被人注视最多的地方。眼睛应保持清澈，眼睛周围一定要清洁，不能有眼屎，眼中不能有血丝。日常生活要注意爱护眼睛，要让眼睛得到充足的休息，过多面对电脑、书、电视等都会使眼睛疲劳，导致眼睛干涩，甚至出现异物

感、肿胀感及流眼水等症状。感觉疲惫时可以用缓解疲劳的眼药水滴眼，然后闭眼片刻。近年来，隐形眼镜“美瞳”有多种颜色，佩戴时可显得眼睛明亮，彰显个性与时尚，备受年轻人欢迎，但颜色的选择要注意场合，正式社交场合，不宜选择明显艳丽的颜色，会有不庄重、哗众取宠之嫌。

（六）鼻部

鼻部是面部敏感区域，要注重保养，不能乱挠、乱挤，要注意清洁，避免生出“黑头”。经常检查鼻毛是否过长，如伸出鼻孔应该剪短，不要去拔。保持鼻腔清洁，养成每天洗脸时清洁鼻腔的好习惯。不要用手挖鼻孔，尤其是在他人面前，这样既不雅观，又不卫生。

（七）嘴部

嘴巴是发声之所，也是进食之处，理应细心照顾。牙齿是口腔的门面，要养成每天按时刷牙和饭后漱口的习惯，牙齿上不要留有牙垢，避免唇边有分泌物。要保持口气清新，可用漱口水或口香糖来减少异味。正式场合不宜嚼口香糖，与人交谈时，也应避免。一般咳嗽、打喷嚏、打哈欠都应尽量避开他人，实在忍不住，要用手绢或面巾纸捂住嘴，并向他人道歉。秋冬季节要防止嘴唇干燥破裂，可用润唇膏缓解不适。

（八）胡须

男士一般在进入青春期后开始长胡须。作为学生，如果胡须长得不浓密，则不需要剃；如果胡须长得浓密，则需要每日把胡须剃干净。有的男士为了让自己看起来有阳刚之气，刻意留着胡须，这在正规场合也是不儒雅的。

（九）手部

手部卫生可以反映出一个人的修养、卫生习惯以及其精神面貌。因此，要注意保持手部清洁。饭前便后以及接触脏物后，要马上洗手，方便的话还应涂些护手霜，以保持手部光洁。要勤剪指甲，不留长指甲，避免在公共场合修剪指甲。女性涂指甲油要注意场合，上班不宜涂艳丽的颜色，可涂透明色；工作之余可根据着装以及个性选择适合自己的指甲油。

（十）脚部

脚的修饰首先是指皮鞋要擦去灰尘并保持光亮。其次，袜子要保持清洁和整齐，尤其是去别人家里做客，袜子不能有臭味和破洞。此外，要保持脚部清洁干燥。如患有脚气，要及时治疗，否则，真菌可能传染到其他部位，引起手癣、股癣、甲癣（灰指甲）等其他皮肤顽症，或者传染给他人。

（十一）体味

人体皮肤上大约有330万个汗腺，平均每平方厘米有9万多个，因此，每个人都有自己或浓或淡的体味。如果体味过于明显，就应该有所遮掩。经常洗澡是必要的，尤其是参加一些正式活动之前一定要清洗干净。此外，可适当使用香水，但香水的气味不宜过于浓烈，社交活动中应适量喷洒气味清淡的香水。

三、发型修饰

头发为人体之冠。即使衣服、鞋袜、化妆都得体，如果发型不协调，也会破坏整体美。发型修饰一般应坚持以下几个原则。

（一）发型与脸型协调

发型对人的容貌有极强的修饰作用，甚至可以“改变”人的容貌。不同的脸型如图 1-1 所示。

三庭五眼比例标准为基准，一般成为修饰其他脸型的基础

面部轮廓宽且圆。设计目的：设计脸部的长度

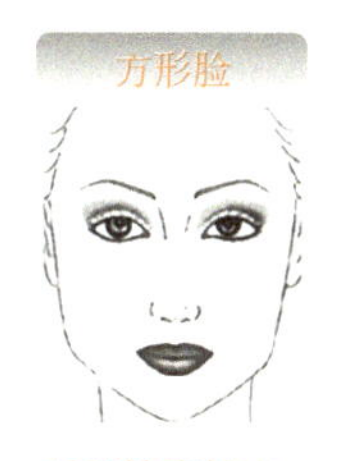

面部轮廓较方、宽短，设计目的：加长脸部的视觉错觉，掩饰棱角

倒三角脸，上额两侧角宽，下额角凸出，使人显得单薄

三角形，窄额头，下额宽。设计目的：营造额头宽的错觉

上窄、中宽、下窄，减少颧骨的高度，增加上额和下巴的宽度

图 1-1　不同的脸型

1. 椭圆形脸

椭圆形脸又称鹅蛋脸，是较为标准的脸型，发型选择的余地较大，比较好打扮。

2. 圆形脸

圆形脸的人适宜将头顶部头发梳高，使脸部视觉拉长，两侧头发适当遮住两颊，使脸部宽度减小。圆形脸的男士选择短小型发式效果较好，头顶部位选择平面造型的寸发，鬓角可以修剪成方形。

3. 方形脸

方形脸的特征是额角宽、两腮突出，脸部形状短而宽，显得比较刚毅、果断，但缺乏柔美感。设计发型时，女士适宜选择自然的大波浪卷，使两颊头发略显蓬松遮住脸颊。男士可以留短小型的头发。

4. 心形脸

心形脸的特点是额头偏宽，下颚较窄，发型设计重点注意额头及下巴。女士有刘海儿可以剪齐，头发长度超过下巴 2 厘米为宜，并向内卷曲，增加下巴的宽度。

5. 梨形脸

梨形脸的特点是额头偏窄，下颚较宽，适合留短发，并增加额头两侧头发的厚度。

6. 菱形脸

菱形脸的特征是上下偏窄，中部偏宽。发型设计时，女士可以选择蓬松的大波浪卷来增加额头的宽度，削弱颧骨的高度，使脸部线条显得柔和。男士头发则不宜过短，前额最好采用分发式，两侧轮廓要圆润丰满。

（二）发型与体型协调

发型与体型有着密切的关系，发型处理得好，对体型能起到扬长避短的作用，反之，就会放大体型缺点，破坏人的整体美。

1. 高大型

高大体型给人力量美，但对女性来说，缺少苗条、纤细的美感。简洁、明快，线条流畅的发式可以减弱这种高大感，一般以直发为好，或是大波浪卷发，头发不要太蓬松。

2. 高瘦型

高瘦体型容易给人细长、单薄、头小的感觉。要弥补其不足，发型要求生动饱满，比较适宜留长发、直发，头发长至下巴与锁骨之间较理想，要使头发显得厚实、有分量。将头发梳得紧贴头皮、弄得过分蓬松、削剪得太短薄、高盘于头顶都是不当做法。

3. 矮胖型

矮胖者显得健康，要利用这一点造成有生气的健康美，譬如选择运动式发型。此外应考虑弥补缺陷。矮胖者一般脖子显短，尽可能让头发向高度发展，显露脖子以增加身体高度感。不要留披肩长发，避免过于蓬松或过宽。

4. 矮小型

身材矮小者给人小巧玲珑的感觉，发型应以秀气、精致为主，避免粗犷、蓬松，否则会使头部与整个形体的比例失调，产生大头小身体的感觉。矮小者不适宜留长发，因为长发会使头显大，破坏人体比例的协调。盘发有增高身材的感觉，烫发时应将花式、面积做得小巧、精致一些。

（三）发型与年龄相配

随着年龄的增长，男性发型变化较小，而女性发型变化较大。

1. 少女的发型

少女阶段的女孩正值发育和学习期间，其装束、打扮要体现自然美与天真、活泼的气质。发型以清爽、简便为原则。可梳短发，也可梳长发。最好不要烫发，也不要刻意地做头发，使头发花样繁杂，这样不仅破坏了固有的自然美，还会显得老气和俗气。

2. 女青年的发型

青年女性发育成熟，越来越注重自己的衣着和发式，常选择新颖、美观、活泼的发型。如留长发显得飘逸、大方；留层次分明的短发，显得充满青春活力；也可选择烫发。

3. 中年妇女的发型

中年人宜选择整洁、文雅、大方、线条柔和的发型，梳短发、中长发、长发或直发、挽发髻、烫发都可以，其中以美观、简便的发型最受欢迎。

4. 老年妇女的发型

老年人的发型要保持庄重、整洁、简朴、大方，宜采用短发式，前额不留刘海儿，发丝波浪柔和，样式不必太新潮。不论头发是否灰白，只要整齐、清洁，一样有风度。老年人也可将头发留长，挽起发髻盘在脑后，可盘成双元宝状、菊花状，罩上发网或别上饰物，更可平添几分雍容华贵。头发较少的人，可将头发烫成爆炸式，使头发蓬松、显多。

（四）发型与服饰协调

头发为人体之冠，为了体现服饰整体美，发型必须根据服饰的变化而改变。如穿着礼服或制服时，女性可选择盘发或短发，以显端庄、秀丽、文雅；穿着轻便服装时，可选择各种适合自己脸型的轻盈发式。

染发是一种时尚，很受现代人青睐。头发颜色也要与衣服颜色相配，如浅棕色头发适合与浅黄色、浅蓝色、浅绿色、银色或橙色服饰搭配；深棕色头发适合与黑色、白色、紫色、藏青色和米色服饰搭配。

温馨提示

职场人士的发型要求

职业女性，无论什么发型都要简洁大方、端庄典雅，体现稳重干练；职业男性头发不宜超过7厘米，应做到前不覆额，侧不掩耳，后不及领。

四、化妆礼仪

俗话说："三分容貌七分打扮。"化妆可以增添自信，缓解压力，对交往对象表示礼貌和尊重。当今社会，化妆已被越来越多的人所重视。

男士妆容以整洁和反映男子自然肤色、五官轮廓和气度为佳。男士应注意清洁面部，勤刮胡须，勤剪鼻毛；勤洗手、勤修剪指甲，保持指甲清洁卫生；面部与手部清洗后用护肤品护理。

女士化妆要特别讲究整体协调。在化妆时，应努力使整个妆面协调，与全身的装扮协调，与所处的场合协调，与当时的身份协调，以体现自己品位不俗。

（一）化妆用品

常用化妆用品主要包括以下五类。

1. 膏霜类

膏霜类化妆品是用来保护、滋润皮肤，减少皮肤中水分的流失，并可经皮肤表面补充适宜的水分、营养成分和乳化油脂，长期使用可令皮肤柔软、细腻、光滑、有弹性。它分为粉质膏霜、液体膏霜两类。

2. 发用类

发用化妆品是用来清洁、营养、保护和美化人们头发的化妆品。它包括洗发化妆品、护发化妆品、生发化妆品、染发化妆品、烫发化妆品、脱毛化妆品、剃须化妆品等，如头蜡、生发油、发乳、香波。

3. 修饰用品类

修饰用品类化妆品在化妆修饰时使用，如隔离霜、粉底、眉笔、眼影、眼线液、鼻影、睫毛膏、腮红、蜜粉、唇彩、唇膏、指甲油、香粉。

4. 卫生用品类

这主要包括花露水、香水、爽身粉。花露水可除臭味、消痱子、止痒、防虫咬，喷洒在身上或头发上。香水可以喷洒在衣服、手帕和身上，散发扑鼻香味，掩盖体味，焕发精神，还能杀菌。爽身粉可以吸汗，润滑皮肤，起到爽身作用，也能防止生痱子。

5. 药物类

药物化妆品主要是指含有药物成分，具有一定特殊功效的化妆品，也被称为特性化妆

品、功能性化妆品、皮肤科药品、活性化妆品、药效化妆品和含药化妆品等。主要包括：治疗粉刺的含药护肤品、治疗头皮屑的洗发用品、治疗螨虫的特殊护肤品、防晒类化妆品、抗皱类和抗衰老护肤品、美白祛斑类化妆品、止汗除臭剂、脱毛剂、外用减肥剂、生发剂等。

（二）面部化妆步骤

面部化妆基本步骤如下。

1. 洁面

如图1-2所示，面部清洁是美丽妆容最重要的第一步。首先取适量洗面奶，用中指和无名指的指腹由下向上、由内向外以打圈的方式避开眼周，轻揉面部，经过鼻翼两侧至眼周正反打圈，从上额至颧骨下颌反打圈，从颈部至左右耳部反复多次打圈，以达到对皮肤按摩和清洁的作用。用温水冲洗，最后用干毛巾轻轻吸干面部水分。在清洗时要特别注意面部“T”字区、额头、鼻翼及鼻梁两侧、嘴巴周围的清洁。

图1-2　面部清洁的步骤

取适量爽肤水蘸湿化妆棉，避开眼部，轻轻擦拭脸部和颈部，直到化妆棉上没有污垢和残留化妆品的痕迹为止。使用爽肤水的作用是：补水保湿，同时可以软化角质，再次清洁肌肤，促进后续润肤营养吸收；平衡pH值，增加肌肤的柔软感和湿润度；还可以帮助收缩毛孔。

通常眼霜应该用在乳液或面霜之前。涂抹眼周部位时请用无名指指腹。

取适量乳液或面霜点于面部，并用中指和无名指指腹轻轻地以朝上和朝外的方式涂抹。涂抹乳液或面霜，能给肌肤补充必需的水分和养分，充分滋润皮肤，保持肌肤柔润光滑。

2. 施粉底

选择与自己皮肤比较接近的粉底液或粉底膏，均匀地拍打在脸上，使皮肤呈现出光泽、白皙的美感。施粉底时要注意与耳朵、脖子的衔接均匀。可在面部不同区域使用深浅不同的粉底，使面部产生立体感。涂抹粉底的步骤如图1-3所示。

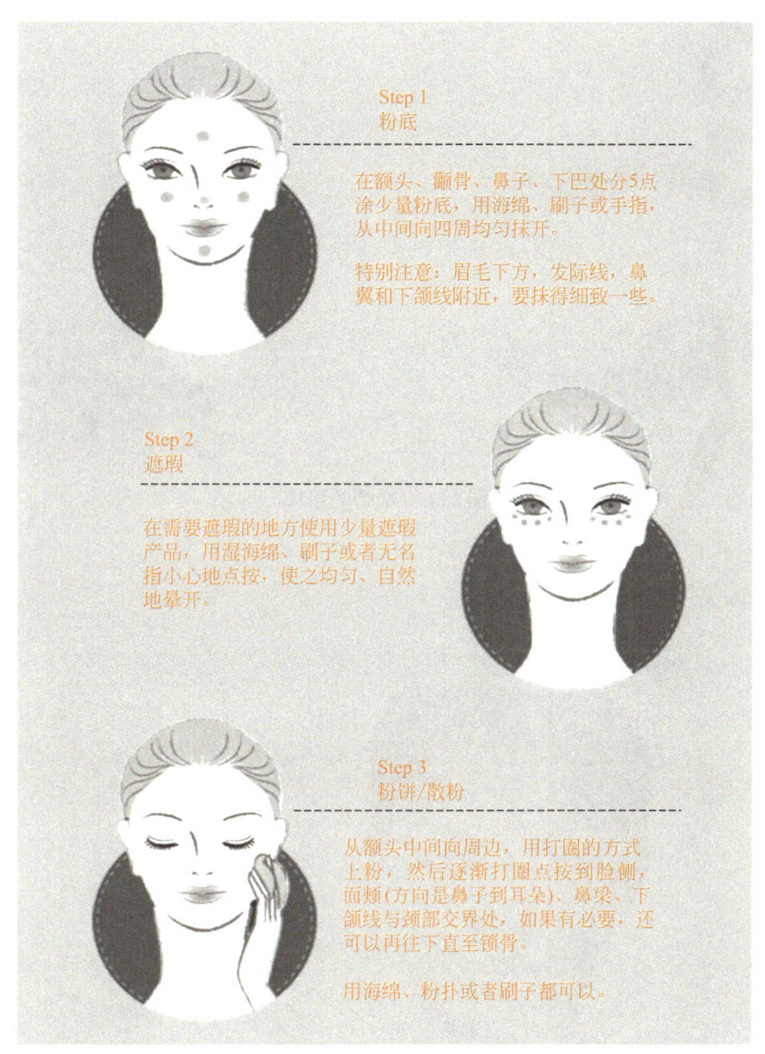

图1-3 涂抹粉底的步骤

3. 修饰眼睛

眼睛的修饰如图1-4所示。

画眼线、涂眼影、刷睫毛液，使眼睛变得大而生动。画眼线的方法是在上下眼睫毛的根部画一条细而黑的线，一般是前半部较细，后半部稍粗，上下眼线在外眼角处不连接，上眼线稍长出眼角。涂眼影是在上眼皮涂上一定颜色的眼影。适合东方女性的眼影颜色是咖啡色和灰色。颜色鲜艳的眼影，容易使眼睛显得肿胀，效果不好。可用睫毛膏、睫毛器对眼睛睫毛进行“加工”。

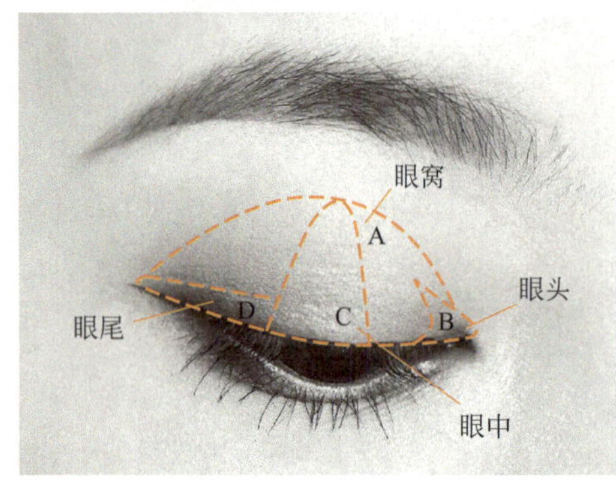

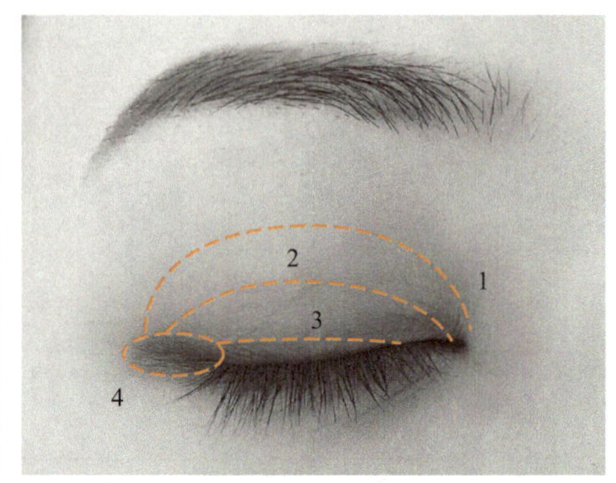

图 1-4　眼睛的修饰

4. 修饰眉毛

眉毛的修饰见图1-5所示。

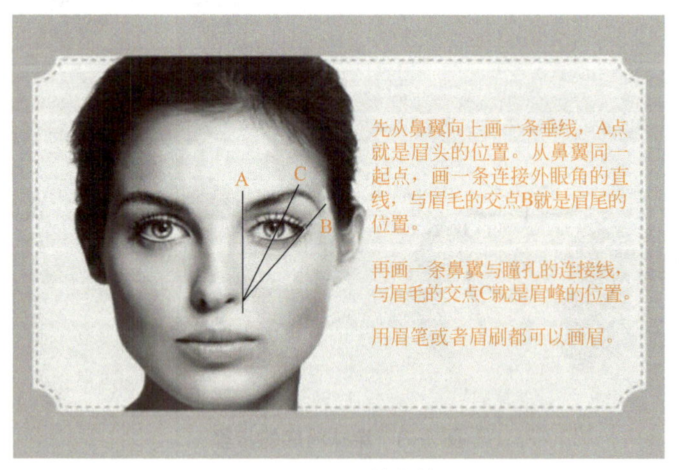

图 1-5　眉毛的修饰

从鼻翼朝眼珠外侧画一条无形的连线，眉峰的位置即在此（约眉尾的三分之二处），基本确定画眉的位置。眉形宜自然流畅，依自己原有的眉形走向，清理干净周围的杂眉就好。利用眉笔或眉粉将眉毛稀疏的地方补上色彩。最后用眉刷将眉毛刷整齐，以呈现美丽的眉形。

5. 抹腮红

用化妆刷蘸适量的腮红，然后轻轻掸掉多余的腮红粉末。对着镜子微笑，脸颊上笑肌部位就是涂腮红的区域。化妆刷在脸颊上轻轻画圈，由内向外一边画一边向斜上方耳朵处涂，向着一个方向薄薄地、一层层地涂。如图1-6所示。

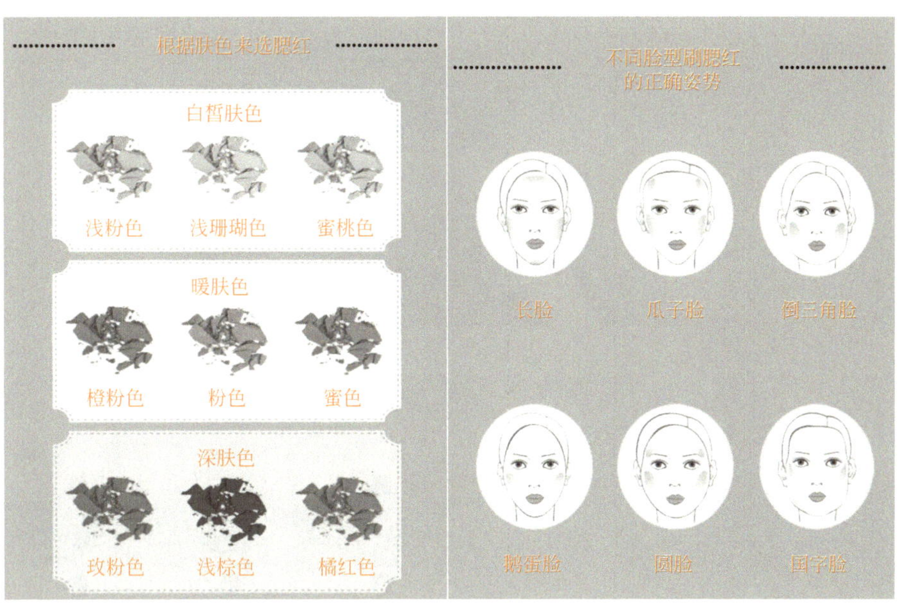

图1-6 抹腮红

6. 定妆

使用与粉底色彩接近的粉或粉饼轻按面部，固定粉底，同时吸收脸上的油脂，使皮肤与色彩关系吻合。最后用粉刷轻轻地把浮粉扫掉。如图1-7所示。

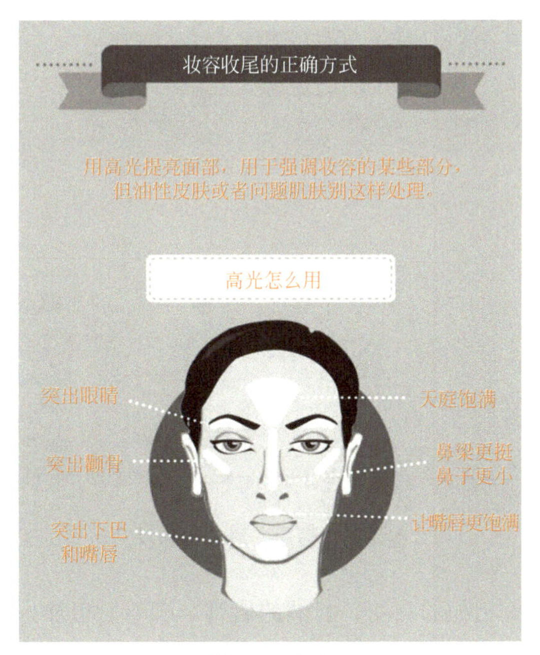

图1-7 定妆

7. 涂唇油、唇膏

唇油、唇膏的涂抹如图1-8所示。

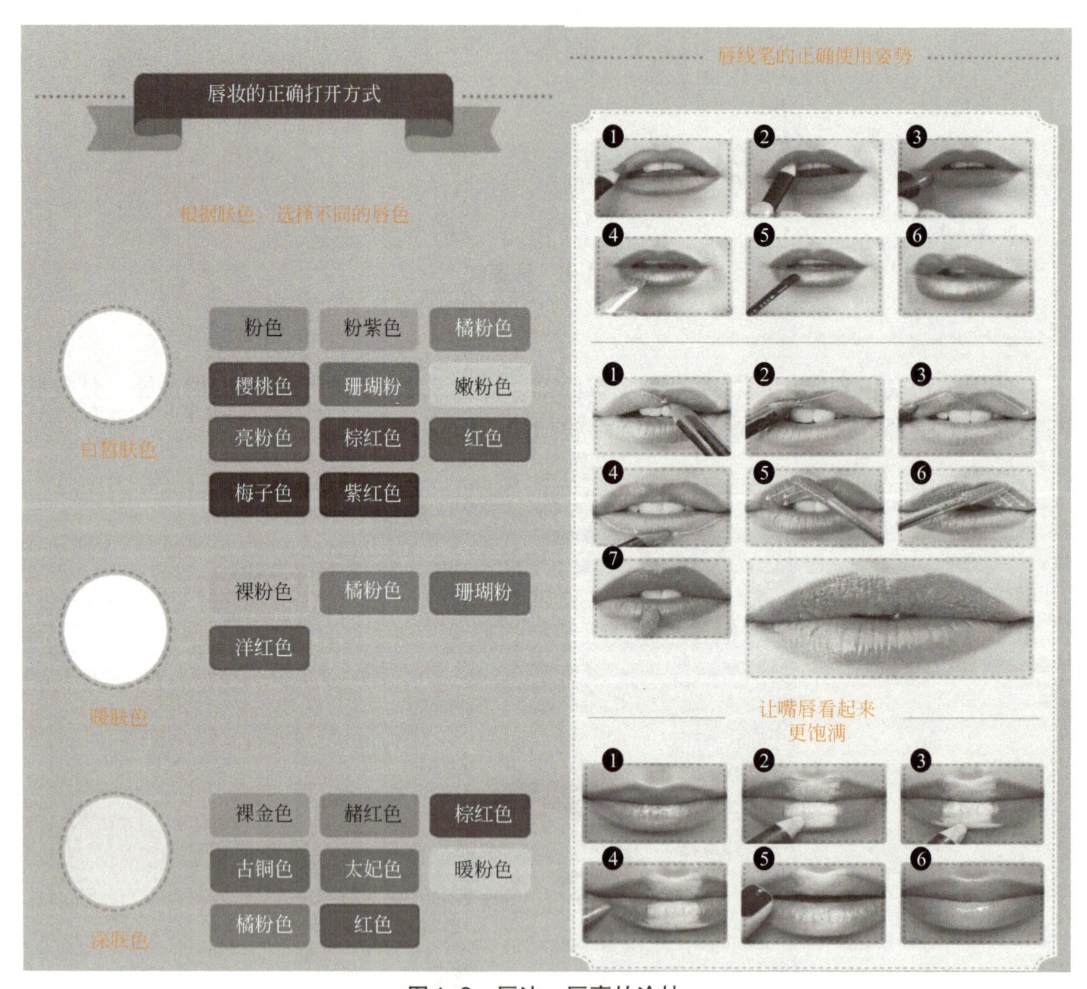

图1-8　唇油、唇膏的涂抹

选择与服饰、发型等相配的亮丽、自然的唇膏。顺着唇形涂好唇膏，再加上唇蜜润泽更具风采。

适当的化妆可以突出最美的部分并且掩饰不足或矫正缺陷。

在商务交往中，化妆已经成为一种礼貌和评判商务人员职业素质的标志。在社交场合，得体的妆容与服装搭配起来，更能够展现女性的魅力。此外，要保持良好心境，适当参加户外活动，保证充足睡眠和良好饮食习惯，坚持科学的面部护理，都是良好的美容方法。

温馨提示

化妆注意事项

- 工作时间化妆，易被他人当做不务正业之人。
- 公众场所化妆有卖弄或吸引异性之嫌，确需补妆，应到化妆间、卫生间。
- 正式场合，尤其是参加外事活动，不化妆会被认为不尊重他人。
- 职场妆容以淡雅为宜，切忌粉底过厚、口红过艳、香气过浓。
- 不要借用他人的化妆品，这样做既不卫生又不礼貌。
- 不要妆容残缺地出现在社交场合。
- 不要非议他人的妆容。

第二节　仪态礼仪

仪态是指人在行为中的姿势和风度。姿势是指身体所呈现的样子，风度则属于内在气质的外部表现。仪态在社交活动中起着特殊的作用。潇洒的风度、优雅的举止，常常令人赞叹不已，印象深刻，受到人们的尊重。仪态礼仪主要包括表情、体态和手势三个方面的礼仪。

一、表情

表情是指内心情感在面部上的表现。心理学家的公式是：感情的表达=言语7%+声音38%+表情55%，可见，表情在人与人的沟通中占有重要位置。表情是一种无声语言，可以表现出喜、怒、哀、乐、忧、思等各种复杂的思想感情。面部表情的基本要求是热情、友好、诚实、稳重、和蔼。

在人千变万化的表情中，目光和微笑最具礼仪功能和表现力。

（一）目光

目光是面部表情的核心。孟子曰："存乎人者，莫良于眸子。眸子不能掩其恶。胸中正，则眸子瞭焉；胸中不正，则眸子眊焉，听其言也，观其眸子，人焉廋哉！"这句话的意思是说，观察一个人，没有比观察他的眼睛更好、更清楚的了；眼睛没有办法遮掩他的

恶念，心存正直善良，眼睛就明亮；心存邪恶，眼睛就混浊不明。所以只要听他所说的话，再看看他的眼睛，就能洞察他的内心。良好的交际形象，目光应柔和、亲切、友好、坦然、有神。

目光语主要由注视的部位、注视的时间、视线的方向以及瞳孔的变化等组成。

1. 注视的部位

注视对方身体不同的位置，传达的信息会有差别，造成的气氛也不同。

（1）公务注视　注视位置在以对方双眼为底线、额头为顶点的三角形区域内。若一直注视这个区域，便给人以严肃、认真的感觉，使对方感觉要谈正事，也就能保持主动。一般用于洽谈、磋商、谈判等场合。

（2）社交凝视　注视位置以对方双眼为底线、唇部为顶角的倒三角形区域内。这种注视令人感到舒服、有礼貌，可以营造融洽和谐的气氛，用于上下级友好交谈、同事交往、各种联谊会、茶话会、座谈会等场合。

（3）亲密注视　注视位置在对方双眼到胸部之间的区域内，其特点是热烈柔和，能将炽热的感情传达给对方，用于亲人、恋人、好友之间。

2. 注视的时间

无论是公务注视、社交凝视还是亲密注视，都要注意不可将视线长时间固定注视区域。这是因为，人本能地认为，过度凝视是在窥视他人内心深处的隐私。所以，双方交谈时，应适当地将视线从固定的位置上移动片刻。这样能使对方心里放松，感觉平等，易于交往。一般来说，注视时间在整个交谈过程中，与对方目光接触的时间应该累计达到全部交谈时间的50%～70%，其余时间可注视对方脸部以外5～10米处，这样比较自然、有礼貌。

3. 视线的方向

与人交谈时，目光自上而下注视对方，一般表示“我在专心听你讲话”；目光自下而上注视对方，一般有“询问”之意，表示“我愿意听你讲下一句”；头部微微倾斜，目光注视对方，一般表示“哦，原来是这样”；眼睛光彩熠熠，一般表示兴趣很浓；时不时看手表，表示催促、不耐烦，希望对方结束谈话。

交谈时，要正视对方，目光宁静而亲切。做到这一点的要领是：彻底放松精神，把目光放虚一些，不聚焦于对方的某一个部位，而是好像用目光罩住对面整个人，这样的目光给人以稳重和安全感。如果想要中断他人的话，可以有意识将目光稍微转向他处。当对方说了幼稚或错误的话显得拘谨害羞时，马上转移自己的视线会被人误解为嘲笑他，而要继续用柔和、理解的目光注视他。当双方缄默不语时，不要再看着对方，以免加剧尴尬。作为旁听者，眼睛要随着谈话者转动，以示礼貌周全。随着交谈话题、内容的变换，目光应作出及时恰当的反应，或喜，或惊，或悲，用目光会意，使交谈融洽和谐。交谈结束时，目光抬起，表示结束。道别时，目光表现出惜别。

初次见面，应微微点头，行注目礼，表示尊敬和礼貌。集体场合发言讲话时，要用目光环视全场，表示“请予以注意”。

4. 瞳孔的变化

从瞳孔的伸缩中可以观察人的情绪和情感：瞳孔扩大，说明处于惶恐或兴奋状态；瞳孔缩小，说明处于消极、气闷之中。目光明澈者，心怀坦荡；目光狡黠者，心术不正；目光炯炯者，精神焕发；目光如豆者，心胸狭窄；目光执着者，志怀高远；目光浮动者，轻薄浅陋；目光睿智者，聪明机敏；目光呆滞者，心事重重；目光坚毅者，自强自信；目光衰颓者，自暴自弃。

温馨提示

社交场合忌讳的八种目光

- 斜视、瞟视表示鄙视或不屑。
- 怒目圆睁、咄咄逼人会使人感到威胁。
- 不看着对方说话表示藐视或者心不在焉。
- 死盯他人或他人某个部位令人反感。
- 目光呆滞表明心事重重或对交谈毫无兴趣。
- 眯眼看人意味深长，令人感觉不友好或居心叵测。
- 东瞟西看、眼神飘忽，显得漫不经心，使人感觉受轻视。
- 戴着墨镜或变色镜与人交谈，不仅无法进行目光交流，还给人居高临下之感，易产生隔阂，引发不悦。

（二）微笑

英国诗人雪莱说："微笑，实在是仁爱的象征、快乐的源泉、亲近别人的媒介，有了微笑，人类的感情就沟通了。"微笑是人际交往的润滑剂，是消除芥蒂、化解矛盾，排遣紧张、缓解压力，慰藉他人、关怀备至，广交朋友、友善待人的有效方式。亲切、温馨的微笑能迅速缩小彼此间的心理距离，创造出交流与沟通的良好氛围。

微笑应当是上翘嘴角，双颊肌肉上抬。微笑应发自内心，渗透情感，表里如一。不能虚情假意，假模假样，露出机械式的笑容。也不能冷笑、傻笑、干笑、苦笑、皮笑肉不笑。自然大方、真实亲切和不加修饰的微笑才具有感染力。

微笑的训练可以采取以下方法。

一是对着镜子微笑，首先找出自己最满意的笑容，然后不断地坚持训练，从不习惯到习惯微笑。

二是情绪记忆法，将自己生活中最好的情绪储存在记忆中，当需要微笑时，即调动起最好情绪，这时脸上就会露出笑容。

三是借助一些字词进行口型训练，微笑的口型为闭唇或微启唇，两唇角微向上翘；可借助一些字词发音时的口型来进行训练。如普通话中的"茄子""切切""姐姐""钱"等，默念这些字词时所形成的口型正好是微笑的最佳口型。

四是说"E——"让嘴的两端朝后缩，微张双唇；轻轻浅笑，减弱"E——"的程度，这时可感觉到颧骨被拉向斜后上方；相同的动作反复几次，直到感觉自然为止。

拓展阅读

微笑是沟通的最好方式

某城市举行了一次大型房车展览会。

一位来自广东的富翁想购买一辆房车。他来到一家销售房车的公司的展台，仔细看了看参展的房车，然后对他面前的推销员说："我想买这辆房车。"这对推销员来说是求之不得的好事，那位推销员很周到地接待了富翁，只是推销员脸上一直冷冰冰的，没有笑容。

这位富翁看着推销员那张没有笑容的脸，走开了。

他继续参观，到了另一家销售房车的公司的展台，这次他受到了一个年轻推销员的热情招待。这位推销员脸上挂着欢迎的笑容，那微笑像太阳一样灿烂，使这位富翁有宾至如归的感觉，所以，他又一次说："我想买辆房车。"

"没问题！"这位推销员脸上带着微笑说，"我会为您介绍我们的产品。"

最后，这位富翁交了定金，并且对这位推销员说："我喜欢人们热情的样子，现在你已经用微笑向我表现出来了。你的微笑让我感到我们之间的心理距离一下子拉近了。"

第二天，这位富翁付完余下的钱款，买下了价值不菲的房车。

二、体态

体态是指人体的姿态，包括站姿、坐姿、走姿、蹲姿等。

（一）站姿

1. 站姿的基本要领

站姿既是静态的身体造型，又是其他动态身体造型的基础和起点。站姿基本要领是：两肩平齐，两臂放松，自然下垂于体侧，虎口向前，手指并拢自然弯曲，中指贴拢裤缝；头正，颈直，下颌微收，双目平视，面容平和自然；躯干挺直，收腹，立腰，挺胸，提臀；双膝并拢，两腿直立。总的来讲，采取这种站姿，会使人看起来稳重、大方、俊美、挺拔。

（1）女士站姿　女士站姿要求柔美，即所谓的"亭亭玉立"，以体现女性轻盈、妩媚、娴静、典雅的韵味。女士的主要站姿为双手相握、叠放于腹前的前腹式，但双腿要基本并拢，脚位应与服装相适应，穿紧身短裙，脚跟靠拢，脚掌分开呈"V"状或"Y"状（即丁字步）；穿礼服或旗袍时，双脚可略分开。女士站姿如图1-9所示。

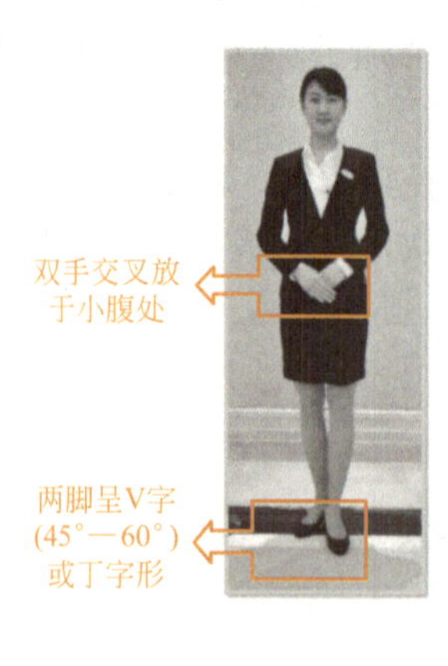

图1-9　女士站姿

（2）男士站姿　男士站姿要稳健，即所谓的“站如松”，以显示出男性刚健、强壮、英武、潇洒的风采；男士通常采取前腹式站姿，或将双手背于身后相握的后背式站姿。双脚可稍微叉开，与肩部同宽为限。男士站姿如图1-10所示。

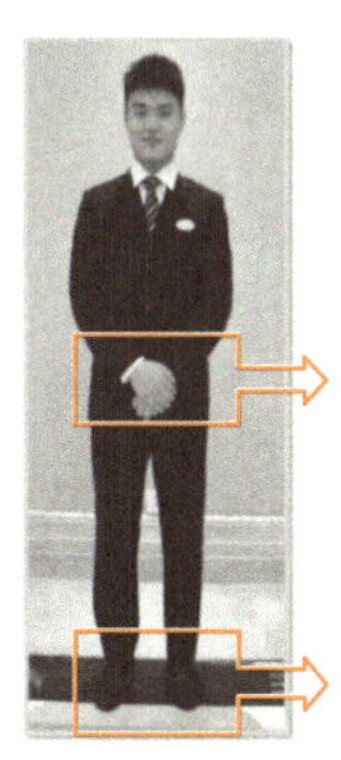

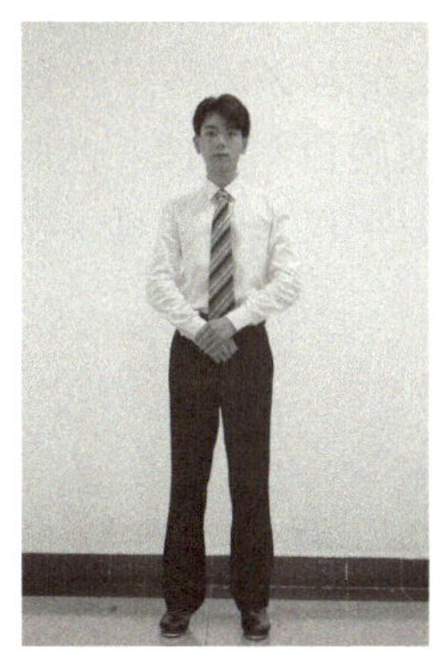

图1-10　男士站姿

2. 站姿的注意事项

站立时，切忌手插在衣袋里，无精打采或东倒西歪；忌弯腰驼背，低头，两肩一高一低；忌将其他物品作为支撑点，倚物站立，更不要倚靠在墙上；双手忌做无意的小动作，更不要叉在腰间或抱在胸前；腿忌不停抖动。

（二）坐姿

拓展阅读

“正襟危坐”的来历

“正襟危坐”出自司马迁的《史记》。“正襟”就是整理好衣襟。“危坐”是形容端端正正地坐着，不过有趣的是，为什么没有用“端坐”而用“危坐”呢？汉代的字书《释名》记载，“跪，危也”，因此“跪坐”也称为“危坐”，表示双膝着地跪坐，要求上身挺直，端正而坐。

后来随着坐姿的改变，尤其是宋代以后，高脚椅凳成为普通坐具，“正襟危坐”变成上身与大腿、大腿与小腿、小腿与地面都成直角，双腿并拢、腰身挺直的一种坐姿。“危者，高而惧也”，君子正襟危坐，就算内心恐惧时也要保持端正与从容，体现出君子之正气。

1. 坐姿的基本要领

第一，入座时要稳、要轻。就座时要不紧不慢、大大方方地从座椅的左后侧走到座位前，轻稳地坐下。

第二，面带笑容，双目平视，嘴唇微闭，微收下颌。

第三，双肩放松平正，两臂自然弯曲放于椅子或沙发扶手上。

第四，坐在椅子上，要立腰、挺胸，上体自然挺直。

第五，双膝自然并拢。双腿正放或侧放，双脚平放或交叠。

第六，坐在椅子上，至少要坐满椅子的2/3，脊背轻靠椅背。

（1）女士坐姿　女性就座时，双腿并拢，以斜放一侧为宜，双脚可稍有前后之差，若两腿斜向左方，则右脚放在左脚之后；若两腿斜向右方，则左脚放在右脚之后。这样正面看来双脚交成一点，可延长腿的长度，也颇显娴雅。女士分腿而坐显得不够雅观，腿部呈倒“V”字式也是不提倡的，女士若穿裙装应有抚裙的动作。一般来说，在正式社交场合，要求女性两腿并拢无空隙。两腿自然弯曲，两脚平落地面，不宜前伸。在日常交往场合，女性大腿并拢，小腿交叉，但不宜向前伸直。女士坐姿如图1-11所示。

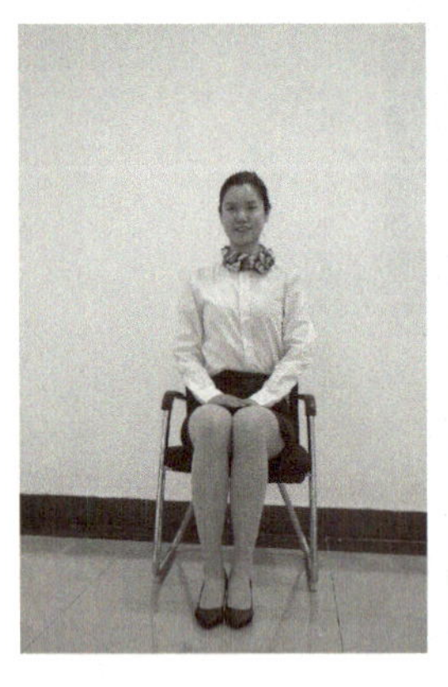
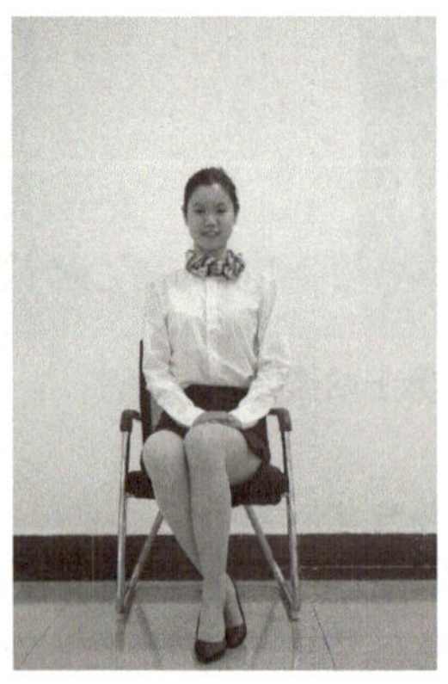
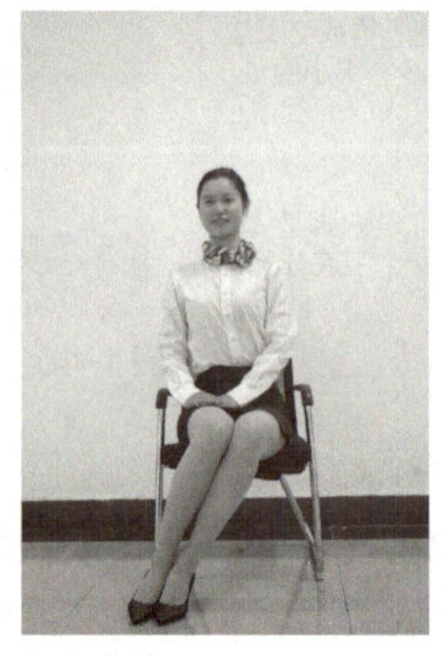
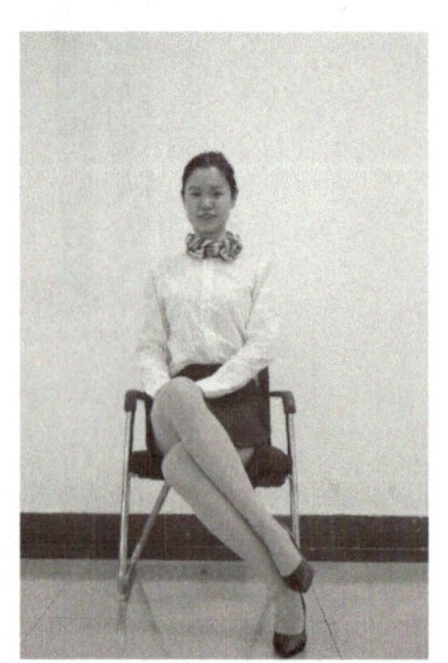

图1-11　女士坐姿

（2）男士坐姿　男士就座时，双脚可平踏于地，双膝亦可略微分开，双手可分置左右膝盖之上，男士穿西装时应解开上衣纽扣。一般正式场合要求男性两腿之间有一拳的距离。在日常交往场合，男性可以跷腿，但不可跷得过高或抖动。欧美国家的男士叠腿而坐时，把小腿部分放在另一条腿的膝盖上，大腿之间是有缝隙的，但注意脚不要跷得太高，以免鞋底正对旁边的客人。在与不同国家人士交往时，须注意对方的习俗，这样更有助于双方的沟通。男士坐姿如图1-12所示。

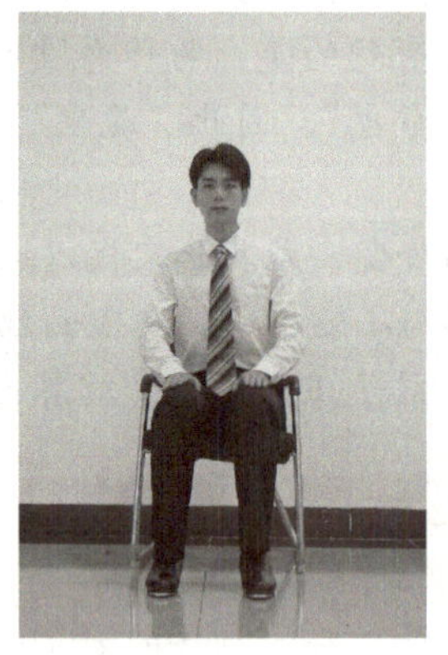
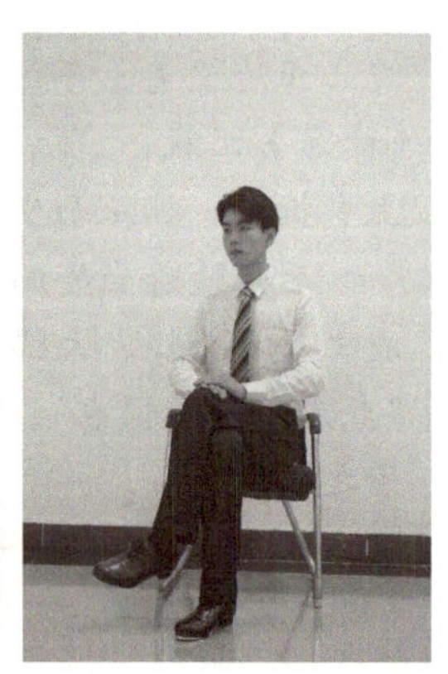

图1-12　男士坐姿

2. 坐姿的注意事项

① 入座时，走到座位前，转身后右脚向后撤半步，从容不迫地慢慢坐下然后把右脚与左脚并齐。女性入座要娴雅，坐前应用手把裙子向前拢一下。起立时，右脚先向后收半步，立起，向前走一步离开座位。在社交场合，入座要轻柔和缓，离座时要端庄稳重，不

可猛起猛坐，制造紧张气氛。

② 坐在椅子上，至少应坐满椅子的2/3。如果是沙发座位较低又比较柔软，应注意身体不要下滑而陷在沙发里，这样看起来很不雅观。与人面对面会谈时，前10分钟左右不可松懈，一开始就放松地靠在椅背上不礼貌。正面与人对坐会产生压迫感，应当稍微偏斜，这样双方都会感觉轻松自然。

③ 坐在椅子上，勿将双手夹在两腿之间，这样显得胆怯害羞、缺乏自信，也显得不雅。

④ 坐时，双腿叉开过大，或双腿过分伸张，或腿呈“4”字形，或把腿架在椅子、茶几、沙发扶手上，都不雅观；同时，忌用脚打拍子。

⑤ 坐时应避免内八字；当跷二郎腿时，悬空的脚尖应朝下或朝向他处，切忌朝天或指向他人，不可上下抖动。

（三）走姿

1. 走姿的基本要领

走姿的基本要领：步履自然、轻盈、稳健，抬头挺胸，双肩放松，提臀收腹，重心稍向前倾，两臂自然摆动，目光平视，面带微笑。男性应具有阳刚之美，展现其矫健、稳重、挺拔的特点；女性应显得温婉动人，体现其轻盈、妩媚、秀美的特质。

① 行走时，上身应保持挺拔，双肩保持平稳，双臂自然摆动，摆动的幅度以手臂距离身体30～40厘米为宜。

② 腿部应是大腿带动小腿，脚跟先着地，保持步态平稳。

③ 步伐均匀、节奏流畅会使人显得精神饱满、神采奕奕。

④ 步幅的大小应根据身高、着装与场合的不同而有所调整。男性每步大约40厘米，女性每步大约30厘米。女性在穿裙装、旗袍或高跟鞋时，步幅应小一些。

⑤ 女性穿高跟鞋时尤其要注意膝关节的挺直，否则会给人以“登山步”的感觉，有失美观。

女士走姿如图1-13所示。

图1-13 女士走姿

2. 走姿的注意事项

行走时避免以下姿态。

① 边行走，边吃喝。
② 走路呈内八字或外八字。
③ 低头看脚尖，显得不自信或心事重重，萎靡不振。
④ 拖脚走，显得未老先衰，暮气沉沉。
⑤ 跳着走，给人心浮气躁的感觉。
⑥ 摇头晃脑，晃臂扭腰，左顾右盼，瞻前顾后。
⑦ 走路时大半个身子前倾，动作不美，有损健康。
⑧ 尾随于他人身后，甚至对其窥视、围观、指指点点。
⑨ 速度过快或过慢，以致对周围人造成不良影响。
⑩ 与他人勾肩搭背，搂搂抱抱。

（四）蹲姿

1. 蹲姿的基本要领

（1）高低式蹲姿。下蹲时一般是左脚在前，右脚稍后。左脚应完全着地，小腿基本上垂直于地面；右脚则应脚掌着地，脚跟提起。右膝须低于左膝，右膝内侧可靠于左小腿的内侧，形成左膝高、右膝低的姿态。女性应并拢两腿，男性则可以适度分开。这种蹲姿的特征就是双膝一高一低，服务人员选用这种蹲姿既方便又优雅。

（2）交叉式蹲姿　下蹲时，右脚在前、左脚在后，右小腿垂直于地面，全脚着地。右腿在上，左腿在下，两者交叉重叠。左膝由后下方伸向右侧，左脚脚跟抬起，并且脚掌着地。两腿前后靠近，合力支撑身体。上身略向前倾，臀部朝下。通常适用于女性，尤其是身着裙装的女性。它的优点是造型优美典雅，基本特征是蹲下后双腿交叉在一起。

男士、女士的蹲姿如图1-14所示。

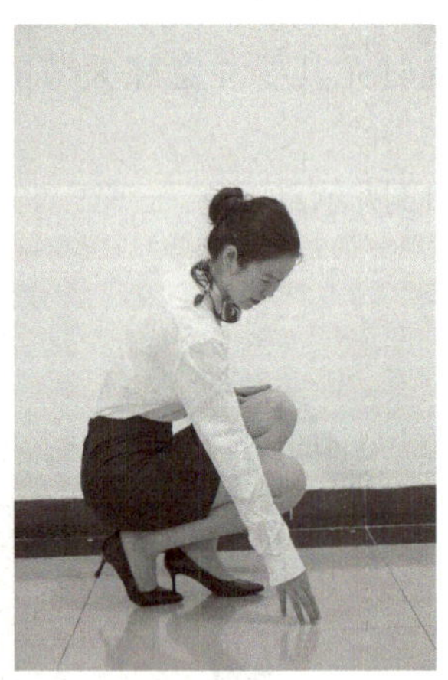

图1-14　男士、女士的蹲姿

2. 蹲姿的注意事项

① 下蹲的时候，切勿速度过快，并注意与他人保持一定距离，避免彼此迎头相撞。

② 在他人身边下蹲时，最好是与之侧身相向。正面面对他人或是背部对着他人下蹲，通常都是不礼貌的。

③ 在大庭广众之下下蹲时，身着裙装的女性一定要避免个人隐私暴露。

④ 蹲姿是在特殊情况下的姿势，不可随意乱用。另外，不可蹲在椅子上，也不可蹲

着休息。

三、手势

手的姿势，通常称作手势。它指的是人在运用手臂时，所出现的具体动作与体位。它是人类最早使用的、至今仍被广泛运用的一种交际工具。在一般情况下，手势既有处于动态之中的，也有处于静态之中的。

在长期的社会实践过程中，手势被赋予了种种特定的含义，具有丰富的表现力，加上手有指、腕、肘、肩等关节，活动幅度大，具有高度的灵活性，手势便成了人类表情达意的最有力的手段，在体态语言中占有最重要的地位。

（一）中外手势含义

不同的国家或民族，同一种手势语表达的意思可能大体相同或相近，也可能截然相反。

1. 向上伸大拇指

竖大拇指的手势，几乎在世界公认表示好、高、妙、一切顺利、非常出色等类似的信息。但也有许多例外：在美国和欧洲部分地区，竖大拇指通常用来表示搭车；在尼日利亚有时这种手势被认为是侮辱性手势。

2. 向下伸大拇指

在中国，这一手势意味着“向下”“下面”。在英国、美国、菲律宾，大拇指朝下含有“不能接受”“不同意”“结束”之意，或表示“对方输了”。墨西哥、法国则用这一手势来表示“没用”“死了”或“运气差”。在泰国、缅甸、菲律宾、马来西亚、印度尼西亚，拇指向下表示“失败”。在突尼斯，向下伸出大拇指，表示“倒水”或“停止”。

3. 向上伸食指

世界上使用这一手势的民族也很多，但表示的意思不一样：中国人向上伸食指，表示数目，可以指“一”，也可指“一十”“一百”“一千”等这样的整数；在日本、菲律宾、斯里兰卡、印度尼西亚、沙特阿拉伯、墨西哥等国，食指向上表示只有一个（次）的意思;在美国，让对方稍等时，可使用这个手势；在法国，学生在课堂上向上伸出食指，老师才会让他回答问题;在新加坡，谈话时伸出食指，表示所谈的事最重要；在缅甸，请求别人帮忙或拜托某人某事时，可使用这一手势。

4. 向上伸中指

竖中指在很多国家被认为是一种极其严重的侮辱别人的方式，这是一种很不礼貌的粗俗的表现。在外国球场上屡次发生。这个手势在西方国家一般认为具有污辱性，一般来说经常被禁止使用。单独伸出中指的手势在世界绝大多数国家都不代表好意，普遍用来表示“不赞同”“不满”或“诅咒”之意。

5. 向上伸小指

中国用这一手势表示“小”“微不足道”“最差”，也表示“轻蔑”。日本人暗指女朋友。在印度、缅甸表示想去厕所。美国、尼日利亚等国表示打赌。泰国人表示友好。

6. 伸出弯曲的食指

这一手势中国表示“9”。在英国、美国表示招呼某人过来。缅甸表示“5”。斯里兰卡表示“一半”。墨西哥表示“钱”或“询问价格”。日本表示“小偷”或“偷窃行为”。韩国表示“有错”“度量小”。印度尼西亚表示“心肠坏”“吝啬”。泰国、新加坡、马来西亚表示“死亡”。新加坡还表示击倒。

7. 伸出食指和中指

在欧洲绝大多数国家，人们常用这一手势表示“胜利”，因为“V”是英语单词Victory（胜利）的第一个字母。不过，做这一手势时务必牢记把手心朝外、手指朝内，在英国尤其要注意这一点，因为在欧洲大多数国家，做手背朝外、手心朝内的“V”形手势表示让人“走开”，在英国则指伤风败俗的事。在中国，这一手势表示数目“2”“第二”或“剪刀”。在非洲国家一般表示两件事或两个东西。

8. 伸出食指和小指

在欧洲大多数国家，人们向前平伸胳膊，再伸出食指和小指做成牛角状，用来表示要保护自己不受妖魔鬼怪的侵害。在非洲一些国家，这种手势若指向某人，则意味着要让那人倒霉。在拉丁美洲许多国家，把伸出食指和小指的手竖起来，则表示“交好运”。但在意大利，这一手势表示自己的老婆有了外遇。

9. 中指和食指交叉相叠

在中国，中指和食指交叉相叠表示数目“10”或“加号”。在中国香港地区表示“关系密切”。在英国、美国、法国、墨西哥、新加坡、菲律宾、马来西亚，这一手势表示“祝愿”“祈祷幸运”。在澳大利亚表示“期待”“期盼”。在斯里兰卡表示“曲折”或“邪恶”。在印度表示“结束”“完成”。在荷兰表示“发誓”“赌咒”，或指“对方撒谎”。

10. 摆手

通常是“算了，无所谓”的意思。欧洲人见面时习惯用“摆摆手”来打招呼，具体做法是：向前伸出胳膊，手心向外，但胳膊不动，只是用手指左右摆动。如果欧洲人前后摆动整只手，则表示“不”“不对”“不同意”或“没有”。但是美国人打招呼时总是摆整只手。在秘鲁，前后摆动整只手则表示“到这儿来”。

11. 搓手

在欧美国家，摩挲双掌表示“完成了所做的事”。在韩国“搓手”一般代表请求原谅的意思。在非洲，人们常用“搓手”表明自己与某件事毫不相干、没有关联。

12. 双手拇指相绕

在英、美等国，双手大拇指不停地有规律地互相旋绕，表示“无事可做”“闲极无聊”之意。

（二）手势禁忌

（1）用食指指点点　有些人说话喜欢用食指对着别人指指点点，在欧美国家这是骂人动作。

（2）“到这边来”　中国人习惯手臂前伸，手心向下，弯动手指，示意“过来”。在欧美国家，这一动作是召唤动物的表示。在大部分亚洲国家，用一个手指召唤人是对人的侮辱，正确姿势是：手心向下，挥动所有手指或挥动手臂。

（3）竖大拇指　在澳大利亚，这是一个粗野的动作，表示讥笑或嘲讽。在希腊、俄罗斯、撒丁岛或非洲西部，该手势含有“滚开”之意。

（4）食指和中指上伸成“V”形　V形手势：这种手势是二战时的英国首相丘吉尔首先使用的，现在已传遍世界，是表示“胜利”。如果掌心向内，就变为骂人的手势了。

（5）OK手势　一般是指好的意思，但在一些国家可千万别乱用。在巴西、希腊、意大利的撒丁岛和突尼斯，这是一种令人厌恶的污秽手势；在法国，表示“微不足道”或“一钱不值”；在马耳他，却是一句恶毒的骂人话。

（6）竖手掌叫停　在希腊，用掌心向外、五指直立的方式，这等于叫人家“去死吧”。

（7）请安静　在中国和美国，人们经常使用双手伸开、掌心向下、五指张开的手势，叫某群人或某人稍等片刻。

（8）摆手　在希腊和尼日利亚人面前摆手是对他们极大的侮辱，手离对方越近，侮辱就越大。

温馨提示

避免不良手势

- 交谈时避免指手画脚、手势动作过多过大。
- 讲到自己不要用手指自己的鼻尖，而应用手掌按在胸口上。
- 谈到别人时，不可用手指别人，更忌讳背后对人指点等不礼貌的手势。
- 与人交谈时，避免抓头发、玩饰物、掏鼻孔、剔牙齿、拍打桌椅、拉人袖子等粗俗的手势动作。

第三节　服饰礼仪

服饰礼仪是人们在交往过程中相互表示尊重和友好、达到交往和谐时，体现在服饰上的行为规范。服饰是一种文化，它反映着一个民族的文化水平和物质文明发展的程度，具有极强的表现功能。在社交活动中，人们可以通过服饰来判断一个人的身份地位、涵养；通过服饰可展示个体内心对美的追求、体现自我的审美感受；通过服饰可以增进个人的仪表、气质。要想塑造真正美的自我，首先就要掌握服饰打扮的礼仪规范，用和谐、得体的穿着展示自己的才华和美学修养，以获得更高的社交地位。

一、服饰穿着原则

（一）整洁原则

穿着应整齐干净是服饰礼仪最基本的原则。一个穿着整洁的人总能给人以积极向上的感觉，并且也传达出对交往对象的尊重和对社交活动的重视。整洁原则并不意味着时髦和高档，只要保持服饰的干净合体、全身整齐有致即可。

（二）个性原则

个性原则是指社交场合树立个人形象的要求。不同的人由于年龄、性格、职业、文化素养等不同，会形成各自不同的气质，必须选择适合自己的服饰，使打扮富有个性。在突出个性时要注意：第一，不要盲目追赶时髦，质朴才是优雅的灵魂；第二，不要盲目模仿别人，失去个人特色。

（三）和谐原则

选择服饰时不仅要与自身体型相协调，还要与性别、年龄、肤色、发型、职业等相配。服饰本是一种艺术，能掩盖形体的某些不足，要借助服饰，创造出美妙身材的错觉。不论是男性还是女性，高矮胖瘦，年轻的还是年长的，只要根据自身的特点，用心选择适合自己的服饰，总能穿出服饰的神韵。

温馨提示

体型与着装

- 腰粗的人应选肩部较宽的衣服，以产生肩宽腰细的效果。
- 腿较短的人最好着裙装，也可以选择上衣较短、裤稍长的服装。
- 腿较粗的人，宜穿上下同宽的深色直筒裤，过膝的直筒裙，忌穿太紧的裤或太短的裙。
- 肩窄臀宽的人，可以选择有垫肩或肩部打褶的上衣，选择束腰服装以衬托肩部的宽大，不宜穿宽大的外套和夹克衫，不宜穿无袖上装，不宜穿腰间打褶的裙子，不宜把衬衫扎进裙子或裤腰中。

（四）TPO原则

T、P、O分别是英语time、place、objective三个单词的缩写字头，即着装的时间、地点、场合的原则。一件被认为漂亮的服饰不一定适合所有的时间以及场合、地点。因此，我们在着装时应该考虑到以下三方面的因素。

1. time（时间）

“T”代表时间，即穿衣戴帽要考虑早晚、四季、时代性等因素，注重随时间而变化。

白天是工作时间，着装要根据自己的工作性质和特点，总体上以庄重大方为原则。如有社交活动，则应以典雅端庄为基本着装格调。

着装也要分四季，切不可只要风度、不要温度，只顾美丽“冻人”，而无视自身实际。

着装要有时代性，也就是着装应顺应时代发展的主流和节奏，既不可超前，亦不可滞后。

2. place（地点、场合）

“P”代表地点、场合，即着装要随地点、场合不同而不同。场合可分为休闲场合、公务场合和社交场合三种类型。

（1）休闲场合——舒适自然　一般分为居家休闲、健身运动、观光游览、逛街购物四种类型。休闲时的穿着要求最低，舒适得体即可。

（2）公务场合——庄重保守　公务场合着装要“正统”，适合穿制服、套装、套裙、连衣裙等。饰品佩戴也要“以少为佳”，少至不戴，最多不超过三件。职场着装提倡的是爱岗敬业精神，一切以突出企业形象为出发点，因而着装风格多偏于保守。

（3）社交场合——时尚个性　社交场合的着装讲究时尚、展现个性。例如，观看演出、参加宴会及舞会等应酬式的交往（生日纪念、结婚典礼、联欢晚会、假日游园等）活动时，应准备得体的社交装。喜庆场合是女性展示各式时装的机会，按照季节和活动性质的不同，既可以穿西装（下身配西裤或裙子），又可穿民族服装，也可以穿中式上衣配长裙或长裤，还可以穿旗袍或连衣裙等。女性除了穿各类服装外，还可以佩戴饰物。至于男性，除了穿西装，也可以穿两用衫、T恤衫、夹克衫等各种便服，彰显魅力与潇洒。

“O”代表目的，即根据不同的目的进行着装。如穿着西式套裙去上班，是为了显示自己的成熟稳重；穿着旗袍去赴宴，是为了展示独有的女性风采；穿上牛仔装与朋友一道去登山踏青，则是为了轻松与随便。

二、服饰色彩礼仪

（一）色彩选择

服饰色彩选择因人而异、因时而异、因地而异、因心而异。总的来说，要考虑与着装者的年龄、体型、肤色、性格、职业等是否相配。

1. 年龄与服饰色彩

不论年轻人还是年长者都有权利打扮自己。但是在打扮时要注意，不同年龄的人有不同的着装要求。年轻人的穿着可鲜艳、活泼和随意些，充分体现年轻人朝气蓬勃的青春之美；中老年人的着装则要庄重、雅致、含蓄，充分体现成熟之美。无论哪个年龄段的人，只要着装协调，都可以显示出独特的韵味。

2. 体型与服饰色彩

不同的体型着装要有所区别。身材高大的人宜选择深色、单色，太亮、太淡、太花的色彩都有一种扩张感，使着装者显得更高更大。较矮的人以明快柔和色为佳，上下色彩一致可以造成修长感。较胖的人以冷色调为佳，过于强烈的色调显得更胖。偏瘦的人应以明亮柔和为佳，大花型的面料有扩张效果，会使瘦人看上去丰满些，小花型的面料使人显得苗条。

3. 肤色与服饰色彩

肤色影响着服饰配套的效果，也影响着服装及饰物的色彩。反过来说，服饰的色彩同样作用于人的肤色而使肤色发生变化。

肤色发黄或略黑、粗糙的人，在选择服色时应慎重。色调过深，会加深肤色偏黑的感觉，使肤色毫无生气；也不宜选择色调过浅的服色，色泽过浅，会反衬出肤色的黝黑，同样会令人显得黯淡无光。这种肤色的人最适宜选用的是与肤色对比不强的粉色系、蓝绿色，最忌色泽明亮的黄色、橙色、蓝色、紫色或色调极暗的褐色、黑紫色、黑色等。

肤色略带灰黄，则不宜选用米黄色、土黄色、灰色的服色，否则会显得无精打采。

肤色发红，则应选择稍冷或浅色的服色，但不宜选用浅绿色和蓝绿色，因为这种强烈的色彩对比会使肤色显得发紫。

4. 性格与服饰色彩

不同的性格需要由不同的色彩来表现，只有选择与性格相符的服色才会给人带来舒适与愉快的感觉。性格内向的人，一般喜欢选择较为沉着的颜色，如青色、灰色、蓝色、黑色等；性格外向的人，一般宜选用暖色或色彩纯度高的颜色，如红色、橙色、黄色、玫瑰红色等。

5. 职业与服饰色彩

不同职业有不同着装要求，如法官的服色一般为黑色，以显示出庄重、威严；银行职员的服色一般选用深色，给客户以牢靠、信任的感觉。

（二）色彩搭配

着装配色是一门学问，“没有不美的色彩，只有不美的搭配”。着装配色的关键是和谐。常用服饰配色方法有五种。

1. 相同色搭配

就是用同一色相的色彩进行配色。

（1）上下或内外采用同一色相，并且明度、纯度一致。如西装、制服、套装等，这种搭配给人以统一协调、秩序井然之美。

（2）上下或内外采用同一色相，但明度、纯度不一致。如深青色配天蓝色、墨绿色配浅绿色、咖啡色配米黄色等。从整体上看，如上穿奶黄色衣服下配棕黄色裤子或裙子，脚蹬奶黄色或白色皮鞋，这样的搭配给人端庄、稳重、高雅的感觉。一般而言，这种搭配最好上浅下深、上明下暗。

2. 呼应配色

就是服装的色彩上下呼应或内外呼应，如上穿黑底红花纹衣服，下着黑色裤（裙），配红色内衣、黑色鞋子和皮包。这样的服装色彩给人柔和自然的感觉。一般来说，呼应主色更好。

3. 补色对比

补色之间是相互对抗的，如红色和绿色、黄色与紫色搭配在一起，会过于醒目、刺激。补色之间搭配，要注意点缀和过渡，如在红衣绿裙之间增加一条白色的腰带，就可以使两种颜色变得协调，或是红色与绿色加入白色，成为减红或减绿，就不会那么刺眼了。补色之间搭配还要注意面积与分量的取舍，可在大面积的一种色彩上，点缀一点它的补色，或使用5/8的比例（美学定律），这样，既鲜明又不刺眼，能形成强烈的对比美。

4. 点缀配色

即大面积地使用一种色彩，另外选一种色调的小面积点缀。主要指不同色性色彩间的搭配。如穿一身浅驼色的衣服，露出红色的衬衣领，这一点点红色便使整个服装的色彩活了起来，起到画龙点睛的作用。

5. 相似色搭配

相似色搭配时，两个色的明度、纯度最好错开，比如奶黄色与橙色、绿色与蓝色、绿色与青紫色、红色与橙黄色、深一点的蓝色和浅一点的绿色配在一起比较合适。若鲜绿色裙子配鲜黄色上衣，就显刺眼，若一件深绿色裙子配淡黄色上衣就好看多了。

拓展阅读

色彩的含义

红色：热烈、浪漫、强烈。象征着幸福、喜悦、兴奋、快乐。

黄色：最明亮、最活泼、最引人注目。象征着开放、年轻、明智、好动、充满希望。

蓝色：安静、寒冷、智慧。象征着永恒、理智、安详与洁净。
橙色：明亮、温暖。象征着冲动、华丽、欢乐、甜蜜、丰收。
绿色：安宁、凉爽、舒适。象征着生命、环保。
紫色：高贵、财富。象征着威严、华贵。
灰色：稳重、可靠、柔弱。象征着平凡、朴实、随和。
白色：纯净、圣洁。象征着孤高、纯洁、高尚。
黑色：庄重、洗练、肃穆。象征着沉稳、深沉。

三、男士服饰礼仪

（一）礼服

1. 大礼服

大礼服（图1-15）即晨服、燕尾服，是在特定社交场合的装束，有很严格的搭配组合规范。要求穿礼服背心、礼服衬衫、白色领结、黑色袜子、黑色皮鞋、上衣口袋插上白色装饰巾。

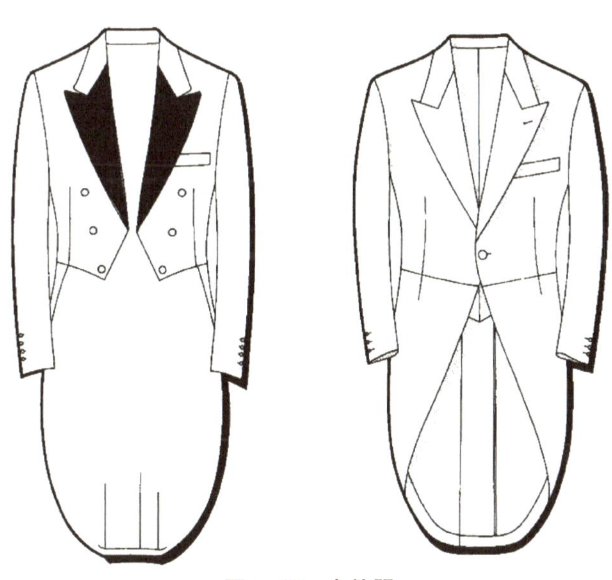

图1-15 大礼服

2. 正式礼服

这种礼服上装不带燕尾，多用黑色和深蓝色毛料，夏天则采用白色麻料。圆摆，大翻领、裤子侧缝饰缎面、带褶礼服衫，配黑色领结和腰封，穿黑色皮鞋、黑色袜子。

3. 日常礼服

指黑色西服套装，有上衣、裤子、背心，扣子一般为1～3粒，单排双排都有。

4. 中山装

中山装是我国男士的传统礼服。为封闭领口，前门襟有5个纽扣，领口有风纪扣，左右、上下各2个贴袋。做礼服时，通常由上下身同色的深色毛料精制，配以黑色皮鞋。

（二）西装

1. 西装款式

西装（图1-16）一般有两种，一种是两件套，即上装和下装，包括同色和不同色。另一种是三件套，即上装、下装和背心。其中两件套有三种式样：一是单排扣式，造型轻盈，稳重大方，深色最适合正式场合；二是双排扣式，造型端庄、大方；三是改良型，为便装，活泼、年轻、有朝气，不论工作、学习、外出都适宜，实用性强，但不那么正式、气派。

图1-16 西装

2. 西装穿着要求

（1）区分场合　根据交际场合选择西装。交际场合分为正式、半正式和非正式。正式场合，如宴会、招待会、重大会议、婚丧事及特定的晚间社交活动等，应穿西服套装，颜色以深色为宜，以示严肃、庄重、礼貌。半正式场合，如访问、较高级会议和白天举行的较隆重的活动，通常也应穿西服套装，取浅色或明度较高的深色为好。在非正式场合，如外出旅游、上街购物、寻亲访友等活动，可以选择款式活泼、色调明朗的休闲西服。

（2）质量为先　选择西装，最重要的不是价格和品牌，而是包括面料、裁剪、加工工艺等在内的许多细节。量身裁剪的西服合体程度是成衣不能相比的，在缝衣领以及制作衬里、袖子方面，好裁缝的手艺无可代替。西装最好准备两套以上轮流穿，保持西装式样不变，并减少衣服的磨损。

（3）讲究面料　西装应该首先考虑天然面料，别选不透气的人造纤维，否则会有如在蒸笼中生活一样。毛料是首选，除非是夏装，轻薄的毛料比全棉、亚麻或真丝面料更有面子，也更挺括、耐穿。

（4）扣好纽扣　不管穿什么衣服都要注意把扣子扣好，而穿西装时上衣纽扣的系法讲究最多。通常，系西装上衣纽扣时，单排两粒纽扣，只系上边那粒；单排三粒纽扣的可以只系中间的或上面两粒扣子；双排扣西装则要求把所有能系的纽扣全部系上。

（5）巧配内衣　西装的标准穿法是内穿衬衫，衬衫内不穿棉纺或毛织的背心、内衣。冬天可选择保暖衬衫。

（6）注意整体美　衬衫要保持整洁、无褶皱，衬衫的下摆必须塞在裤子里。还要顾及装饰物、鞋、袜等与西服的合理搭配。一般来说，穿西服不宜穿花袜子，不能穿便鞋而应穿搭皮鞋，方可展示“西装革履”的风度美。西裤的穿着也有讲究，西裤作为套装整体的一部分，要求与上装相协调。西裤裤腰的尺寸必须合适，以裤腰间插进一手掌为宜。裤长以裤脚接触脚背为妥，忌裤长过鞋跟接触地面。

温馨提示

西装注意事项

- 穿西装前，要把上衣左袖口的商标或质地的标志拆掉。
- 少装东西。西装的外口袋只是一种装饰，最好不要存放物品，内口袋也要少装东西，否则会破坏平整感，既不美观，又有失礼仪，使形象大打折扣。
- 避免卷挽。穿西装不能把衣袖挽上去或卷起西裤的裤筒，否则显得粗俗、失礼。

3. 西装的搭配

西装的韵味，不是仅靠穿出来的，而是和其他衣饰一道精心组合搭配出来的。

（1）领带　领带作为男士服饰的一部分，充分体现了服装饰品的丰富内涵，它是西服最抢眼的部分，别出心裁的搭配会起到画龙点睛的作用。首先，领带长度要合适，打好的领带尖端应恰好触及皮带扣，领带的宽度应该与西装翻领的宽度和谐。其次，领带的图案、颜色要与西服相配。如印有几何图案的领带应该选择与西装同色系或对比色系配搭，领带上的圆点、网纹或斜条的颜色应选择与衬衫相同的颜色。最后，领带质地要好。丝质是领带的首选，虽然颜色鲜亮，但不耀眼，使用丝质领带几乎适合任何场合。

（2）衬衫　衬衫的领型、质地、款式都要与西装协调，色彩应与个人的气质相符合。一般而言，衬衫以淡色为多，纯白色和浅蓝色衬衫一般是必备的。穿衬衫时应注意领口和袖口要保持洁净。普通衬衫的袖口一般要露出西装袖口，如果穿带袖扣的衬衫，则应露出1/2厘米。衬衫领应高出西装领口1～2厘米，领口露出部分与袖口露出部分应呼应，有一种匀称感，同时可以避免弄脏西装。软领衬衫不适宜配西装。

（3）皮带　一般来说，穿单排扣西服套装时，应该扎窄一些的皮带；穿双排扣型西服套装时，则扎稍宽的皮带较好，深色西装应配深色腰带，浅色西装所配腰带在色彩上没有特别限制，但要避免佩戴休闲款式皮带。

（4）袜子　袜子永远是服装的配角，却是个人品位高低的重要依据。男士穿袜子最重要的原则是讲究整体搭配，如果西装是灰色的，可以选择深灰色的袜子，海军蓝的西装配海军蓝袜子；米色西装配深棕色袜子。

（5）皮鞋　皮鞋不仅能反映服饰的整体美，更能体现身材的挺拔俊美。皮鞋要时刻保持光亮、干净。在正式场合，男士可穿静面黑色皮鞋。黑皮鞋可配任何色调的服装；浅褐色与褐色皮鞋可以配米色、咖啡色的西服，但与黑色西服不般配。

（6）手表　手表对于男士来说非常重要，发挥着特殊的装饰作用。选戴手表要与身份和场合相协调。男士参加各种正式活动，特别是参加公务活动、商务活动和涉外活动时，除了穿着一套得体的西装外，千万不要忘记戴上一只手表，它证明你是一个务实的、有时间观念的、训练有素的人。

温馨提示

西装与领带的搭配

- 黑色西服，采用银灰色、蓝色调或红白相间的斜条领带，显得庄重大方、沉着稳健。
- 暗蓝色西服，采用蓝色、深玫瑰色、橙黄色、褐色领带显得纯朴大方、素淡高雅。
- 乳白色西服，采用红色或褐色领带，显得十分文雅、光彩夺目。
- 中灰色西服，采用砖红色、绿色、黄色调的领带，另有一番情趣。
- 米色西服，采用海蓝色、褐色领带，显得风采动人、风度翩翩。

四、女士服饰礼仪

（一）礼服

1. 大晚礼服

大晚礼服是最正式的礼服，主要适用于晚间举行的正式活动，如正式宴会、重要颁奖活动、交际舞会等。这种礼服高贵典雅，上身造型袒露较多，需佩戴相应的珠宝首饰。

2. 小晚礼服

小晚礼服仅次于大晚礼服，主要适合于参加晚上6点钟以后举行的宴会、音乐会或观歌剧、舞剧、话剧时穿，是一种质地高档、色彩单一的露背的连衣裙式服装。裙长至脚面而不拖地，衣袖有长有短。

3. 晨礼服

晨礼服主要是在白天穿，适用于在白天举行的庆典、茶会、游园会和婚礼等，可以是质料、颜色相同的上衣与裙子的组合，也可以是单件连衣裙。一般以长袖居多，肌肤暴露很少。与此搭配的是一顶合适的帽子，一副薄纱短手套，还可携带一只小巧的手包或挎包。

4. 旗袍

旗袍比较适合中国女性清瘦玲珑的身材特点，是具有中国特色的礼服。女士在参加正式晚宴时，可以选择华丽面料的旗袍；日常半正式工作场合与休闲场合，也可用旗袍分别搭配西式外衣、开襟毛衣、披肩围巾等，能够展示不同的风格。

除此之外，同质、同色的长衣和长裙，款式上协调统一的西式套裙也可以作为礼服穿着，但要注意质地精良，款式、色彩不宜过于复杂。

温馨提醒

女性服饰禁忌

- 露出衣服的内衬。
- 服装过紧、过短或者暴露过多肌肤。
- 深色外套上散落斑斑点点的头屑。

- 穿着露趾鞋时不穿袜子。
- 在白天穿着适合参加晚上社交活动的服装。
- 穿着系扣外衣时可从纽扣间的缝隙看到肌肤或内衣。
- 休闲时穿着高跟鞋，或用过于张扬或过高的高跟鞋搭配休闲装。
- 身上戴的珠宝不时发出叮叮当当的响声，让人感到烦躁。

（二）职业装

职业女性工作场所的着装有别于其他场合的着装，尤其代表一个企业、一个组织形象时，更要追求大方、简洁、纯净、素雅的风格。职业装是职场女性的必备服饰，一套得体大方的装束不仅能提高整体美感，还能让女性显得更成熟、稳重。套装以其严整的形式、多变却不杂乱的颜色、新颖却不怪异的款式，成为职业女性最规范的职业装。

1. 套装选择

职业套装要体现的风格是正规、沉着、干练、精神，所以不要佩戴闪光的珠宝首饰或者过于卡通和时尚的休闲首饰。在衬衫的选择上也要慎重，一般以质量上乘的丝绸、棉质等面料为好。

（1）面料　套装面料有很多种，以纯天然质地为最好。要有良好的手感，以光洁润滑、平整挺括、柔软垂悬、不起皱、不起球、不起毛为最好。

（2）色彩　套装色彩基本是上下一色，这样的色彩有整体感，穿着者会显得高挑。

（3）图案　职业套装虽然也有格子与条纹等图案，但一般正规套装很少选择大而明显或者条纹很粗的图案。女士经常搭配漂亮的衬衫、丝巾和别针来增加职业装的典雅与端庄。

（4）尺寸　套装中的裙子与上衣会有不同的长短变化。比如，短上衣配长裙；长衣配短裙；短衣配短裙；长衣配长裙等。选择尺寸和服装的长短尺寸，一是要根据穿着的场合，二是要符合自己的身材条件。比如，身材不高的女士不适合选择长裙，也不适合穿长上衣。在大多数情况下，服装的尺寸以合身最为重要，其次，我们在正规场合如果穿太短的裙子会显得不雅观，而过长的裙子则显得没有精神。所以，短裙的长度最好略过膝；长裙不要超过小腿肚。

（5）造型　女士套装主要有以下几种类型。

一是A型，即上衣为紧身式，裙子是宽松型，这样上紧下松的造型，可以修饰臀部较大的女性。

二是X型，即上衣为紧身收腰，裙子有点喇叭形，这个造型可以使穿着者线条明显、婀娜多姿。

三是H型，这种款式的套装收腰不明显，裙子也是直筒式，比较适合腰围较宽的女士。

四是Y型，上衣有明显的垫肩，裙子紧身。穿着者如果有很好看的腿形，这样的套装会使人精神、挺拔。脖子较短或者肩膀较宽的女士不太适合这种造型。

2. 套装的搭配

（1）衬衫　女士套装中的衬衫搭配非常重要，尤其是领口部位常常会起到画龙点睛的作用。面料首选柔软的真丝，舒适的全棉、麻纱等。

衬衫色彩的选择。一是协调色搭配，即衬衫与套装的颜色反差很小，属于同色系。二是邻近色搭配，也就是衬衫与套装的颜色虽然属于不同色系，但反差不强。三是对比色搭配，比如白色衬衫与黑色套装搭配；浅色衬衫与深色套装搭配；蓝色套装与橙色衬衫搭配；紫色套装与黄色衬衫等都属于对比色搭配。这种搭配方法显得人非常精神，但是需要选择合适的面料和样式。

（2）内衣　内衣包括胸罩、内裤、腹带、紧身衣等。内衣的穿着是为了支撑和衬托女性线条的优美，在选择时首先要以健康、舒服、贴身为主，面料以纯棉、真丝为好。然后还要考虑对外形的影响，不能让人从外套上看到内衣的轮廓，这样不雅观。

（3）鞋　与套装搭配的鞋应选择牛皮质地为佳，皮鞋的颜色以黑色最为正式。此外，也可选择与套装色系一致的颜色。与套装搭配最常选的是高跟鞋，但是要注意不要选择鞋跟太高、太细的高跟鞋，容易走起路来不稳。穿高跟鞋配窄裙时，女士的优雅身段容易展示。在正式社交场所，凉鞋特别是露脚趾的凉鞋，以及赤脚穿凉鞋和拖鞋都是不合适的，其他鞋子基本都可以穿。女士在办公室，只能穿着正式的制式皮鞋，并且避免选择颜色鲜艳的皮鞋。

（4）袜　在任何交际场合穿裙子都应当配长筒丝袜或连裤袜，颜色以肉色、黑色为宜，禁穿挑丝、有洞或用线补过的袜子，这是个人内涵的展现，也是尊重别人的表现。着裙装时，应随身携带一双备用袜子，以备袜子被钩破时换用。

（三）饰品佩戴

社交活动中，人们除了要注意服装的选择外，还要根据不同场合佩戴不同的饰品，要让首饰成为“画龙点睛”之笔。

1. 饰品分类

根据饰品的作用不同大致可以划分为两大类：装饰类和实用类。戒指、耳环、项链、胸针等饰品属于装饰类；腰带、围巾、皮包等属于实用类。

2. 佩戴原则

（1）季节原则　饰品佩戴应考虑一年四季有别的原则。夏季以佩戴色彩鲜艳的工艺仿制品为好，可以体现夏日的浪漫；冬季则佩戴一些金、银、珍珠等饰品为好，可以显现庄重典雅。

（2）场合原则　女士赴宴或参加舞会等，可佩戴一些较大的胸针，以期达到端庄优雅之效；而平日上班或在家，可佩戴一些小巧精致、淡雅的胸针、项链、耳环等。

（3）服饰协调原则　饰品佩戴应与服饰相配。一般领口较低的袒肩服饰必须配项链，而竖领上装可以不戴项链。项链色彩最好与衣服颜色相协调。穿运动服或工作服时可以不戴项链和耳环。带坠子的耳环忌与工作服相配。

（4）体型相配原则　脖子粗短者，不宜戴多串式项链，而应戴长项链；相反，脖子较瘦细者，可以戴多串式项链，以缩短脖子长度。宽脸、圆脸和戴眼镜的女士，少戴或不戴大耳环和圆形耳环。

（5）年龄吻合原则　年轻女士可以戴一些夸张的工艺饰品；年纪较大的妇女应戴一些较贵重的饰品，这样显得庄重、高雅。

（6）色彩原则　戴饰品时，应力求同色，若同时戴两件或两件以上饰品，应使色彩一致或与主色调一致，千万不要打扮得色彩斑斓，像棵“圣诞树”。

（7）简洁原则　戴饰品的一个最简单原则就是少而精，切忌把全部家当往身上戴，整个人看起来就像个饰品推销商，这只会给人俗气平庸的感觉。

3. 常用饰品佩戴

（1）戒指　戒指通常戴在左手。戴食指上代表无偶求爱，戴在中指表示正在恋爱之中，戴在无名指上表示名花有主，而戴在小手指上则暗示自己是独身主义者。一般情况下，只戴一枚戒指。

（2）耳环　耳环是女性的主要首饰，其使用率仅次于戒指。佩戴时应根据脸型特点来选配耳环。如圆形脸不宜佩戴圆形耳环，因为耳环的小圆形与脸的大圆形组合在一起，会加强“圆”的信号；方形脸也不宜佩戴圆形和方形耳环，因为圆形和方形并置，对比之下，方形更方、圆形更圆。

（3）项链　项链也是受到女性青睐的首饰。它的种类很多，大致可分为金属项链和珠宝项链两大系列。佩戴项链应和年龄及体型相协调。如脖子细长的女士佩戴仿丝链，更显玲珑娇美；马鞭链粗实成熟，适合年龄较大的妇女选用。佩戴项链也应和服装相呼应。例如，身着柔软、飘逸的丝绸衣衫裙时，宜佩戴精致、纤巧的项链，显得妩媚动人；穿单色或素色服装时，宜佩戴色泽鲜明的项链。

（4）胸针与胸花　使用胸针与胸花饰品，与衣服相配既有对比美，又有协调美，使人显得更有风度。胸针与胸花是装饰服装的，在选择颜色与造型时，不仅要看与服装搭配在一起的效果，更要看是否符合个人的气质与风度。胸针与胸花的大小要合适。

（5）手镯和手链　手镯和手链的佩戴要注意与服装的搭配，以高雅、大方为佳。

（6）围巾和帽子　围巾、帽子与服装风格要一致。首先，帽子的式样要与服装相协调。其次，帽子款式的选择要与人的脸型、体型相适应。长脸的人不宜戴高帽子，而圆脸的人戴顶端微凸的帽子就比较顺眼；矮个子戴稍显高凸的帽子会显高，而小个子戴大帽子则会产生“小蘑菇”的滑稽感。最后，帽子的色彩要与肤色协调。肤色较深的人不宜戴深色帽子；肤色发黄的人最好戴深红色、咖啡色的帽子。

（7）腰带　腰带的选择要与衣服、身材相协调。要想使自己看上去修长，应选用和衣裙同色的腰带；如果个子高而腰围窄，应选用与衣裙织物不同、颜色不同的宽腰带。

（8）手提包　手提包的选择也要酌情而定。身材高大的女性宜背大提包；身材苗条或矮小的女性可背中小提包；身材丰满的女性忌背圆形包；粗腰女性宜背低于腰线的包。手提包的颜色既要与服装的颜色协调，也要与季节协调，夏季宜提小巧玲珑且色调明快的小包，冬季可提稍大些的包，颜色也宜深重些。

一、请你分析

1. 玉梅的同学聚会

国庆节那天，身为歌舞剧院负责人的玉梅参加大学毕业10周年同学聚会。为了这次聚会，她做了充分准备：身着一件袒胸露背的礼服，脸上涂上厚厚的粉底，抹上深蓝色的眼影和水晶炫丽唇膏，兴高采烈来到聚会地点。当她出现在同学们面前时，大家都以奇怪

的目光打量她，这使她浑身不自在。

思考和讨论：玉梅着装有何不妥？参加同学聚会时应该如何打扮？

2. 不修边幅的小胡

小胡初入某保险公司做业务员，由于其口才很好，很快就对公司产品了如指掌，人也朴实勤快，上司对他寄予厚望。可工作半年了，小胡的业绩总上不去。问题出在哪儿呢？原来他经常不修边幅，留着长指甲，里面藏污纳垢。白衬衣的领子经常呈酱黑色，有时手掌心还记着电话号码。他喜欢吃大饼卷大葱，吃完后也不知道除异味。

思考和讨论：做业务员需要怎样的个人形象？小胡在哪些方面需要改进？如何改进？

二、请你训练

1. 站姿训练

训练目的：一要训练站立时身体重心的位置和重心的调整；二要训练两脚位置与两脚间的距离，并与手的位置和谐一致，使身体协调自然；三要训练挺胸、收腹、立腰、收臂，使躯体挺拔向上；四要训练站立时的面部表情，心情愉快、精神饱满；五要训练站立的耐久性，能适应较长时间站立工作的需要。

（1）贴墙站立　要求后脚跟、小腿、臀、双肩、后脑勺都紧贴墙。这种训练是让训练者感受到身体上下处于一个平面。

（2）背靠背训练　两人一组，背靠背站立，两人头部、肩部、臀部、小腿、脚跟紧靠，并在两人肩部、小腿部搁放一张卡片，不让滑动掉落。此法可使后脑、肩部、臀部、小腿、脚跟保持在一个面上，使训练者有较完美的背影。

2. 坐姿训练

（1）练习入座起立　入座时，教师说“请坐”，学生说“谢谢”，女生用双手整理一下裙子，按示范动作坐下　起立时速度适中，既轻又稳。

（2）练习坐姿。按规范坐姿坐下，放上音乐，训练时重点强调上身挺直。

3. 走姿训练

顶书而行：把书本放置于头顶中心行走，头、身躯自然保持平稳，避免书本滑落下来。

三、请你自测

我的举止是否受人欢迎

下面列举的是男士较易出现的不当举止，请对照检测自己，如“常有”计2分，“偶尔有”计1分；“没有”计0分。

1. 随地吐痰。
2. 搔抓头皮。
3. 笑时用手掩住嘴。
4. 坐下时，高跷二郎腿，摇来晃去。
5. 坐下时把裤腿卷起。

6. 在公共场合对着镜子梳妆打扮。
7. 喝茶、喝酒等端起杯子时，把小指伸出。
8. 把手提袋之类的东西挂在手腕上。
9. 经常用手挖鼻孔。
10. 过于频繁地眨眼。
11. 打嗝。
12. 一边蘸着唾沫，一边数钱。
13. 用完餐后，一直用牙签在嘴里捣来捣去。
14. 抽烟时不停地将烟从鼻孔里喷出。
15. 吸烟吸到烟嘴。
16. 抽烟时嘴里发出声音。
17. 在电影院或火车上，把脚放在前排座位上。
18. 用手拔、摸自己的胡子。
19. 走路把手插进裤袋。
20. 打响指。
21. 不择地方，倒头便睡。

0 ～ 8 分：你非常了解和注意自己的举止礼仪，这将使你在职场上赢得他人尊重。
9 ～ 16 分：你有一些不文明举止，应该及时改正，否则将影响你的职场形象。
17 ～ 42 分：你非常欠缺举止方面的礼仪素养，如不改正将影响你的职业前途。

四、请你讨论

在网络或媒体上面，我们常常会看到大众或粉丝对那些优秀演员、艺术家、体育明星等公众人物的一些正面评价。

1. 请选择 1 ～ 2 位你欣赏的公众人物，分析他（她）身上具备哪些魅力品质打动了你？

2. 询问同学眼中的你，最突出的优点是什么？他们眼中的你又具备哪些特质？用一小段文字写出来。以小组为单位开展此项活动。

3. 完成下列问卷，结合本章个人形象礼仪的相关知识，思考自己在未来所期望的样子，分析应该从哪些方面去改变自己的外在影响力？以小组为单位开展讨论和分享活动。

1	你典型的脸部表情是什么样子？如何来描述这种表情？
2	你会和别人进行眼神交流吗？直接交流还是间接交流？你的眉毛会动吗？会不会斜视？
3	你如何描述自己？是充满活力还是善于沉思？
4	一般情况下，别人是“很容易了解你的想法”，还是你会“不动声色，一本正经”？
5	你交流时采用的手势有哪些？流畅优雅的、不费力的还是急而费力的？抑或是没有任何手势？
6	你会意识到自己在公共场合有坐立不安的小动作吗？
7	你如何描述自己的形象？

续表

8	你会注意自己在别人面前自我展示的方式吗？
9	你会有时候看上去局促不安吗？
10	你会调整和别人说话的方式吗？
11	你觉得自己容易和别人相处吗？
12	你有多注意自己的外表？
13	你容易倾听别人的话吗？
14	你会主动交谈吗？
15	你对别人的身体语言和行为敏感吗？

第二章

日常交往礼仪

学习目标

- 掌握称谓礼、介绍礼、握手礼和名片礼等会面礼仪。
- 理解拜访和接待的基本原则，掌握其基本礼仪。
- 理解交谈的基本要求，掌握语言交际的技巧。
- 掌握馈赠、聚会的礼仪规范。
- 认识日常交往礼仪的重要性，自觉提升礼仪素养。

案例导入

蔡邕倒屣相迎

倒屣相迎，说的是东汉时期蔡邕的故事。蔡邕是文学家蔡文姬的父亲，他对于文史、辞赋、音乐、天文无不通晓，官任皇室左中郎将，人称“才学显著，贵重朝廷，常车骑填巷，宾客盈坐”。但蔡邕从不摆架子，从不傲慢待人，很善于与人交往，好朋友很多。

有一天，蔡邕正在睡午觉，好友王粲突然来访。一听家人说王粲来到门外，他迅速跳下床，急急忙忙穿上鞋子就往门外跑。由于太慌忙，把右脚的鞋子穿到了左脚上，左脚的鞋子穿到了右脚上，而且两只鞋都倒穿着。当王粲看到蔡先生这副模样时，忍不住抿嘴而笑。

日常交往礼仪是世界大多数国家通行的礼仪，是现代礼节形式中使用最多的一种。在日常生活中，人们的言行举止往往能客观、准确地反映其品德与修养。古语有云：“见微而知著。”日常交往礼仪对人的要求和约束可谓入幽探微，礼仪往往体现在生活细节处，要引起我们的高度重视。

第一节 会面礼仪

会面，通常是指在正式的场合与他人相见。会见他人时，既要对对方热情、友好，又要讲究基本的会面礼节。特别是在职场中，称谓礼、问候与寒暄、介绍礼、握手礼、名片礼等礼仪，当属人人须掌握的最基本的会面礼仪。

一、称谓礼

称谓，也叫称呼，是人们为了表示相互之间的某种关系，或为了表示身份、地位、职业的区别而使用的礼貌语，它能恰当地体现当事人之间的隶属关系。使用称谓礼，是社交活动中的一种基本礼貌。对他人的称谓既要体现尊敬、亲切和文雅，又要沟通双方心灵、促进感情的融洽，从而缩短彼此的距离。

具体而言，称谓礼有两个作用：一是表明说话动作或内容的指向对象。懂礼貌的人经常会单单为了表示敬重而称呼。比如，上学路上见到老师叫一声“老师”，放学回家见到父亲叫声“爸爸”，哪怕叫过后什么话也不说，被称呼人也能领会你对他们的敬重。二是表明对该对象的态度。如用“您”比用“你”更显敬重；用量词“位”也可表示尊重，如说“这位同学”比说“这个同学”要好；对年长老师的妻子称“师母”，对兄长的妻子称“大嫂”，对年龄与自己父母差不多的领导，称其夫人为“阿姨”，都会显得敬重。

（一）国内称谓

在国内交往活动中，要正确、得体地称谓他人，务必要注意四点：一是称谓要合乎常规；二是称谓要照顾对方的个人习惯；三是称谓要入乡随俗；四是称谓要合乎场合，在不同的场合，称谓的礼仪是各不相同的。

1. 姓名称谓

姓名，即一个人的姓氏和名字。姓名称谓是一种较为普遍的称呼形式，其用法如下。

（1）全名称谓　即直呼其姓和名，如“张大伟”“刘文涛”等。全姓名称谓一般用于学校、部队或其他郑重场合，有一种庄重感、严肃感。在日常交往中，非亲密的同辈之间或长辈对晚辈，若指名道姓地称呼对方是不礼貌的。

（2）名字称谓　即省去姓氏，只呼其名字，如“大伟”“文涛”等，这样称呼既礼貌又亲切，运用场合比较广泛。

（3）加修饰的姓氏称谓　即在姓的前面加一修饰词，如“老李”“小刘”“大陈”等，这种称呼显得亲切、真诚。一般用于工作、劳动和生活中较熟悉的同事和朋友之间。

2. 亲属称谓

亲属称谓一般是对有亲缘关系的人的称呼。国内对亲属的称谓比较复杂，分得比较细，中国古代对亲属的称谓尤为讲究，主要形式如下。

（1）对长辈、平辈的称呼　不能直呼其姓名、字号，要按与自己的关系称呼，如祖父、外婆、父亲、母亲、胞兄、胞妹等。

（2）对有姻缘关系的人称呼　前面加“姻”字，如姻伯、姻兄、姻妹等。

（3）对别人的亲属称呼　加表尊敬的“令”或“尊”，如尊翁、令堂、令郎、令媛、令侄等。

（4）对别人称自己的亲属　前面加“家”，如家父、家母、家叔、家兄、家妹等。

（5）对别人称自己的平辈、晚辈亲属　前面加“敝”“舍”或“小”，如敝兄、敝弟，或舍弟、舍侄、小儿、小婿等。

（6）对自己的亲属谦称　可加“愚”字，如愚伯、愚岳、愚兄、愚甥、愚侄等。

有些称谓从古代传承下来，主要用于正式场合、文化人之间或书面用语中。但随着社会的发展和进步，对亲属的称谓已没有那么多讲究，现代社会使用亲属称谓，一般是简洁明了地称自己与亲属的关系，如爸爸、妈妈、哥哥、弟弟、姐姐、妹妹等；有姻缘关系的，在当面称呼时，也有了改变，如称岳父为“爸爸”，称岳母为“妈妈”，称姻兄为“哥哥”，称姻妹为“妹妹”等；称别人的亲属时和对别人称自己的亲属时也不那么讲究了，如您父亲、您母亲、我哥、我弟等。

书面用语中，特别是文化修养较高的人，有的仍沿袭传统称谓方法，显得高雅、礼貌。

3. 职务称谓

职务称谓是用所担任的职务、具备的专业技术职称资格或从事的职业种类做称呼。主要用于工作中，用职务称谓显得正式、尊重、严谨。这种称谓方式，古已有之，目的是不称呼其姓名、字号，以表尊敬、爱戴，如杜甫，因曾担任工部员外郎而被称“杜工部”，诸葛亮曾担任蜀国丞相而被称“诸葛丞相”等。现代社会，职务称谓的主要用法有以下四种。

（1）用所担任的职务称呼　如“王局长”“赵院长”“陈书记”“刘经理”“李科长”等。

（2）用所具备的专业技术职务称呼　如“张工程师”“刘医师”等。对工程师、总工程师还可称“周工”“刘总”等。

（3）用所从事的职业工作种类做称谓　如“吴老师”“赵医生”“刘会计”“张教练”“王警官”等，对工人、司机等可用“师傅”相称。

（4）用所取得的学历学位、学衔或荣誉称号做称呼　如“刘博士”“刘教授”“段院士”等。学衔一般用于高校、科研院所或对专业技术要求较高的工作或学术环境中，这种称呼会增加一定的学术气氛，提高被称谓者的学术权威性。

4. 性别称谓

按性别的不同，约定俗成地分别称女性为“小姐”“小姐姐”“女士”，男性为“先生”。其中，“小姐”“女士”二者的区别在于：对未婚的女性称“小姐”，对已婚女性称“女士”，而不明确婚否者则可通称“女士”。

（二）国外称谓

1. 称普通男女

在国外，一般情况下，对男子称“先生”（Mister）；对女士，已婚的称“夫人”（Mistress），未婚的称“小姐”（Miss）；婚姻状况不明的，也可称为“Miss”。在外事交往中，为了表示对女性的尊重，可将其称为“女士”（Madam）。

2. 称服务人员

一般情况下称“服务员”，如果知道其姓名的可直接称呼其名字，但现在越来越多的国家称服务员为“先生”“夫人”“小姐”，这也是一种尊重和平等的表现。

3. 称技术人员

对医生、教授、法官、律师以及有博士等职称、学位的人士，可称为“医生”“教授”“法官”“律师”“博士”等，也可加上姓氏或“先生”。

4. 称官方人士

对高级官员，称为“阁下”，也可称职衔或“先生”；对有地位的女士可称为“夫人”，对有高级官衔的妇女，也可称“阁下”；对其他官员，可称职衔或“先生”“女士”等。

5. 称军人

一般称军衔，或军衔加“先生”，知道其姓名的可冠以姓与名。有的国家对将军、元帅等高级将领称“阁下”。

6. 称皇家贵族

对君主制或君主立宪制国家的国王、皇后，可称为“陛下”；对王子、公主、亲王等可称为“殿下”；对有公、侯、伯、子、男等爵位的人士既可称其爵位，亦可称“阁下”，或称“先生”。

（三）称谓礼仪规范

规范地使用称谓礼，表现出尊重有礼、符合彼此的身份和社会习惯，在社会交往中，这是需要重视的问题。

在中国，称谓一般按职业、年龄、关系来选择。例如到政府机关联系工作，应称“同志”，单位内部正式场合互称“同志”外，习惯上也可用“小张”“老王”之类的表示亲近的称谓。在医院则称“医生”和“大夫”，到工厂称“师傅”，去学校称“老师”“教授”“同学”。

对年长者称呼要恭敬，不可直呼其名，通常使用的词语有“您”“您老”“您老人家”“君”“公”等。对长辈，用“您”“您老”“您老人家”等；对德高望重的年长者、资深人士，可在其姓氏后加“公”或“老”，如“王公”“巴老”等；对有身份者和年长者，也可以“先生”相称，前面加上被称谓者的姓氏或名字，如“冰心先生”。

对文艺界、教育界的人士以及有成就者、有身份者，均可称其为“老师”，前面加上被称谓人的姓氏，如舞蹈家杨丽萍，可称“杨老师”。

对邻居、年长者、熟人、朋友或至交，有时可以用类似于血缘关系的亲属称谓，显得比较亲近，如“伯伯”“叔叔”“阿姨”“大姐”“大哥”等。前面也可加上姓氏。对小孩若不知道名字的可叫“小朋友”，知道名字的可直呼姓名或小名。

私密的称谓在公共场所不要使用，如“老头”“老婆”“亲爱的”“小子”等。这些称呼适合于家庭或亲朋好友之间，会产生亲昵的效果。

一般情况下，同时与多人打招呼，应遵循先长后幼、先上后下、先近后远、先女后男、先疏后亲的原则。

在正式场合中，尤其应注意使用称谓就高不就低。

应避免使用低级庸俗的称谓。慎用或不用“哥们儿”“姐们儿”之类的称谓。不随便拿别人的姓名开玩笑，避免使用绰号为称呼。

要避免因粗心大意、用心不专而使用错误的称谓。如念错被称呼者的姓名，对被称呼者的年纪、辈分、婚否以及与其他人的关系作出错误判断，而使用不当的称谓，会造成不必要的误会，从而影响人际关系。

二、介绍礼

介绍是重要的社交礼节，通过介绍，能让两个陌生人认识，搭建起交往的桥梁。根据介绍者和介绍对象的不同，介绍可以分为自我介绍、他人介绍和集体介绍三种类型。

（一）自我介绍

自我介绍是重要的推销自我的方式。恰当的自我介绍能迅速融入陌生环境，增进他人对自己的了解。自我介绍时应注意三点：先递名片；介绍的时间要简短；介绍的内容要完整。

1. 自我介绍的内容

一般而论，在正式工作场合的自我介绍中，姓名、单位、部门、职务缺一不可。

（1）姓名　应当报全名，不可有姓无名，或有名无姓。

（2）单位　就职的单位及部门，要规范地报出，不要简称。

（3）职务　即要介绍自己所担任的职务或所从事的具体工作。有职务的最好报出职务，职务较低或者无职务者，则可报出目前所从事的具体工作，如“我叫王倩，是蓝天公司的业务部经理”或“我叫李磊，在光点公司从事软件开发工作”。

2. 自我介绍的形式

不同的社交场合，面对不同的社交对象，自我介绍的形式也有所不同。

（1）应酬式自我介绍　适合于公共场合和一般性的社交场合，如旅途中、宴会厅、通电话等，只介绍姓名即可。

（2）工作式自我介绍　以工作交往为中心的介绍，介绍内容包括姓名、单位和部门、职务或具体工作。

（3）交流式自我介绍　是社交场合寻求与对方沟通、交流为目的的自我介绍，内容主要有姓名、工作、籍贯、学历、兴趣及与交往对象的某些熟人关系等。

（4）礼仪式自我介绍　适用于讲座、报告会、庆典等正规而又隆重的场合。介绍内容包括姓名、工作单位和部门、职务、所获荣誉和取得的主要成就等，一般适用于主持语。

（5）应聘式自我介绍　介绍内容包括姓名、毕业院校、学历、专业、年龄、政治面貌、籍贯、教育背景、工作经历、专长、成绩或业绩等。

3. 自我介绍的技巧

（1）选准时机　选择适当的时间进行自我介绍很关键，一般应选择对方有兴趣、有空闲、情绪好、干扰少、有要求时。

（2）注意仪态　自我介绍时，态度要自然、友善、热情，举止要落落大方，彬彬有礼，语速适中，吐字要清晰，重点字音或别人可能少见或混淆的字音需要适当强调或解释。

（3）掌握程序　先向对方点头或问候致意，得到回应后再向对方报出自己的姓名、身份、单位及有关情况。要一气呵成，不要结结巴巴、吞吞吐吐。

（4）讲究艺术　自我评价要客观，要不卑不亢，既不能过分炫耀自己，也不能贬低自己。面对多人作自我介绍时，目光先环视大家，然后将目光转向他们中的某个人，尽量兼顾到集体的每个人。

（二）他人介绍

他人介绍，又称第三人介绍，是经第三人对彼此不认识的双方相互引见介绍的一种介绍方式。

1. 他人介绍的礼仪

（1）选择恰当的介绍人　一般由公关人员介绍；接待贵宾时，介绍人应是本单位职位最高的人士；社交场合，应由主人做介绍人。

（2）运用正确的介绍姿势　介绍人应面带微笑，站在被介绍人之间，手指并拢，掌心向上，胳膊略向外伸，指向被介绍者。忌用手指对被介绍人指指点点。

（3）陈述正确的介绍语　介绍语宜简短，包括姓名、单位和职务等，要使用敬语。例如，“周小姐，请允许我为你介绍一下，这位是王总，景逸酒店的总经理”，或“李校长，我来为您介绍一下，这位是教育局基教处的张华处长”。作为被介绍人，在被介绍给他人时，都应面向对方，并作出礼貌反应。例如微笑、点头、握手，并说“您好”“幸会”“久仰”“很高兴认识你”等。

如时间允许，还可以介绍和自己的关系、双方的爱好、特长、学历、荣誉等，以促进双方进一步了解和熟悉。

2. 他人介绍的顺序

遵守“尊者享有优先知情权”的原则，即先把身份、地位较低的一方介绍给身份、地位较高的一方。

（1）介绍上级与下级认识时，先介绍下级，后介绍上级。

（2）介绍长辈与晚辈认识时，先介绍晚辈，后介绍长辈。

（3）介绍年长者与年幼者认识时，先介绍年幼者，后介绍年长者。

（4）介绍女士与男士认识时，先介绍男士，后介绍女士。

（5）介绍已婚者与未婚者认识时，先介绍未婚者，后介绍已婚者。

（6）介绍同事、朋友与家人认识时，先介绍家人，后介绍同事、朋友。

（7）介绍主人与来宾认识时，先介绍来宾，后介绍主人。

（8）介绍与会先到者与后来者认识时，先介绍后来者，后介绍先到者。

如被介绍人是同性别或年龄相仿，一时难以辨别其身份、地位，可以先把与自己关系较熟的一方介绍给与自己较为生疏的一方。

（三）集体介绍

集体介绍，一般是指在被介绍一方或双方不止一人的情况下作介绍，它实际上是他人介绍的一种特殊形式。

有鉴于此，作集体介绍时，可遵守他人介绍的基本规则：介绍双方时，顺序是先卑后尊。而在介绍其中一方的所有对象时，顺序则应当是自尊而卑。

三、握手礼

握手礼是我国乃至世界上最为通行的会面礼节。简单的握手礼，蕴含着丰富的礼仪细节。

（一）握手的时机

哪种场合、何时行握手礼，这是一个比较复杂而微妙的问题，它取决于场合和当事人要表达的意愿。一般来说，社交场合的彼此会面与道别要握手；向他人表示恭贺、祝贺时要握手；接受奖状、奖品时与颁奖人要握手；参加各种红白之事，告辞时要与主人握手；向他人表示谢意、慰问或表示和好、合作时要握手等等。握手的时机掌握恰当，会给对方留下比较得体的印象。

（二）握手的次序

在正式的社交场合，握手的次序要遵守“尊者决定”的原则，即在握手时应由位尊者先伸手，位卑者则及时地作回应。

（1）上级与下级握手，应由上级先伸手。

（2）长辈与晚辈握手，应由长辈先伸手。

（3）女士与男士握手，应由女士先伸手。

（4）已婚者与未婚者握手，应由已婚者先伸手。

（5）社交场合的先到者与后来者握手，应由先到者先伸手。

（6）主人与客人握手，应由主人先伸手；客人告辞时，应先伸手与主人相握。

总而言之，年长者、女士、社会地位高者、主人享有握手主动权。同性朋友、平辈见面，先伸出手者则表现得更有礼貌。

（三）握手的方式

握手一定要用右手，即使是左撇子，也要伸出右手去握，这是约定俗成的礼仪。握手的正确姿势主要有以下三种。

1. 标准姿势

（1）单握式　双方单手相握，适用于初次见面或交往不深的人之间。同性间握手，应虎口相握，如图2-1所示；异性间握手，男性应只轻握对方手指指根处。

（2）手扣手式　也称“政治家的握手”，即主动握手者用右手握住对方的右手，再用其左手握住对方右手的手背，如图2-2所示。

（3）双握式　主动握手者的右手与对方的右手相握，并用左手握住对方的右臂，适用于情投意合和关系极为亲密的人之间，如图2-3所示。

图2-1　单握式

图2-2　手扣手式

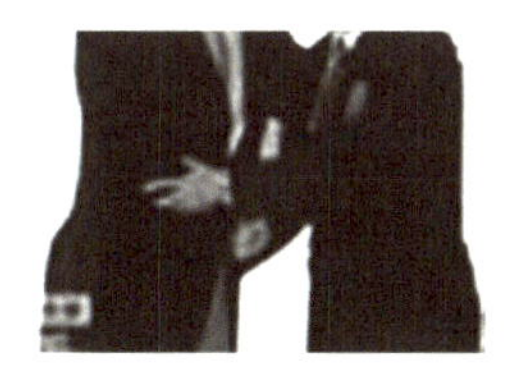

图2-3　双握式

2. 非标准姿势

在社交场合，也有人使用非标准的握手姿势，目的是表示某种态度，主要有如下三种。

（1）木棍式　有人握手时，相距很远就伸出一支挺直僵硬、木棍似的胳膊，其主要目的是想同对方保持一定的距离。原因一是防止对方侵入他的空间范围；二是握手人害怕侵犯对方的空间范围，如地位和等级的差别等。

（2）抓指尖式　即同性握手时，只抓住对方的指尖。采用这种握手方式，即使主动伸出手的人表面上显得热情亲切，但仍会给对方一种十分冷淡的感觉，其目的也是想保持与对方的距离间隔。

（3）伸手式握手　将接受握手者的手拉过来与自己的手相握，一般用于关系十分亲密的人之间，如久别重逢的人们常用这种方式表达喜悦的心情。但若其他场合用这种握手方式，会给人不舒服的感觉。

（四）握手的掌势与时间

握手的掌势也表明握手人的态度。若握手人的掌心向下则显得傲慢，似乎想处于高人一等的地位；若掌心向上，则是谦恭和顺从的象征；若双方手掌均呈垂直状态，则表示平等和尊重。一般的社交场合，应使用垂直掌势。

握手的力度要适合，过重或过轻都不适宜。男女之间、初次见面都不宜用力太大。握手的时间通常约3秒，以握两三下，轻轻上下摇动为宜。

温馨提示

握手的禁忌

- 除特殊情况外，不能坐着握手。
- 不要戴墨镜与人握手。
- 不要用左手与人握手，尤其是阿拉伯人、印度人。
- 不要戴手套与人握手，女士戴薄纱手套是允许的。
- 不要在握完手后立即用手帕等擦手。
- 不要在握手时争先恐后，应当依照顺序而行。
- 不要拒绝与他人握手，不要用双手与异性握手。
- 保持手部清洁，如手较脏，应当先向对方致歉，将手洗净后再握。
- 握手时不要把对方的手拉过来、推过去，或者上下左右抖个不停。
- 握手时，另外一只手不要拿着报纸、公文包等东西不放，也不要插在衣袋里。
- 握手时不要长篇大论，点头哈腰，滥用热情，显得过分客套。

四、名片礼

名片是人们社交活动中重要的沟通联系工具。使用名片是现代社会私人交往、公务或商务交往活动中一种重要的自我介绍方式，有人将其称之为自我的“介绍信”、社交的“联谊卡”。

（一）名片的种类

按功能分，名片一般分为社交名片和公务名片两类。

（1）社交名片　在一般社交场合使用的名片，上面留姓名和联系方式即可。

（2）公务名片　在公务或商务活动中使用的名片，上面须把单位、姓名、头衔、联络方式等都记录详尽。

（二）名片的使用

1. 名片的存放

一般而言，男士的名片应放在左胸内侧的西装口袋或专门的公文包里，女士的名片应放在随身的坤包里。

2. 名片的交换

名片作为一种“介绍信”，一般在如下场合需要将自己的名片递交他人，或与对方交换名片：商业性交际场合会面时，互送名片；社交中礼仪性拜访认识时，互赠名片；经贸洽谈和生意联系时，互换名片。

3. 名片的递送

无论哪种场合，名片的递送都要遵循一定的礼仪规范。

首先，应确定对方的身份和来历。名片不要盲目递送，要弄清对象，有针对性地递送，以示对递送对象的尊重和诚意。

其次，注意送名片的顺序。遵守“尊者享有优先知情权”的原则，一般是地位低的人先向地位高的人递送；男性先向女性递送；当对方不止一人，应先将名片递给职务较高的人或年龄较大的人，如分不清职务高低和年龄大小，则先和自己对面左侧的人依顺时针方向交换名片。

最后，送给别人名片时，要事先拿在手里，或放在易拿的地方，如果坐着，应起立或起身递送。递送名片，应面带微笑，注视对方，将名片的正面对着接收名片者，用双手的拇指和食指分别持握名片上方的左右两角，上体前倾15度左右，递送时还应寒暄，如“很高兴认识你，这是我的名片，希望以后多联系”。

4. 名片的接收

接收他人递来的名片，都应尽快起身或欠身，上体前倾15度，面带微笑，用双手的拇指和食指分别持握名片下方的左右两角，并寒暄，如“谢谢！”等，如图2-4所示。

图2-4　接收名片

接过名片，要认真看一遍，可轻声地将名片上的重要内容读出来，不清楚的地方可以向对方请教，切不可拿在手上摆弄，或随意放置。

最后当对方递给你名片后，如果自己有名片，应马上回赠名片，如果没有名片或没有带，应向对方表示歉意，并如实说明理由。

（三）婉拒和索要名片

如果有人找你索要名片，出于某种原因，实在不想给或者不方便给，可委婉地拒绝说“对不起，我的名片用完了”，或是“抱歉，我没有带”。

在社交场合，一般不要向他人索要名片。如果确实是对方忽略了而并非不愿意，或者是你确实很想得到对方的联系方式，有几种行之有效的方法可供选择。

1. 交换法

交换法是指“将欲取之，必先予之”。也就是把自己的名片先递给对方，递名片给对方的时候，略加诠释，如：“王总，认识您非常高兴，不知道能否有幸跟您交换一下名片呢？”一般情况下，对方出于礼节，会回赠名片给你。即便对方真的不想给你，也会用适当的借口委婉拒绝，而不至于使你尴尬。

2. 谦恭法

谦恭法一般适用于向地位比较高的人索取名片，如见到一位研究光电子技术的专家，你可以说：“认识您非常荣幸，虽然我从事激光加工行业已有五六年了，但还是经常会碰到一些技术上的难题，希望以后有机会能够继续向您请教，不知道日后如何联系您比较方便？”

3. 联络法

联络法是比较直接的做法，其标准说法是：“认识你很高兴，希望以后能常保持联络，方便提供联系方式吗？”

（四）名片的其他作用

在社交场合，名片除了有介绍自己的作用之外，还有三种作用：一是代替便条，表达自己的礼仪性致意；二是代替礼单，将名片附在礼品中，用于表示祝贺；三是通报身份，用于拜访尊贵人士时，传递名片来通报自己的身份。

（五）名片的整理

收到的名片较多时，可以分类收藏，以便日后查找使用，收纳方式有以下三种。

（1）按字母顺序分类　中文名字可按汉语拼音字母顺序或汉字笔画多少分类排列，外文名字可按英文字母顺序或其他外国文字字母顺序排列。

（2）按行业分类　如可以把同行业领域朋友的名片放在一起，便于工作联系。

（3）按国别或地区分类　可在名片背面记录收到名片的时间和地点，作为备忘和记事。

五、其他会面礼

在日常交往会面时，根据不同时机、不用场合、不同对象，还可以使用致意礼、鞠躬礼、拥吻礼、合十礼和拱手礼等会面礼。

（一）致意礼

致意礼是一种用非语言方式表示问候的礼节，通常用于相识的人在公共场合或间距较远时表达尊重、问候之意。致意时应该诚心诚意、表情和蔼可亲，若表情冷淡或精神萎靡不振，则会给人以敷衍、不尊重的感觉。

1. 点头致意

面带微笑，轻轻点头，适用于熟人相遇但不便交谈，或熟人在同一场合多次见面的情形。

2. 举手致意

右臂向前方伸直，右手掌心朝向对方，四指并拢，拇指叉开，轻轻左右摆动，适用于大型演讲、演出或领导慰问的场合。

3. 欠身致意

身体上部分微微向前一躬，表示恭敬，多用于向长辈致意。

4. 起立致意

长者或尊者到来或离去时，在场者应起立表示致意，待来访者落座，自己才能坐下，同样，等他们离开，才能坐下。

5. 脱帽致意

若戴帽，需要致意时，应用右手脱帽，将其置于大约与肩平行的位置，微微颔首欠身，姿势要得体、优雅，同时便于与对方交换目光。不能坐着脱帽致意，另一只手不能插在口袋里。军帽、制服帽和女士的装饰帽则可不用脱帽。

（二）鞠躬礼

1. 鞠躬礼的适用场合

鞠躬礼适用于庄严肃穆或喜庆欢乐的仪式场合。鞠躬礼分两种：一是三鞠躬礼，也称最敬礼；二是社交场合常用的一鞠躬礼，也称普通礼。主要适用于以下具体场合。

（1）日常生活中学生对老师、晚辈对长辈、下级对上级、表演者或演讲者对观众等都可行鞠躬礼。

（2）领奖人上台领奖时，向授奖者及全体与会者鞠躬行礼。

（3）遇到尊贵客人或表示感谢或回礼时，可行鞠躬礼。

（4）婚礼仪式上新郎新娘行礼之时可行三鞠躬礼。

2. 鞠躬礼的动作要领

行鞠躬礼时应面向客人，双脚并拢，视线由对方脸上落至自己的脚前1.5米处（15度礼）或脚前1米处（30度礼）。男性双手放在身体两侧，女性双手合起放在身体前面。

鞠躬时必须伸直腰、脚跟靠拢、双脚尖处微微分开，目视对方。然后将伸直的腰背，由腰开始的上身向前弯曲。鞠躬时，弯腰速度适中，之后抬头直腰，动作可慢慢做，这样令人感觉很真诚。

3. 鞠躬礼的注意事项

（1）鞠躬时，必须立正，脱帽，嘴里不能吃东西或说与行礼无关的话。

（2）鞠躬前后，应礼貌地注视对方，以表尊重的诚意。

（3）鞠躬时，动作要规范，不可马马虎虎地只低头或驼背弯腰敷衍了事。

（4）行鞠躬礼时，地位低的人先鞠躬，而且鞠得更深。

（三）拥吻礼

1. 亲吻礼

亲吻，是源于古代的一种常见礼节。人们常用此礼来表达爱情、友情、尊敬或爱护。行此礼时，往往与一定程度的拥抱相结合。不同身份的人，相互亲吻的部位也有所不同。一般而言，夫妻、恋人或情人之间，宜吻唇；长辈与晚辈之间，宜吻脸或额；平辈之间，宜贴面。在公开场合，关系亲密的女子之间可吻脸，男女之间可贴面，长辈对晚辈可吻额，晚辈对长辈可吻面颊，男子对尊贵的女子可吻其手指或手背。

2. 拥抱礼

拥抱礼是流行于欧美国家的一种见面礼节。有些国家，特别是现代的上层社会中，多

行于迎送宾朋或祝贺致谢等场合，但初次见面时不宜使用。拥抱礼行礼时，通常是两人相对而立，各自右臂偏上，左臂偏下，右手环抚于对方的左后肩，左手环抚于对方的右后腰，彼此将胸部各向左侧相抱，头部相贴，然后再换手向右侧相抱，最后再做一次左侧相抱。拥抱一共三个回合。

3. 吻手礼

吻手礼是流行于欧美国家上层社会的一种礼节。英国、法国两国的人们喜欢“吻手礼”，行这种礼的人仅限于上层人士，一般在室内进行。吻手礼的受礼者，只能是女士，而且应是已婚女士。行吻手礼时，男士行至已婚女士面前，首先垂首立正致意，然后以右手或双手捧起女士的右手，俯首用自己微闭的嘴唇，象征性地轻吻一下其指背。

（四）合十礼与拱手礼

1. 合十礼

合十礼，是流行于泰国、缅甸、老挝、柬埔寨、尼泊尔等佛教国家的见面拜礼。此拜礼源自印度，最初仅为佛教徒之间的拜礼，后发展成全民性的见面礼。行礼时，两个手掌放在胸前对合，并微微上举，使掌尖与鼻尖相平，向外倾斜，头略低。施合十礼不能戴帽子，若戴着帽子，必须先摘帽夹在左腋下，方可施合十礼。施合十礼的顺序是地位较低、年龄较小的人，主动向地位较高、年纪较大的人致礼，且掌心要与前额相平；地位高和年纪大的人还礼时，手不应高过前胸。

2. 拱手礼

在中国，拱手礼适用于春节团拜、致以祝贺时。拱手礼的做法是行礼者首先站立，右手半握拳，然后用左手在胸前扶住右手，双目注视对方的同时，臂的前部上举齐眉，弯腰自上而下，面向对方方向轻轻摇动三下。行礼时，可向受礼者致以祝福或祈求，如“恭喜发财”“请多关照”等。

第二节　拜访礼仪

拜访是人际交往活动中不可缺少的一种方式，主要有公务或商务拜访、私人拜访等几种形式，有助于沟通信息，增进交流，从而进一步拉近双方关系、融洽双方感情。

一、拜访前的礼仪

拜访前要与被访者电话联系。联系的内容主要有四点：一是自报家门（姓名、单位、职务）；二是询问被访者是否在单位（家），是否有时间或何时有时间；三是提出访问的内容（有事相访或礼节性拜访），使对方有所准备；四是在对方同意的情况下确定具体拜访的时间、地点，要注意诸如深夜、清晨、用餐时间、节假日等不宜公事拜访，如因紧急事宜不得不拜访，要先致歉，向对方说“对不起，打扰了”，并解释原因。最后，要真诚地向对方表示感谢。如初次拜访，要给主人带去一些小礼品，并精致地予以包装。

温馨提示

约会注意事项

- 提出约会。用商量的口吻，选择对方认为恰当的时间和地点，不可强人所难。
- 答应与拒绝约会。一旦答应赴约，必须注意守时，不能过早，也不能迟到。拒绝约会时要考虑对方的自尊心，注意语言委婉。
- 取消约会。取消约会要第一时间通知对方，并真诚地致歉，向对方说明原因，取得对方的谅解。有可能的话可以重新约定。

二、拜访中的礼仪

无论事务性拜访、礼节性拜访，还是私人拜访，从进门、落座、交谈、入席到告辞，都要遵循一定的礼仪规范。

1. 准时赴约

约好时间后务必按时赴约，到达后切忌久按门铃，敲门声不能用力或急促，要用食指关节敲门，力度适中，间隔有序敲三下，等待回音。如无应声，可稍加力度，再敲三下，如有应声，则侧身退立于右门框一侧，待门开时再向前迈半步，与主人相对。要注意，即使门开着，也要得到主人应允后方可进入。如果遇到交通堵塞可能导致迟到，要及时告知对方说晚到一点，并表示歉意。

2. 彬彬有礼

若主人夫妇同时迎接，应先向女主人问候，若不认识的人开门，先问清对象方可进门。进门后，向在场主人的家属或其他客人打招呼，如有老人在场，主动问候，如果带孩子或相随的其他人，要介绍给主人，并要教孩子如何称呼。主人不让座不能随便坐下，若主人是年长者或是上级，主人不坐自己不能先坐。主人让座后要说“谢谢”，然后采用礼仪坐姿坐下。主人递上烟茶要双手接过并表示感谢，主人不抽烟要克制自己不抽烟，以示对主人的尊敬，主人献上果品，要等年长者或地位高者动手后自己再取。

主人未请，不要擅自进入主人的卧室和书房，不乱翻书信，不随意对主人办公室或家里的陈设品头论足，不谈论令人扫兴之事，不要带病拜访。

公务拜访中，应告知接待员或助理你的姓名及约定的时间，递上名片方便接待人员通报。若直接进入办公室，如果是首次见面，先作自我介绍，递上名片。如果相互认识，只要问候并握手就行。简单寒暄后尽快将谈话引入正题，语言表达清楚，说完后，认真倾听对方意见，不要辩解或不停地打断对方讲话，若有其他意见，可以等对方讲完之后再作讨论。

3. 衣着得体

拜访他人要注意仪表整洁，例如袜子有无异味、有无尴尬。不可穿得过于暴露、性感。进门后随身携带的雨具、外套要放到主人指定的地方。

4. 适时告别

若无要事相谈，逗留时间一般不要超过30分钟。若在主人家用餐，应在饭后停留一小会儿再走。起身告辞时，要向主人表示打扰的歉意和真诚的谢意。出门后，回身主动与主人握手告别，说“请留步”。待主人留步后，走几步再回首挥手致意“再见”。若主人送上车，则应摇下车窗，与主人挥手“再见”再驶离。

三、探望病人的礼仪

探望，也称探视、探访。有专程探望、顺便探望、委托他人代为探望，表达对亲朋好友或同事的关心。一般情况下的探望，是对身体不适或住院亲友的探望，是一项较为特殊又很有必要的交际活动。探望病人时应注意以下礼仪规范。

1. 遵守院规

探望病人应遵守医院的探望时间，避免影响医院正常的工作秩序，影响病人的治疗和休息，最好避开休息和用餐时间。

2. 举止得体

探望病人要注意：进屋前轻敲门，进屋后尽快找把椅子挨着床边坐下，使病人有亲切感。见到医院的各种治疗仪器，不要大惊小怪，注意说话的语气。不要用惊讶的口气问：“你怎么病成这样啦？”尽量用平常的、温和的、自然的口气问：“感觉好些了没有？”探望病人时，语言不慎或举止不当，会增加病人的思想负担和强化他们的猜疑心理，给他们增添不必要的精神压力。讲话一定要同病人家属、医生的口径一致，以免引起病人的怀疑，有分寸地用乐观的话语鼓励病人，不要提及病人不愉快或有损病人自尊心的事情。探望病人时间不宜过长，一般以15分钟为好，时间太长，会影响病人休息。

3. 慎选礼物

按照民间习俗，探望病人时总要携带礼物。礼物的挑选要注意根据病人的病情，不可随便。选择探望病人的礼物，应更多地注重精神效应，如有趣的书籍、香味淡雅的鲜花、可口有营养的食品，都会使病人感到生活的乐趣，增强战胜疾病的信心。

4. 注意防病

探望病人前，对病人所患疾病和病情要有所了解。如探望患传染病的病人，如伤寒、传染性肝炎、痢疾或流行性脑膜炎、流感、肺结核等呼吸道传染病的病人，要尽量避免接触病人的用具、衣服，更不要带小孩去医院。

第三节　接待礼仪

接待，是社会交往活动中的基本形式和重要环节，是表达主人情谊、体现礼貌素养的重要方面。接待礼仪是否到位，直接影响到客方对主方的印象，一般分公务接待和家庭接待两类。

一、公务接待

接待是公务人员在公务活动中经常性的工作。公务人员在接待中的礼仪表现，关系到他本人的形象，同时也涉及他所代表的组织形象。因此，接待礼仪历来受到重视。

1. 引见接待

如引见客人与领导见面，通常由办公室的工作人员引见、介绍。在引导客人去领导办公室的路途中，工作人员要走在客人左前方数步远的位置，忌把背影留给客人，也不能只顾闷头走路，可随机讲一些得体的话或介绍一下本单位的情况。

在进领导办公室之前，要先轻轻叩门，得到允许后方可进入，进入房间后，先向领导点头致意，再把客人介绍给领导，介绍完毕走出房间应回身把门轻轻带上。

2. 当面接待

上级来访，接待要礼貌周到。对领导的工作安排要认真听、记；领导了解情况，要如实回答，提供信息；领导来慰问，要表示诚挚的谢意；领导告辞，要起身相送，道“您慢走，再见”。

下级来访，接待要亲切热情。遵照来客礼节接待，同时认真听取反馈的问题，结束来访，要起身相送。

公务往来往往是“无事不登三宝殿”。接待人员要认真倾听，对于来访者的意见和观点不轻易表态，应思考后再作答复；对当场不能作答的，要约定时间再联系；对能够马上答复或立即办理的，应当场答复或迅速办理，不要让来访者无谓地等待或再次来访。对来访者的无理要求或错误意见，应有礼貌地拒绝，不要刺激来访者，使其尴尬。

在接待过程中，有电话打来或有新的来访者，应安排他人接待，避免中断正在进行的接待。提前结束接待，可以婉言提出，如“对不起，我还有事，今天先谈到这儿，好吗？”也可用起身的体态语言告诉对方就此结束谈话。

在接待过程中，递物与接物应用双手。递笔、刀剪之类尖利的物品时，须将尖端朝向自己握在手中，不要指向对方。接受对方递过来的物品，应该同样用双手去接，并适当致意或道谢。

3. 电话接待

电话接待的基本要求是电话铃响两声后，接听电话首先自报家门，然后询问对方来电意图。电话交流过程中要认真理解对方意图，对对方的谈话作必要重复和附和，以示积极反馈。准备电话记录本，重要的电话内容做好记录。内容讲完，以“再见”为结束语。当对方放下话筒之后，自己再轻轻放下，以示对对方的尊敬。一般而言，地位低的人应等地位高的人先放话筒，自己再放为宜。

4. 乘车接待

工作人员在陪同领导及客人乘车外出时应注意让领导和客人先上，自己后上；主动打开车门，并以手示意，待领导和客人坐稳后再关门，关门时切忌用力过猛；一般车的右门为上、为尊，陪同客人时，坐在客人的左边或副驾驶位置。

二、家庭接待

家庭礼仪是社交礼仪的基础元素。如果家中有客人来拜访，应怎样接待、招待对方，才能让客人满意呢？这里有一些技巧供大家参考。此外，我们在日常生活中也要多总结多思考，尽量注意细节，做到热情有礼。

1. 准备

（1）家庭环境布置以实用、舒适、娱乐和欣赏性为原则。居室要收拾干净整洁，适当摆放花卉，保持室内空气清新。

（2）主人的服饰以休闲装为主，显得亲切、随和。主人可施淡妆，表示对客人的尊重。

（3）准备好水果、食品、餐具、娱乐用具等。留客人吃饭，要事先约定并准备丰盛可口的酒菜。

若有小孩到来，要事先安排好，不要在客人到来的时候因为孩子的事情而导致不悦的情况发生。要准备一些玩具和小画册，表现出对小客人到来的一种愉悦、欢迎的心情。准备工作越是充分、详细、具体，主人对客人的尊重程度就越高。

2. 迎客

主人应按事先约定的时间，站在门口迎接。要与客人一一握手，主动接过客人衣帽。比如，来的是一对夫妇，首先两位女士互相问候，其次两位男士分别向两位女士表示问候，最后是两位男士相互问候。

如果来的客人比较多，应按照礼节进行介绍。不论客人是男是女，主人都应先将客人介绍给自己的伴侣。介绍后主人一方应及时伸手表示："您好！快请坐。早就听她（他）提起过您，很高兴认识您。"若家里还有其他人，则要简单介绍。然后，热情招呼客人入座。

3. 待客

家庭接待过程中，将"上座"让给客人坐。居室中的上座一般是比较舒适的座位、较高一些的座位、靠右边的座位、面对正门的座位。客人一旦落座，就不再劝其换座。来客若是亲朋挚友，可以不拘礼节，随便一些反而显得比较亲密，来客若是师长、领导，则应注意礼节，不可轻率、随便。

客人落座后要及时奉茶。倒茶水时要注意茶倒七分满，上茶时应从客人右方奉上，面带微笑，双手奉上，眼睛注视对方，并说"请喝茶"。两位以上客人，端出的茶色要均匀，注意按辈分或地位奉茶，先敬年长者、地位高者。

夏天应打开空调、电扇，送上冷饮。若要端上水果，如梨、苹果等应削皮后递给客人。西瓜、菠萝等应去皮切块后用果盘端送。若当着客人的面削皮，刀口应朝内，手不要碰到水果肉。

主人家所有的成员应对来的每一个人都热情招呼，施点头致意礼即可。主人接受客人带来的礼物时，眼睛注视着对方并双手接过礼物，还要表示感谢："何必这么客气，让您破费了。"中国传统习惯是接过礼物不打开包装，等客人走后再打开。如果是外国友人赠送礼物，则应当面打开包装，称赞并道谢。

在接待中与客人得体地交谈。交谈时注意交谈的礼仪，态度要诚恳，不要频频看表，不要显出厌倦或不耐烦的样子。有客人在场，夫妻双方意见不一致时，丈夫应尊重妻子的意见，孩子不听话也要等客人走后再说。总之，在客人来访的整个过程中要使客人感到主人家是一个和睦、温馨、文明、有修养的家庭。

若在接待朋友过程中又有朋友来，则可简单介绍并一同接待。如有事须与其中一方交谈，可向另一方坦诚相告，让其他人接待。万一主人有急事要办，应向客人说明并表示歉意。

4. 送客

当客人要走时，应婉言相留，这是情谊流连的自然表示，并非俗套与多余。当客人起身告辞时，主人和在场的人应起身道别。主人送客应送到门外或楼下，待客人伸出手来握别时，方可以手相握，切不可在送客时先“起身”或先“伸手”，免得有厌客之嫌。若送客人到门外，应站在门口目视客人下楼或帮忙按电梯开关，并在客人下楼梯拐弯时或电梯门关上之时，挥手致意。回到居室后要轻声关门，并且不要马上关门灯，客人走远时再把门灯关上。若送客人上车，应等客人上车，目送车走远之后再返回。

第四节 言谈礼仪

言语表达，是社交场上的第二张名片。言谈礼仪是由言语、体态和聆听艺术构成的沟通方式，指两个或两个以上的人所进行的对话，是双方知识、阅历、教养、聪明才智和应变能力的综合表现。

一、言谈原则

（一）充分聆听

充分聆听是对讲话者的尊重，是起码的礼貌要求，也是互动交流的基础。只有充分聆听，才能有根据地回应，激发讲话者的兴趣。

聆听不是呆听，不是盲听，而是有礼貌地听，并积极地回应。在实践中，要注意目光停留于讲话者的脸部，注意讲话者所指的方向和位置，及时回答对方的提问，并且不断地通过“嗯”“是的”“对呀”等短语让讲话者知道你在认真聆听。同时，放下手中所有的工作和活动，切忌不断地看表，或者不停地摆弄小物品；要避免抖动全身或身体的某个部位；不可双手抱头、叉腰，不可抓耳挠腮、哈欠连天。要做到仪态大方，沉稳真诚，充分聆听。

（二）言语得当

在言谈交流过程中，还要注意言语得当。这种得当主要体现在适时、适量和适当。

1. 适时

讲话的时机要适时，不可不分场合，在正式场合中，下级要避免打断上级或职位高者的讲话，不要无休止地追问某一两个问题，不要过多地占用与上级谈话的时间，也不可在别人谈话时，交头接耳。避免该讲话时不讲话，不该讲话时不停地讲话。

2. 适量

讲话的长短要适量，时间宽裕可以多讲，时间不够，则应删繁就简，突出重点，特别是在会场或者演讲场合向发言人提问时，要避免长时间说一个问题的背景，然后才提出问题，要避免谈话内容东拉西扯，令人一头雾水。

3. 适当

讲话的内容要适宜，主题要恰当，话题要准确。说话时尽可能清楚地表达想法。人与人交往一段时间后，都会产生一定的友情，不论是商务关系还是同事关系，在重逢、分别或有特别事情发生时，说一些带有感情的话也是理所当然的。

（三）体态有礼

交谈中，往往会情不自禁地挥臂、伸手、伸出手指和拳头等来辅助、增强、渲染语言表达的效果。但不同的社会背景、不同年龄层的人有不同的肢体表达方式，甚至同一种肢体语言在不同的区域、文化和个体之间也有不同的含义。因此，在谈话时，用肢体语言来辅助讲话的效果要注意：一要准确，不可引起误解；二要适度，不可过多过快；三要及时，避免慢半拍；四要避免不礼貌的肢体动作。

（四）避讳隐私

有的话题非常敏感，甚至容易引起反感，应予以避免，这就是避讳。初次见面避免详细询问个人信息。例如，避免谈论家庭、婚姻等情况；避免询问女性的年龄、体重等有关个人生理状况；避免询问男性工资收入、职务职衔等；避免谈论宗教和政治问题；避免就餐时谈动物内脏，避免谈疾病、死亡等话题。

（五）距离有度

异性之间，除非夫妻或者恋人，在公开场合的谈话、交流都应避免突破私人空间距离，这个礼仪距离大约为0.5～1米。每个人在潜意识中都有自己的私人领地，保持礼仪距离还可避免体臭等异味带来的不良影响，确保交流活动的顺利进行。

（六）用语礼貌

现代生活，“以人为本”，充分敬人，是顺利实现交际的关键。礼仪用语能体现对人格、情感的尊重和关怀。常用“您好”“请”“谢谢”“对不起”“祝贺”“恭喜”“再见”这些基本礼仪用语，看上去虽简单平常，但其蕴含的社会意义和历史经验却是非常丰富的。

二、言谈举止

（一）语速语调有度

1. 语速音量有别

与老年人交谈时应放慢语速、放大音量，使对方产生被尊重的喜悦。与年轻人或年幼者宜轻言慢语，语调柔和地交谈，使对方产生安全感、亲切感和信任感。

2. 遣词用句斟酌

根据谈话对象身份、地位、文化程度的不同，交谈内容、遣词用句有时要讲究用语雅致，增加文采，有时则宜朴实、通俗、贴近生活。

3. 谈话语气适宜

对前来求助者，应以体谅对方的心情说话，语气平和，给对方一种亲切感和信任感；对给自己提供帮助的对象，则应表达感激之情；对前去求知的对象，则宜采取谦虚、征询、商量的口气。

（二）目光神态自然

交谈时，目光与神态在注视与不注视对方之间交替。有两种方式：一是注视对方一会儿后把目光移开，过一会儿再注视对方；二是说话者看别处，听话人注意对方。注视对方额头是一种居高临下的表现，注视对方下巴及脖子则是一种谦虚的表现。

（三）体态动作适宜

无论是站着聊天还是坐着谈话，体态都能表达出你的态度倾向。一般而言，略微倾向对方，表示热情或是兴趣；微微欠身，表示谦虚有礼；身体后仰，表示傲慢或若无其事；侧转身子，表示轻蔑或嫌恶对方；背朝别人，表示不屑理睬；拂袖而去，表示拒绝交往。与人谈话的姿态，既不能过于拘谨，正襟危坐，也不能像朋友圈内坐无定势，正常交谈时的坐姿应是自然轻松的，身体适宜倾斜，一般后倾10度以内，前倾20度左右，侧倾小于10度。

（四）嘴部表现礼貌

嘴部动作的不同表示不同的含义。与人交往或倾听他人说话时，正常的嘴部动作一般是轻闭双唇，当听到值得赞叹或惋惜之处，可以点点头或咂咂嘴伴随摇头等头部动作，在正常的交谈中，噘双唇、努嘴、撇嘴等动作都是不礼貌的。就餐时不能边咀嚼食物边说话，即便是在边吃边谈的宴会上也不能这样，说话时应放下餐具。说话时不能唾沫四溅，不能打哈欠，以免对方不快或误认为主人在下逐客令，如突然间打了哈欠，应向对方解释、道歉，以免误会。

三、礼貌用语

礼貌用语也称敬语，是对人表示友好和尊重的语言，是表示谦虚和恭敬的专门用语，具有体现礼貌和提供服务的双重性。

（一）迎送用语

迎送用语分为欢迎用语和送别用语，分别适用于迎客和送客。

最常用的欢迎用语有："欢迎""欢迎光临""欢迎您的来到""见到您很高兴""恭候光临"等。使用欢迎语时，一并使用问候语，在必要时须同时向被问候者施以见面礼，如注目、点头、微笑、握手等。

送别用语最常用的有"再见""慢走""走好""欢迎再来""一路平安""多多保重"等。

（二）致谢用语

一般来讲，得到他人帮助、理解、支持以及获得他人称赞时，理应及时使用致谢用语，向他人表示感激之情。主要有"谢谢""非常感谢""有劳您了""让您费心了"，等等，也可就某一具体事宜向人致谢。

（三）道歉用语

道歉用语对于消除误会、弥补感情裂痕或增进友谊有积极作用。道歉用语多种多样，可根据不同对象、不同事件、不同场合认真选择。常见的道歉用语有"抱歉""对不起""请原谅""失礼了""失陪了""请多多包涵""打扰了""太不应该了""真过意不去”等。

（四）征询用语

征询用语是在征询他人意见时用的礼貌用语，一般用于了解需求、提供服务、启发思路、征求意见的时候。最常见的征询用语有以下三种。

1. 主动式征询

主动式的征询用语用于主动向对方提供帮助时。例如，“请问需要帮忙吗？”“请问我能帮您做点什么吗？”“请问您有什么需要？”等。它的优点是节省时间、直截了当。缺点是若稍微把握不好机会，便会让人感到有些唐突、生硬。

2. 封闭式征询

封闭式的征询用语用于向对方征求意见或建议时。它往往只给对方一个选择答案，以供对方决定是否采纳。例如，“您觉得这个方案怎样？”“需要来一杯茶吗？”“您喜欢这种图案吗？”等。

3. 开放式征询

开放式征询用语是提出两种或两种以上方案，供对方选择，这种方式既能清楚地表达自己的大致建议，又能给对方留下选择余地，从而取得更好的沟通效果。例如，“您中意这款商务车还是那款越野车？”“这里有蓝色、红色和白色三种颜色，您喜欢哪一种？”等。

（五）应答用语

应答用语是指回答对方的召唤及答复宾客问话时的礼貌用语。比如，接受吩咐时说：“好的，一定照办。”听不清对方问话时说：“对不起，请您再说一遍好吗？”不能立即接待来访客人时说：“对不起，请您稍等。”请求他人给予帮助时说：“真不好意思，给您添麻烦了。”当对方提意见或建议时说：“您的意见非常宝贵。”“这个建议，对我们非常重要。”当别人提出无理要求时说：“对不起，十分抱歉，不能帮您。”

四、言谈技巧

（一）慎选话题

话题是谈话的中心，话题选择反映了谈话者品位的高低。选择一个好的话题，可使谈话双方找到共同语言，预示着谈话成功了一大半。衡量话题是否合适的标准是对方是否感兴趣。

与不同身份和地位的人谈话，话题的选择要恰如其分。与陌生人或较生疏的人攀谈，可从无关紧要的“废话”切入，如天气、时事要闻、四周环境，或夸奖对方的着装等来寻找共同的话题；与未成年少年谈话，可侧重他们的娱乐爱好、读书学习等内容；与已婚妇女谈话，可侧重家务、孩子教育等内容；与未婚女子谈话，可侧重她们的服饰、美容、健身等。

1. 宜选话题

（1）预先设定的话题　预设的话题是指双方约定要谈论的话题。例如双方约定今天谈论原料采购的问题，就不要谈论其他话题。

（2）格调高雅的话题　作为现代人，特别是有见识有教养的职场人员，选择格调高雅的话题能体现自己的风格、教养和品位。例如，可选择时事、哲学、文学、历史、艺术等有深度、有广度的话题。

（3）轻松愉悦的话题　根据对方兴趣选择如电影、电视、旅游、休闲、烹饪、美食等轻松愉快的话题，或者时尚流行的话题，如××球队到中国来进行足球比赛、××明星的演唱会、热播的综艺节目和电视剧等也是适宜的话题。

（4）对方擅长的话题　所谓“闻道有先后，术业有专攻”，谈论交往对象所擅长的话题，使交往对象获得展示自己的机会，营造良好的谈话氛围，能让交谈对象感到愉悦。

2. 忌选话题

清代《格言联璧》说：“对失意人，莫谈得意事。”谈话的礼仪要求注意对方的心理忌讳，对心境不同的人说不同的话，忌选话题有“六不谈”。

（1）不得非议党和政府　不能非议国家、党和政府，在思想上、行动上应与党和政府保持一致。爱国守法是每个公民的基本道德规范。

（2）不涉及国家秘密与行业秘密　我国有《中华人民共和国国家安全法》，违反该法规定的内容及泄密内容是不能谈论的。因此，在商务或政务谈话中不能涉及国家秘密与行业秘密。

（3）不非议交往对象的内部事务　与外人打交道，牢记“客不责主”的原则，即不能随便挑剔别人的不是，不是大是大非的问题，万不能当面使对方出丑、尴尬、露怯，甚至难以下台。

（4）不在背后议论领导、同事与同行　在外人面前议论领导、同行或同事的不是，会让别人对你的人格、道德品质和信誉产生怀疑。

（5）不涉及格调不高之事　格调不高的话题包括家长里短、八卦新闻、小道消息、男女关系等。这些格调不高的话题会使对方觉得自己素质不高，有失教养。

（6）不涉及个人隐私　个人隐私不能随便讨论，要做到关心适度，尊重隐私。

温馨提示

个人隐私“五不问”

- 不问年龄。在市场经济条件下，竞争激烈，一个人的年龄，实际上也就是个人的竞争资本。
- 不问个人经历。英雄不问出处，一般不要谈教育背景，如学历、毕业院校之类的实力问题。
- 不问收入。在现代社会，个人的收入状况往往衡量一个人的能力水平，问别人挣多少钱，实际上是问这个人本事如何，是不合适的。
- 不问婚姻家庭。现在的婚姻状况比较复杂，不要随便打探他人隐私。
- 不问健康问题。与年龄一样，现代人的健康也是一种资本。若对方健康欠佳，此话题会让人扫兴。

（二）适当圆场

在人际活动中，发生言语过失在所难免。面对他人偶尔过失，能设身处地为他人着想，运用诚恳而得体的话语给予掩饰，适当为当事人圆场，可以维系和增进感情，往往比直言指出效果好得多。

（三）善用委婉

善用委婉就是运用婉转、含蓄的语言，表达信息，进行交际。在某种情况下对个别人或集体直言快语可能有失礼之嫌，若运用隐蔽、含蓄、拐弯抹角的委婉语言，反而会产生较好的交际效果。

拓展阅读

买苹果

一个男孩的母亲同一位水果商店的老板发生了争执，那位母亲说："我儿子到你商店买了三斤苹果，拿回家一称，只有两斤四两，你也太黑心了！"商店老板听了并没有生气，回答说："大姐，我的秤没有问题，您有没有称过您儿子的重量？"这位母亲一听，马上想到：也许是儿子在路上偷偷吃了几个苹果。便马上对老板说："对不起！我回去问问。"并转身离去。

老板对这位母亲用了婉转、含蓄的提醒，避免了争吵，平息了买卖风波。

（四）多用夸赞

夸赞是加深人际感情、强化交际、缩短人际心理距离的重要交际手段。夸赞他人必须有诚恳的态度，要实事求是。要使用准确的语言，夸赞越具体，指向越明确，对方就越爱听，效果就越显著。对于夸赞的方式，要因人而异，如男士喜欢别人称道他幽默风趣，有风度；女士喜欢别人欣赏自己年轻、漂亮；老人乐于别人称道自己知识丰富，身体保养好；孩子们则爱听别人表扬自己聪明、懂事。当受到别人夸奖时，应大方、礼貌地说"谢谢"。

（五）巧用妙答

妙答之妙主要在于说话有道理、有礼貌，反驳不用粗话，自卫不带谩骂，出言机智，理礼双全。是语言交际中较高的境界，多见于外交辞令。

拓展阅读

教授的外交妙答

2020年10月正值美国总统大选，我国一名知名教授赴纽约访问。刚下飞机，记者就过来采访他："请问教授，你认为美国总统大选谁会获胜？"当时是官方活动，不能信口开河，如果这位教授按照记者的思路，回答谁会获胜，一旦回答错误，就是一件很尴尬的事情。这时，教授就使用了外交辞令："首先，我要感谢各位记者对我们的关注，此外，我相信美国人民是受过良好教育的人民，美国是强调独立自主的一个国家，所以这次美国总统大选美国人民一定会作出符合自己意愿的选择，而且我相信，不管谁当选美国总统都会促进中美关系的可持续发展。谢谢！"这样的回答，无论最后谁当选，这位教授都不会落入尴尬的境地。

（六）避免失言

失言是指在一定场合和情境中无意说出得罪人或伤害人的错话。应注意：要分场合说话，特别要注意不能在某些特定的场合、气氛和公众情绪不稳的情形下滥发议论，否则即使讲的是实话，也会变成蠢话，势必当场遭到听众的反对；要根据在场听众的具体情况说话，否则，出言不慎，必将得罪和伤害其中的某人或某一部分人；说话要慎用俗语、谚语、歇后语，否则容易触犯在场某些人的忌讳，引起他们的心理对抗；说话要考虑修辞效果，不要乱用"最""绝对""肯定"等语气非常确定的词语，尤其在口头广告、日常交谈、主持节目时一定要慎用"最"字以及类似于"最"字作用的词，否则夸了一两个人，却贬了一群人，夸而不当，适得其反。

（七）交谈忌讳

1. 忌随意插话

双方交谈时，不要随意打断别人而插话。有意见发表，应等别人说完或停顿时。上级可以打断下级，长辈可以打断晚辈。如果与对方同时开口说话，应说"您请"，让对方先说。

2. 忌好为人师

有些人好为人师，总想显得自己比对方技高一筹，喜欢补充或纠正对方的谈话内容。一个懂得尊重的人也会尊重对方的选择。不是大是大非的原则性问题，人际交往中的一般性问题不要随便与对方争论是非对错。但如果谈话双方身份平等，彼此熟悉，有时候适当地补充和纠正对方也无大碍。

3. 忌质疑抬杠

对别人说的话不随便表示怀疑，不要抬杠。可以对对方的观点持保留意见，但不要明显挂在嘴边，若不注意，时时抬杠，容易带来麻烦，致使人际关系紧张。质疑和抬杠，实际上是对对方尊严的挑衅，是一种不理智的行为。

拓展阅读

演讲基本礼仪

- 在主持人介绍后，向主持人颔首微笑致意，然后步伐稳健地走到讲坛前，自然地面对观众站好，向听众行举手礼、注目礼或微微鞠躬，然后以亲切的目光环视听众，以示招呼。
- 演讲时举止要自然大方，仪态符合站、坐、行的礼仪。手及头部动作不要太多；

走动不宜过多；不能靠在桌子或椅子上；忌弯腰驼背或双手插入衣兜内，这样显得松垮、懒散。

- 尽量脱稿，即使不能脱稿，眼睛也不能总看演讲稿，照本宣科地念。适当使用手势，演讲中的常用手势有摊开式、上扬式、捂心式、捏拳式。
- 演讲者声音发出的方向应该沿着嘴部的水平线而稍微向上，注意声音的力度、发音的规范、语音的正确和情感的抑扬。
- 演讲中对听众的称谓有泛称和类称两种。泛称指“朋友们”“同志们”“同胞们”等，类称指“同学们”“老师们”“战友们”等，具体用哪一种要灵活掌握。
- 演讲用语要文雅、口语化，多用短句。不要过多使用方言、外来语；不能使用粗俗语言；尽量避免口头禅。
- 走下讲台前，应向听众稍鞠一躬，微笑退场。如遇听众鼓掌应表示感谢并再次面向听众行鞠躬礼，态度应真诚、谦逊。避免退回座位时过于激动、匆忙或洋洋得意、羞怯、忸怩。

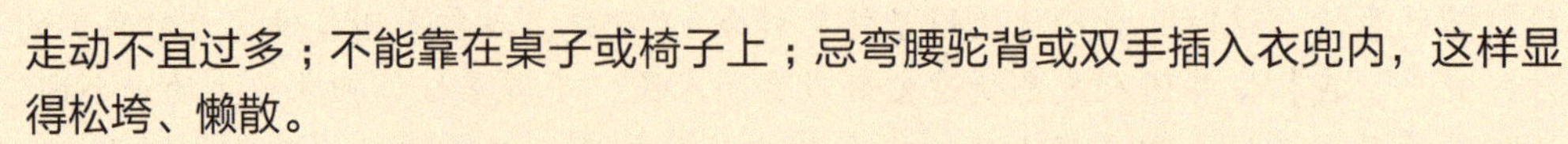

第五节　馈赠礼仪

馈赠是古今中外社交活动的重要手段，馈赠礼仪因世界各国在文化上的差异以及不同历史、宗教、民族、社会的影响，对馈赠的观念、喜好和禁忌有所不同。在我国，不同场合与环境的馈赠也是有讲究的。

一、礼品选择得当

日常交往中，礼品既是纪念品，又是宣传品。在社交中要根据对象、关系、场合、目的选择礼品，宜选的礼品均应具有一定的宣传性和独特性，有时还应注意其是否具有便携性。

1. 宣传性

在商务交往中，选择礼品尤要注意礼品的宣传性，目的是推广宣传企业形象，使对方记住自己的单位、产品和服务，增进双方友好来往。

2. 独特性

礼品应具有独特性，做到人有我优，人优我特。力戒普通化、大众化，否则就有敷衍之嫌。在公关外交场合，馈赠的礼品具有独特意义，会起到很好的效果。

3. 便携性

当客人来自异地他乡时，应选择方便携带的礼品，不为对方增添无端的麻烦。

二、馈赠时机适宜

馈赠礼品要注意馈赠的时机、地点和方式，三者需要兼顾。时机包括选择时间和择定机会。馈赠的时间贵在及时，对于处境困难者的及时馈赠更能传递真情，超前或滞后都达不到馈赠的目的。

（一）馈赠时机

选择馈赠时机时应兼顾以下两点。

1. 具体时机

一般而论，赠送礼品的最佳时机是节假日、对方重要的纪念日、节庆日等。

（1）道贺之时　如交往对象结婚、生育、升学、晋级、乔迁或寿辰时。

（2）道谢之时　如受到他人关心、照顾、帮助之后，可在适当时机赠送礼品，表达谢意。

（3）慰问之时　对方身处遇到困难、挫折、逆境时，可以赠送适当礼品表示慰问或鼓励。

（4）纪念之时　久别重逢、参观访问、临行话别之际以礼相赠，以表纪念。

2. 具体时间

一般而言，作为客人拜访他人时，最好在双方见面之初向对方送上礼品；当我们作为主人接待来访者时，应在客人离去的前夜或者举行告别宴会上，把礼品赠送给对方。

（二）馈赠地点

选择馈赠地点时要注意公私有别。公务交往中赠送的礼品应在公务场合赠送，比如在办公室、写字楼、会见厅。在商务交往之外或私人交往中赠送的礼品，应在私人场所赠送。

（三）馈赠方式

商务交往中除了礼品的选择外，还应重视礼品的赠送方式，主要有以下三点需要注意的事项。

1. 加以包装

正式场合赠送他人的礼品最好加以包装，向外籍客人赠送的礼品则必须加以精美包装，因为包装意味重视，不包装则显随意。

2. 适当说明

在正式的商务或公务交往中赠送礼品与人时，要对礼品进行必要的说明，比如要说明礼品的含义、具体用途及与众不同之处，以使交往对象加深对礼品的印象，同时接受礼品赠送人的善意。

3. 位高出面

赠送礼品时，如果条件允许，应由身份地位较高者亲自出面，礼仪上把这种做法叫规格对等。由领导亲自出面向客人赠送礼品，哪怕礼轻也会显得情意重；换言之，让身份较低者去赠送礼品，难免会失敬于对方，使对方产生不对等或不被重视的感觉。

拓展阅读

雪中送炭

国际著名影星奥黛丽·赫本十分喜爱狗，多年来一直养着一只叫杰西的长耳小猎犬。白天，杰西的无忧无虑和温柔的品性令奥黛丽·赫本感到平和亲切，夜晚杰西暖融融地依偎在赫本的脚边，伴她入睡。

然而，有一天，杰西误吃了毒药，很快就死了，赫本爱犬心切，一连数日茶饭不思，终因悲伤过度而一病不起。这时，她的朋友托人给她送来另一只小狗，小巧玲珑，毛色白亮，十分可爱。它给赫本无限的慰藉，赫本说："它不仅使我恢复了健康，也赐予了我无限的幸福，它真是来自天堂的宝贝。"

三、送礼注意禁忌

登门拜访，不能在临别告辞时送礼，或者一声不响地把礼物放在门口或房间角落一走了之；不能将标签、价格留在礼品上，价格过高或过低都会令人不悦；给关系密切的人送礼也不宜在公开场合进行。

如果礼品是有保修期的贵重物品，如家电、电脑、手机等，可以在赠送礼品时把发票和保修单一起奉上；首饰等贵重礼品也应该附上发票等单据，以便受礼人能够享受售后服务或方便转手处理。

在我国内地，应避免给年长者送钟，钟有"终"的谐音；亦不宜送乌龟，因为乌龟虽然长寿，却有"王八"的俗名；朋友之间不能送刀、剑或其他带有尖、刃的物品，这些有"一刀两断"之意；对礼品的颜色，也应注意避开受礼人忌讳的颜色，例如以帽子为礼品时，应避免绿色。

日本人忌"9"和"4"，因为"9"与"苦"音同；西方人喜单数却忌讳"13"；对英国人不能送百合，因有"死亡"之意；对美国人送礼要送单数，且讲究包装；对法国人不要送菊花、杜鹃花和黄色的花，不送带有仙鹤图案的礼物，不送核桃；对德国人不能随便送玫瑰，除非是情人。

四、礼品的接受与拒绝

接受别人礼品时如何显得落落大方，拒绝别人礼品时如何显得不卑不亢，都需要学习。

（一）接受礼品

1. 态度大方

如果已经准备接受别人礼品，就没有必要再三推辞，心口不一，否则会让对方觉得你虚情假意，而留下不好的印象。

2. 拆启包装

接受礼品时如果条件允许，可当面拆启礼品的包装。接受外国客人赠送的礼品时，尤其需要注意这一点。在外国人看来，礼品不当面打开看，等于怠慢对方，不重视对方所赠送的礼品。因此接受别人礼品尤其接受外籍客人赠送的礼品时，一定不要忘了当面打开看一看。但国内有些场合还是讲究待客人走后再拆启礼品，要因人、因事和场合而异。

3. 欣赏礼品

接受别人礼品之后，不仅要打开看一看，而且要适当地加以欣赏和评论，否则别人就会有被冷漠拒绝之感。

4. 表示谢意

接受礼品时，不要忘记道谢。接受贵重的礼品后，还需要打电话、发E-mail，或者专程前去向对方道谢。

（二）拒绝礼品

在人际交往中，有时万不得已必须拒绝别人的礼品，应注意：一是表达谢意，即便拒绝了对方的礼品，也要感谢对方的好意；二是认真说明拒绝的原因，比如相关规定、纪律不允许；三是态度友善，不能对对方谴责、质疑甚至谩骂。

第六节 聚会礼仪

随着我国经济的高速发展，人们的日常生活也越来越丰富，除了工作、休息之外，人们要经常出入各种社交场合，参加各种聚会，如晚会、宴会、沙龙、舞会、茶会等。人们在参加这些活动时，除了要遵循基本的礼仪规范，还必须充分了解这种聚会的特别要求，并遵守特定的礼仪规范。

一、沙龙礼仪

沙龙，是法语中“客厅”或“会客室”一词的音译。在法国大革命前后，法国人经常聚集在私人的客厅讨论哲学、文学、艺术、政治、经济和社会问题，之后逐渐成为一种时尚，并且流传到欧洲以及世界其他地方。相沿成习，人们便将这种主要在室内进行的专门的社交性聚会称为沙龙。其形式自然、内容灵活、品位高雅，使渴望友谊、注重信息的人们能既正规又轻松愉快地与他人进行交际。

（一）沙龙的类型

按照人们在聚会中所讨论的中心话题或从事的主要活动来区别，沙龙有以下多种类型。

一是社交型沙龙。由较熟识的朋友、同学结成的定期或不定期的聚会，如同学聚会、同乡联谊会等。

二是学术型沙龙。由职业、兴趣相同或相近的人组成的，以探讨某一学术问题为主要目的，如摄影沙龙、文学沙龙等。

三是应酬型沙龙。以接待来访者、谋求增进了解和友谊为目的，如座谈会、联谊会等。

四是文娱型沙龙。以联络感情和相聚娱乐为目的，如家庭音乐会、家庭舞会等。

五是综合型沙龙。兼有多种目的，促进人们自由交谈，增进了解，如酒会、家庭晚宴等。

（二）沙龙的礼仪

1. 组织沙龙

通常情况下，沙龙的地点、时间、形式、主人和参加者，均应事先议定。可由一人发起、提议，也可以由全体参与者群策群力，共同讨论决定。

2. 选择地点

选择条件较好的某家客厅、庭院，或是宾馆、饭店、餐馆、写字楼内的某一专用的房间。应以面积大、通风好、温度适中、照明正常、环境优雅、没有噪声和不受外界干扰较为适宜。

3. 选择时间

一般2～4小时，可根据聚会的性质灵活决定，如果大家意犹未尽，可适当地延长一些时间。

4. 选择形式

应根据具体目的选择活动形式。如果大家只想“见一见”或是“聚一聚”，那么就应当选择较为轻松、随意的同乡会、聚餐会、联欢会、节日晚会或家庭舞会。如果打算好好“谈一谈”或是“聊一聊”，则选择不宜跑题、分神的咖啡会、座谈会、讨论会等形式。在具体操作上，这几种形式也可以彼此交叉或同时使用。

5. 选定主持人

如果是在某家私宅内举行，其主人自然就是此次沙龙的主人。如果是在外租用场地举行的，则一般由其发起者或组织者担任主持人。

6. 确定参与者

沙龙的参与者，应当事先确定好。在某些较为正式的沙龙上，参与者彼此之间相识者居多，惟其如此，才有助于大家多交流、少拘束。当然，在提前征得主人首肯之后，也可有新人加入。

7. 修饰形象

参加沙龙前应根据沙龙主题的内容对应选择赴会的着装和修饰。认真对自己的仪表、服饰进行必要的修饰与斟酌，既可体现自己的生活品质，也是对其他参与人员的尊重。

8. 注意守时

参加沙龙应遵守时间，按时赴约，不得无故迟到、早退或爽约。准时到场或迟到三五分钟，是比较规范的。万一临时有事难以准点到达或因故不能前往，须提前通知主人，并向大家表示歉意。

9. 交谈真诚

沙龙是展示个人修养、结交新朋友的重要社交形式，交谈务必真诚。要紧紧围绕主题，言之有物，言之有理；不要为了哗众取宠，故作惊人之语；不要自以为是，滔滔不绝，瞎侃一气，避免弄巧成拙。交谈有适度的幽默和风趣是必要的，可以活跃沙龙的气氛，但不要开些庸俗的玩笑或语带讥讽，也不可违心地对别人进行肉麻的吹捧。

10. 举止文雅

文雅大方、彬彬有礼的举止有助于树立良好个人形象，赢得大家的信任、尊敬和友谊。

二、舞会礼仪

舞会是一种娱乐性的社交活动。舞场是高雅文明的交际场合，每一位参加舞会的人都必须了解并自觉遵守舞会的有关礼仪规范。

（一）舞会形象

当接到主人的邀请时，如无特殊情况，应愉快地接受，并明确告知主人是否应邀前往，是否带女伴参加。如遇特殊情况不能前往，应向主人说明理由。接受邀请后应做好相应的准备工作。参加舞会之际，必须先期进行必要的合乎惯例的个人形象修饰，修饰的重点如下。

1. 仪容

参加舞会前应先沐浴，梳理适当的发型。男士务必要剃须，女士在穿短袖或无袖式衣服时须剃去腋毛。特别要强调两点：其一，注意个人口腔卫生，认真清除口臭，禁食气味刺激的食物；其二，外伤患者、感冒患者及传染病患者，应自觉地不要参加舞会，否则不仅有可能将疾病传染给他人，还可能影响大家的情绪。

2. 服装

舞会着装要求干净、整洁、美观、大方。有条件的话，可以穿格调高雅的礼服、时装、民族服饰。若举办者对着装有规定，则必须根据要求认真对待。在较为正式的舞会上，一般不允许穿军装、工作服和非搭配功能的外套。

男士参加正式舞会应穿西服。传统的白色领结和大燕尾服、黑领结和小燕尾服都能够被各种舞会所接受。

女士的装束应该是长款裙子，并尽可能精致。舞会上女士穿裤子是不允许的，除非这种裤子设计得非常精致，看起来与正式的舞会女裙一样得体；穿无袖或无肩带的女裙的女士，可以戴长手套，但开始跳舞时，应当脱掉手套；服装不能过露、过透、过短、过紧，否则会显得很不庄重。

舞会上，通常不允许戴帽子、墨镜，或者穿拖鞋、凉鞋、旅游鞋。

3. 举止

进入舞会现场时应彬彬有礼，遇到熟人旧友要握手致意或点头问好，面对陌生人时也应该以礼相待。

（二）邀舞礼仪

交谊舞的特点是男女共舞。舞会上怎样邀请舞伴，这是应注意的问题。

1. 男士主动邀请

在舞会上通常是由男士主动去邀请女士共舞。男士邀请女士跳舞，不应舍近求远，应先与自己带的舞伴及邻近座位的女士跳过舞之后，再去邀请其他座位上的女士跳舞。男士自带女伴同去跳舞时，只有在她接受别的男士的邀舞之后，男士才可以去邀请别的女士跳舞。

男士邀请舞伴时，应姿态端正、彬彬有礼地走到女士面前，微笑点头，同时伸出右手，掌心向上，手指向舞池并说：“我可以请你跳舞吗？”

当被邀女士的丈夫或长辈在场时，要向他们致意问候，得到同意后，方可邀请女士跳舞。舞曲结束时，要把女士送到座位旁边或送回其家人身边并致谢。

2. 男士不能同舞

正常情况下，两个女性可以同舞，但两个男性却不可以同舞。在欧美国家，两个女性同舞是宣告她们在现场没有男伴，而两个男性同舞，则意味着他们不愿意向在场的女性邀舞，这是对女性的不尊重，是很不礼貌的行为。所以，只有在两位女性已经在舞池内旋转起舞时，两位男性才可采取同舞的方式，追随到她们身边，然后共同向她们邀舞，继而分别组合成两对舞伴。

3. 不能拒绝女性

如果是女性邀请男伴，男伴一般不得拒绝。舞曲结束时，男伴应主动将女伴送到其原来的座位，待其落座后，说声“谢谢，再见！”然后离去。切忌在跳完舞后不予理睬。

4. 邀舞举止有礼

邀舞者在邀请舞伴时态度应诚恳热情，既不要紧张，也不要做作，更不能粗俗无礼。如叼着香烟、嚼着口香糖去请人跳舞，这样的邀舞者是不受欢迎的。

（三）伴舞礼仪

在私人舞会上，每位男士都应当同举办舞会的女主人以及她餐桌座位两侧的女士跳舞。当然，他必须同他带来的女士跳第一支和最后一支舞曲。

跳舞中，男女双方都应面带微笑，如果双方比较熟悉，可以小声交谈，声音以不影响他人为好，千万不要旁若无人大声喧哗。对不熟悉的舞伴，最好不要问这问那，闲聊不止。

舞场中，男女双方的神态要轻松自若，给人以愉悦感；表情应谦和悦目，给人以优美感；动作要协调舒缓，给人以和谐感。男士不要强拉硬拽，女士不可挂在或扑在对方身上。女士跳舞时，态度固然应该温和热情，但应稳重端庄。即使是热恋的一对，也不宜表现过分亲昵。

（四）入舞程序

按照惯例，第一支舞曲，由主人夫妇、主宾夫妇共舞（如夫人不跳，也可由已成年的女儿代之）。第二支舞曲由男主人与主宾夫人，女主人与男主宾共舞。

舞会上，男主人应陪伴无舞伴的女宾跳舞或为她们介绍舞伴，并要照顾其他客人。男主宾应轮流邀请其他女宾，而其他男宾则应争取邀请女主人共舞，其次是女主人的女亲属。现在许多人跳舞都自带舞伴，一曲开始时，无论是男性还是女性，在别人前来邀请自己的舞伴时，都应促成自己的舞伴接受对方的邀请。

（五）委婉拒舞

一般情况下，女士不应拒绝男士的邀请。万不得已决定谢绝，必须态度和蔼，表情亲切地说：“对不起，我累了，想休息一下。”或者说：“我不大会跳，真对不起。”

女士一旦拒绝某位男士的邀请，就不要再接受另一位男士的邀请，以免造成对前者自尊心的伤害。如果想要跳舞，也要等这一曲结束时再入场，不然会使人以为你架子大，瞧不起人。

当女士拒绝一位男士的邀请后，如果这位男士再次前来邀请，并且无不礼貌的举止和表情，女士不应再次拒绝邀请，在无特殊情况下，应与其跳舞，这是舞会礼仪所要求的。如果女士已经接受某位男士的邀请，对再次来邀请者应表示歉意，如果自己愿意与他跳舞，可以告诉他下一个曲子再与之共舞。

如果已经约好同别人跳舞，而这时又有人来邀请，应该起立致歉，告诉对方："对不起，我已经接受了别人的邀请，下次一定奉陪。"如果两位男士同时邀请一位女士跳舞，最礼貌的做法是同时礼貌地拒绝两位邀请者，也可以先同其中的一位跳舞，并对另一位男士礼貌地说："对不起，下一曲与您跳好吗？"

三、茶会礼仪

茶会在我国有着悠久的历史。茶会礼仪，就是指人们在各种茶会中应遵守的礼仪。最早的茶会是为了进行交易和买卖。后来，茶会推而广之，成为一种用茶点招待宾客的聚会形式，既属于宴请的一种，又属于会议的一种，因而它具有宴请和会议的双重特点，从而在形式上较为自由，在气氛上更为融洽。在公务活动中，茶会主要是以交流思想、联络感情、洽谈业务、展开公务等为目的。在私人活动中，茶会主要以增进友谊为目的。

（一）茶会准备

茶会形式多种多样，有品茶会、茶话会、音乐茶座等。庄重、高雅的茶友间相聚多采用品茶会；单位集体座谈某事项宜采用茶话会；娱乐、消遣性聚会宜安排音乐茶座。

1. 茶具选择

在招待客人时，茶具应有所讲究。从卫生健康角度考虑，泡茶要用茶壶，茶杯要用有柄的，不要用无柄茶杯，这样做的目的是避免手与杯体、杯口接触，传播疾病。茶具一般选择陶制或瓷质器皿。陶制器皿以江苏宜兴的紫砂杯具为佳。一般不要用玻璃杯，也不要用热水瓶代替茶壶。有破损或裂纹的茶具是不能用来待客的。不同的茶品，茶具的选择也是有讲究的。

2. 茶叶选择

茶会中对茶叶的要求较高。具体而言，茶叶的选择要因人而异，因季节和时间而异，因场合而异。茶叶经过不同的制作工艺会有凉温之别，绿茶、新白茶、轻发酵的乌龙茶属凉性茶；重发酵的乌龙茶、一定年份的生普洱和白茶属于中性茶；红茶、熟普洱属于温性茶。我们可根据自己的体质爱好、饮茶的时间和茶会目的稍作选择。总之，不同情况下，应准备不同的茶叶，但都应有特色。

3. 茶会布置

品茶会布置要有地方特色，对茶叶和茶具的准备和摆布都有讲究；茶话会则比较随意一些，可加摆点心、糖果、瓜子等；音乐茶会更加自由、活泼，乐曲比茶更重要，有时也可用饮料代替茶。

（二）茶会进行

1. 茶会开始

主持人应热情致辞欢迎应邀者光临，并说明举办茶会的目的和内容。一般来说，茶会就座比较自由，没有严格的次序。可随感而发，即席发言。当比较生疏的客人发言时，主持人应介绍发言者的身份，以便大家有所了解。

2. 奉茶时机

奉茶，通常是在客人就座后，开始洽谈工作前。如果宾主已经开始洽谈工作，这时才端茶上来，免不了要打断谈话或者因为放茶而移动桌上的文件，这是失礼的。

3. 奉茶礼节

上茶时一般由主人向客人献茶，或有接待人员给客人上茶。上茶时最好用托盘，手不可接触杯面。从每人的右后侧递送茶水。茶会中陪伴客人品茶要随时注意客人杯中茶水的存量，随时续茶。续茶要一视同仁，不能只给某个人或一部分人续，而冷落了其他客人。如用茶壶泡茶，则应随时观察是否需为茶壶续水，但注意壶嘴不要冲着客人方向。应安排专人给客人续茶，续茶时服务人员走路要轻，动作要稳，说话声音要小，举止要大方。

4. 斟茶礼仪

在斟茶时应遵循“满杯酒半杯茶”的古训，要注意每杯茶水不宜斟得过满，最多七分为宜，以免溢出洒在桌子上或者客人的衣服上。

（三）茶会结束

茶会进行到一定程度后，主人要适时地宣布茶会到此结束。茶会结束时，主人应站在门口恭送客人离去，并说些道别的客气话。

拓展训练

一、请你分析

请你分析以下情景中人物的做法是否符合礼仪规范，如不符合，应怎样做才合适。

① 一男一女两宾客登门拜访他人。登门之际，女宾向女主人赠送一束鲜花。

② 一写字间内，三五人就座办公。一男宾带烟酒入内：“我找强哥。”对某男士说：“强哥，这是我的一点小意思。”

③ 会客室内，主方向来宾赠送礼物。秘书把一包装之物递给其上司，上司双手交给客人。

④ 甲男甲女两白领在本公司门口迎候另一公司总经理乙男前来洽谈业务。乙男轿车驶到，甲女上前：“×总您好！”呈上自己的名片说：“×总，我叫××，是××集团公关部经理，专程在此迎接您。”乙男道谢。甲男上前：“×总好！您认识我吧？”乙男礼貌性点头。甲男又道：“那我是谁？”乙男尴尬不已。

二、请你搜集

无论是在中国还是在国外，日常生活中，人们都喜欢送鲜花。请问：哪些场合适合送鲜花？不同的场合送哪类鲜花？送花时有哪些禁忌？请查阅中外赠送鲜花的礼仪资料，进行分析整理，撰写一份分析报告。

三、请你设计

毕业十年的大学同班同学回母校聚会，要在酒店举办一次宴会。你作为此次活动的主要组织者，需要拜访并邀请昔日的老师参加宴会，同时要接待来自四面八方的同学，目标是使所有参与者乘兴而来，满意而归。

请你根据所学的拜访、邀请、接待等礼仪知识，设计一个较为完整的包括聚会准备、聚会安排、聚会结束的活动方案。

四、请你安排

刘女士是一家世界500强化妆品公司中国分公司的公关部经理。这天，亚太地区总经理、技术总监、市场总监、总经理秘书等8人来到中国分公司视察工作。现在中国分公司总经理要求刘女士安排一场沙龙，供大家商讨如何在下半年保证销售额持续增长和进一步优化公司美誉度问题。

请根据沙龙礼仪的相关知识，写一份沙龙活动组织方案，包括时间、地点、主持人、参与者、流程、注意事项等内容。

第三章 餐饮礼仪

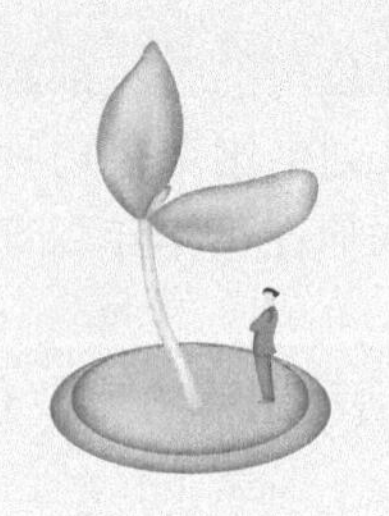

学习目标

- 掌握中餐、西餐、自助餐的基本礼仪。
- 理解、领悟中西餐饮文化的异同。
- 掌握饮酒、饮茶、饮咖啡的基本礼仪。
- 提高对餐饮礼仪重要性的认识，自觉提升礼仪素养。

案例导入

周恩来总理谈笑吃“纳粹”

新中国成立后，有一次周恩来总理在中南海勤政殿设宴招待外宾。席间，客人们对中国菜花样之繁多、风味之独特、味道之鲜美赞不绝口。这时，上来一道汤菜，里面由冬笋、蘑菇、红菜、荸荠等组合成各种图案，色香味俱佳。然而，按照民族图案刻的冬笋片在汤里突然翻身，变成了“纳粹”法西斯的标志。客人们见状大惊失色，急忙向周恩来总理询问：“尊敬的总理阁下，这是什么意思?”周总理虽然感到问题发生得突然，却泰然自若地解释道：“这不是法西斯的标志，而是我们中国民间传统中的一种图案，念‘万’，象征‘福寿绵长’，表达对客人的良好祝愿。”接着，他又风趣地说：“就算是法西斯标志，也没有关系嘛，我们大家一起来消灭法西斯，把它吃掉吧!”于是，宾主哈哈大笑，宴会气氛更加热烈。这道奇特的汤，很快被客人们喝得精光。

餐饮礼仪源远流长，是社会文明的具体体现之一。每个民族在长期的饮食生活实践中，都会形成一套属于自己的餐饮礼仪。我国在周代就已形成相当完善的饮食礼仪制度，而后随着历史的发展而不断演变。餐饮是一种常见的社交活动，掌握其礼仪规范十分必要。

第一节　中餐礼仪

随着中西饮食文化的不断交流，中餐不仅是中国人的传统饮食习惯，还越来越受到外国人的青睐。中国自古为礼仪之邦，讲究民以食为天，饮食礼仪自然成为饮食文化的重要组成部分。中国的饮宴礼仪据称始于周公，历经千百年的演进，形成了大家普遍接受的一套礼仪规范，是对古代饮食礼制的继承和发展。当然，饮食礼仪也因宴席的性质、目的而不同；不同的地区，饮食礼仪也千差万别。

一、宴请类型

1. 宴会

宴会是指以用餐为形式的社交聚会，有正式宴会和非正式宴会两种类型。正式宴会是隆重而正规的宴请，一般在高档饭店或特定的场所举行，是经过精心准备，排场较大、气氛热闹的大型聚餐活动，对到场人数、穿着打扮、席位排列、菜肴数目、节目安排、宾主致辞等都十分讲究。非正式宴会，也称为便宴，多见于日常正式人际交往，其形式从简，不注重规模、档次。一般来说，它只安排相关人员参加，不邀请配偶，对穿着打扮、席位排列、菜肴数目不作过高要求，也不需要安排节目表演和宾主致辞。

2. 家宴

家宴是在家里举行的宴会。一般在礼仪上不作特殊要求，只要营造亲切、友好、自然的气氛，使来宾感受到主人的重视和友好，宾主双方在轻松、自然、随意的环境中增进交流即可。一般由主人亲自下厨烹饪并充当服务员招待客人，使客人有宾至如归的感觉。

3. 便餐

便餐也就是人们常说的“家常便饭”。用便餐的地点比较随意，只要用餐者讲究公德，注意卫生、环境和秩序，其他方面没有过多要求。

4. 工作餐

工作餐是公务或商务交往中具有业务关系的合作伙伴，为保持联系、交换信息或洽谈生意，以用餐形式进行的聚会。工作餐一般规模较小，通常在中午举行，时间、地点可以临时选择。工作餐不适合主题之外的人加入。

二、宴请时间地点

1. 选择时间

中餐宴请的具体时间要遵从民俗惯例。一般讲究主随客便，如果可能，可先与主宾协商，尽可能提供几种时间选择，以显诚意，力求主客皆宜。

2. 选择地点

宴请不仅是为了“吃东西”，还要“吃文化”。所以，选择地点首先要环境优雅；其次要卫生放心，用餐地点太脏、太乱，会破坏用餐者的食欲，影响用餐者的兴致；最后要交通便利，要充分考虑聚餐者来去是否方便，有没有公共交通线路经过，有没有停车场等问题。

三、席位排列

中餐席位排列，包括桌次排列和位次排列。桌次是指参加宴请人员达到两桌及以上时，不同餐桌的排列次序；位次是指同一餐桌上不同人员所坐的位置安排。

1. 桌次排列

在中餐宴请活动中，一般采用圆桌布置菜肴、酒水。中餐宴会桌次的安排，不论是两桌，还是多桌，其排列原则大致相同。即主桌排定后，其余桌次的安排，视距离主桌的远近而定。离主桌越近，桌次越高；离主桌越远，桌次越低；平行桌以面门右为高，左为低。

具体来说，有以下几项排列规则。

（1）以右为上　当餐桌分左右时，以面门为据，以居右之桌为上，如图3-1所示。

（2）以远为上　当餐桌距离餐厅正门有远近之分时，以距门远者为上，如图3-2所示。

（3）居中为上　多张餐桌并列时，以居于中间者为上，如图3-3所示。

（4）在桌次较多的情况下　上述排列规则同时使用，如图3-4所示。

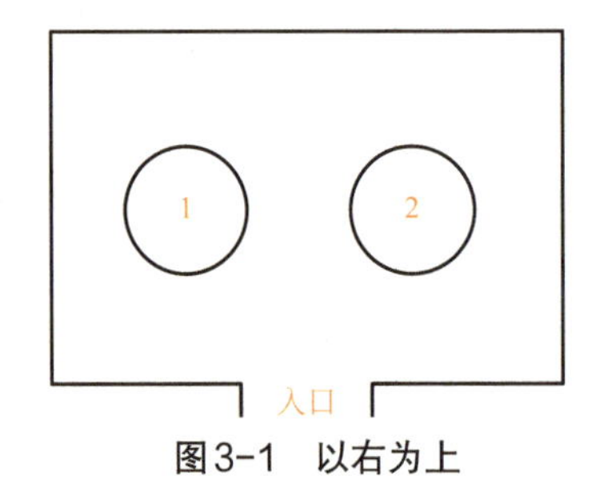

图3-1　以右为上

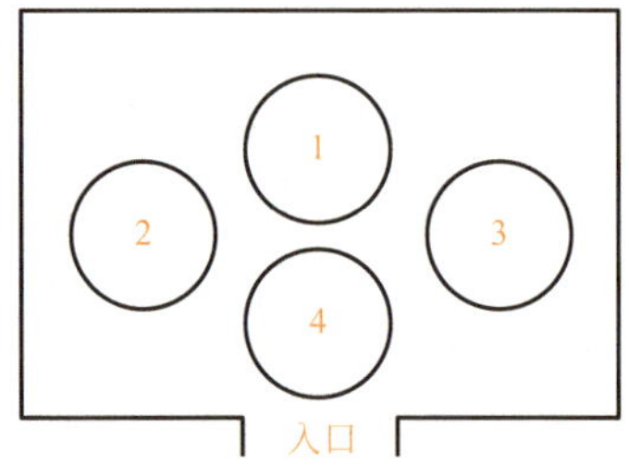

图3-2　以远为上

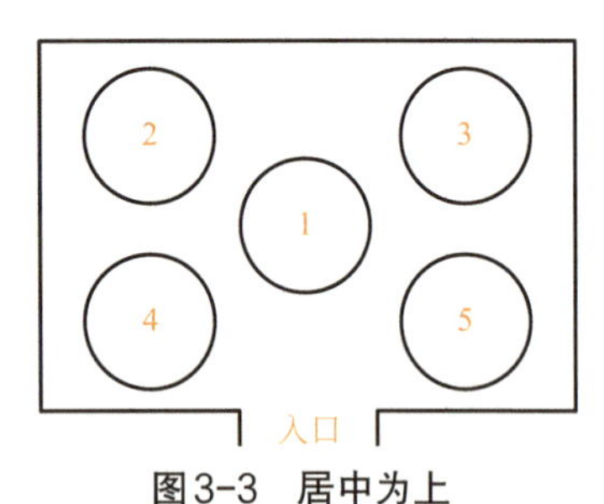

图3-3　居中为上

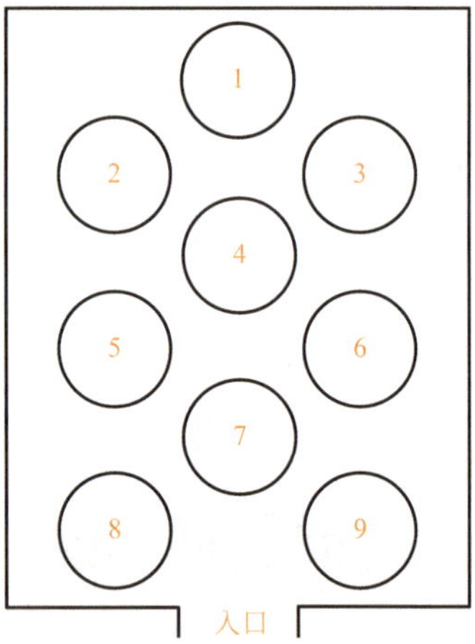

图3-4　上述排列规则同时使用

安排桌次时，所用餐桌的大小、形状要基本一致。除主桌可以略大外，其他餐桌都不要过大或过小。为了确保赴宴者准确地找到自己的桌次，可以在请柬上注明桌次、在宴会厅入口张贴桌次排列示意图、在每张餐桌上摆放桌次牌（用阿拉伯数字书写）、安排引位员引导来宾按桌就座。

2. 位次排列

位次排列是指在同一桌上的位次高低，排位次是宴请的重要事项，它关系到来宾的身份和主人给予对方的礼遇，一般遵循以下四个原则。

一是面门为上原则。即面对正门者是上座，背对正门者是下座。

二是右高左低原则。两人一同并排就座，通常右为上座，左为下座。

三是中座为尊原则。三人一同就座用餐，坐在中间的人位次高于两侧的人。

四是特殊原则。高档餐厅里，室内外往往有优美的景致或高雅的演出供用餐者欣赏，这时观赏角度最佳的座位是上座。在某些中低档餐馆用餐时，通常以靠墙的位置为上座，靠过道的位置为下座。

就主客身份而言，一般来说，主人在主桌面对正门而坐。同一桌上位次的尊卑根据距离该桌主人的远近而定，以近为上，以远为下，以右为尊。每桌只有一个主位时，主宾紧靠主人右边就座；每桌有两个主位（主人和副主人）时，1号主宾在主人右边就座，2号宾客既可在主人左边就座，也可在副主人右边就座，其余人员依此类推（图3-5）。当主宾身份高于主人，为表示尊重，也可安排主宾在主人位子上就座，而主人则坐在主宾位子上。

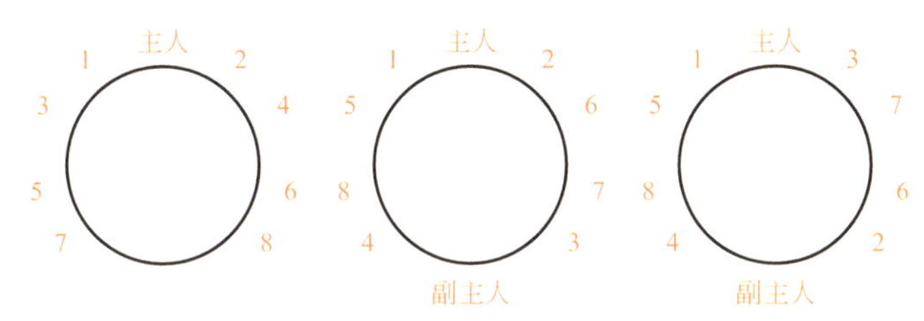

图3-5 宴请位次排列的三种方法

为便于来宾准确无误地在自己的座位上就座，招待人员和主人要及时引导，也可设双面座位卡。举行涉外宴请时，座位卡应以中、外两种文字书写。我国的惯例是，中文在上，外文在下。

四、点菜礼仪

点菜是一门学问，要兼顾个人财力及客人的饮食习惯。点菜数量以10人为例，一般十菜一汤比较合适，一般荤菜居多，菜肴品种应注意各菜肴之间的特点，不能太单调，也不能太花哨，同时要尽量照顾到饭桌上每个人的口味。

标准的中餐上菜次序，通常首先是冷盘，再是热炒，随后是主菜，然后上汤和点心，最后上果盘。如果上咸点心的话，讲究上咸汤；如果上甜点心的话，就要上甜汤。

1. 宜选菜肴

根据中国的饮食习惯，与其说“请吃饭”，不如说是“请吃菜”。主人需要对菜单再三斟酌，优先考虑的菜肴有以下四类。

其一，有本地特色的菜肴。如西安的羊肉泡馍、湖南的毛家红烧肉、上海的红烧狮子头、北京的涮羊肉等，在当地宴请外地客人时，这些特色菜比千篇一律的菜式更受好评。

其二，本餐馆的特色菜。很多餐馆都有自己的特色菜，上几样本餐馆的特色菜，既能保证味道，又能表明主人的用心。

其三，有中餐特色的菜肴。宴请外宾时，此项建议一定要重视。像炸春卷、煮元宵、蒸饺子、狮子头、宫保鸡丁等，因为具有鲜明的中国特色，所以受到很多外国人的推崇。

其四，主人的拿手菜。举办家宴时，主人一定要当众露一手，做几个拿手菜。其实，所谓的拿手菜不一定十全十美，只要是主人亲自动手，就足以让宾客感受到宴请者的诚意。

在正式而隆重的宴会上，主人选定的菜单可以打印或精心书写，每人一份，用餐者不但餐前心中有数，而且餐后可将菜单留作纪念。

2. 点菜禁忌

安排菜单时，必须考虑来宾的饮食禁忌，主要有以下四种禁忌需要注意。

第一，民族宗教饮食禁忌。世界上各种民族宗教都有各自特殊的饮食禁忌。若贸然犯禁，会带来很大麻烦。

第二，个人饮食禁忌。出于健康原因，有些宾客对于某些食品也有所禁忌。比如，患有痛风的人，不宜吃海鲜；糖尿病患者忌甜食；患有消化道疾病的人不适合吃辛辣食物；高血压、高血脂、高胆固醇患者，忌大油、大荤等。

第三，地区饮食禁忌。不同地区人们的饮食偏好往往不同。比如，湖南人普遍喜欢吃辛辣食物，少吃甜食；江浙人不喜欢吃辛辣食物，喜好甜食；北方人喜欢吃面食；英美国家的人通常不吃稀有动物、动物内脏、动物的头部和脚爪。点菜若是不顾别人的好恶，则会让人心生不快。

第四，职业饮食禁忌。例如：驾驶员工作期间不得饮酒；脑力劳动者用脑多，活动量小，脑活动比肌肉活动所消耗的能量少得多，如果摄入过多的脂肪食品如肥肉、动物内脏等，会使身体肥胖，引发高胆固醇和高血脂病；高温作业者饮食不能太清淡，高温中机体散热出汗多，不仅流失大量水分，而且失去大量无机盐，若饭食过淡，无机盐代谢紊乱，会引起严重脱水甚至中暑。

五、餐具使用

中餐餐具，一般分为主餐具与辅餐具两类。主餐具是指进餐时主要使用的、必不可少的餐具，通常包括筷、匙、碗、盘等。辅餐具是指进餐时可有可无、时有时无的餐具，它们在用餐时发挥辅助作用，一般包括水杯、餐巾、湿巾、水盂、牙签等。

1. 筷子

中国的筷子十分讲究，远在商代就有用象牙制成的筷子。做筷子的材料各有不同，考究的有金筷、银筷、象牙筷；较常用的有木筷、竹筷、塑料筷。

在餐前发放筷子时，要将筷子一双双理顺，轻轻地放在餐桌的筷架上。不能一横一竖交叉摆放；不能搁在碗、杯子或盘子上。用餐过程中，不可将筷子在各碟菜中来回移动或在空中游弋；不要把筷子竖插在食物上面，因为这种插法只有祭奠死者的时候才用；不要用筷子叉取食物放进嘴里；不要用舌头舔食筷子；不要用筷子去推动碗、盘和杯子。

席间说话时，不要把筷子当道具随意挥舞；不要用筷子敲打碗盘；用完筷子要轻轻放下，尽量不要发出响声；若有事暂时离席，应把筷子轻放在筷架上；筷子是用来夹取食物的，不要用来剔牙、挠痒或夹取食物之外的东西。

2. 汤匙

汤匙的主要作用是舀取不便夹取的菜肴、食物。有时，用筷子取食的同时也可以用汤匙来辅助，一般不单用汤匙取菜。

用汤匙取食物时，不要过满，免得溢出来弄脏餐桌或自己的衣服。在舀取食物后，可以在原处暂停片刻，等待汤汁不再往下流，再移回来享用。如果取用的食物太烫，不可用汤匙舀来舀去，也不要用嘴吹，应放到自己的碗里等稍凉后再吃。不要把汤匙塞到嘴里，或者反复吮吸、舔食。

暂时不用汤匙时，应放在自己的碟子里，不要直接放在餐桌上或让它在食物中“立正”。

3. 碗

碗主要用来盛放主食、羹汤。正式宴请场合，用碗要注意：一是不能端起碗来进食，尤其是不要双手端碗进食；二是碗里的食物应以筷子、汤匙加以辅助进食，不要直接用手拿；三是剩余的食物不要直接端碗倒进嘴中；四是暂时不用的碗不能放杂物，也不要倒扣在餐桌上。

4. 盘子

放在餐位上的空盘子，也叫食碟。食碟既可用来暂放从菜盘里取来享用的菜肴，也可用于存放食物残渣。使用时，一次不要取放过多菜肴，也不要把多种菜肴堆放在一起，既不好看，也不好吃。不吃的残渣、骨、刺不要吐在地上、桌上，应轻轻取放在食碟前端，放的时候不能直接从嘴里吐在食碟上，要用筷子夹放。如果食碟放满了，可以让服务员更换。

5. 杯子

在正式中餐宴请中，每位用餐者面前一般排列着大小不等的三只杯子，自左而右，它们依次分别是白酒杯、葡萄酒杯、水杯。白酒杯小些，红酒杯大些，不能混用。水杯主要用来盛放白水、果汁等饮料，不要用它来盛酒，也不要倒扣水杯。

6. 餐巾

餐巾应当铺放在并拢之后的大腿上，不能围在脖子上或掖在衣领里、腰带上。餐巾可用于轻揩嘴部和手，不能用于擦餐具。

7. 湿巾

很多酒店在用餐前，会为每位用餐者上一块湿毛巾，它是用来擦手的。擦手后应该放回盘子里，由服务员拿走。有时在正式宴会结束前，会再上一块湿毛巾，和前者不同的是，它是用来擦嘴的。

8. 水盂

有时，品尝食物需要用手直接进行，这时服务员会放一个盛装清水的水盂在桌上，这个水是用来洗手的。洗手时要注意不要双手完全放进去，而应两手指尖放进去，轮流沾湿，而后轻轻浸入水中涮洗，最后用纸巾擦干。

9. 牙签

尽量不要当众剔牙，非剔不可时，用另一只手掩住口部，剔出来的东西，不要随手乱弹、随口乱吐。剔牙后，不要叼着牙签，更不要用来扎取食物。

六、用餐举止

1. 耐心等待

入座后，可以和同席的人随意交谈，营造和谐融洽的用餐气氛。不要旁若无人，兀然独坐，也不要直勾勾地盯着餐桌，或者下意识地摸弄餐具，显出一副百无聊赖或迫不及待的样子。当主人举杯示意开始时，客人才能开始进餐。

2. 文明夹菜

夹菜时不要抢在邻座前面夹取，不要碰到邻座；不要挑食，不要只盯着自己喜欢的菜吃，或者急忙把喜欢的菜堆在自己的盘子里，一次夹菜不宜太多；不要把盘里的菜拨到桌上，不要碰翻餐具或菜肴；一般不要为别人夹菜，自己喜欢的食物别人不一定喜欢，确实需要帮助他人，要使用公筷或被帮助者的筷子夹取。

3. 吃相文雅

要细嚼慢咽，不能狼吞虎咽，不要发出怪异的声音，如喝汤时“咕噜咕噜”、吃菜时嘴里“吧唧”作响，这些都是举止粗俗的表现。餐桌上不要大声接打电话，不能吸烟，更不要当众修饰仪容，如梳理头发，化妆补妆，如确实需要，可去化妆间或洗手间修饰。不要随意离开座位，四处走动。餐后不要不加控制地打饱嗝或嗳气。如果需要清嗓子、擤鼻涕、吐痰等，须去洗手间解决。

4. 礼貌告辞

在主人还没有示意结束时，客人不能离席。如有事确需先行离开，要向在座的人，尤其是主人告辞和表示歉意，说声“失陪了”或“对不起，我有事先行一步”等。

第二节　西餐礼仪

“西餐”这个词是由于它特定的地理位置所决定的。“西”是西方的意思，“餐”就是饮食菜肴。我们所说的“西方”习惯上是指欧洲国家和地区，以及由这些国家和地区为主要移民的北美洲、南美洲和大洋洲的广大区域，因此西餐是以上区域国家菜点的统称。西餐多使用长形桌台，一般以刀叉为餐具。

一、西餐菜肴特点

西餐的主要特点是主料突出，形色美观，口味鲜美，营养丰富，供应方便等，其烹饪方法和食用方法与中餐有较大不同。

（一）西餐代表菜式

西餐大致可分为法式、英式、意式、俄式、美式、地中海等多种不同风格的菜肴。

1. 法式菜

法式大餐被誉为“西菜之首”。法式菜肴选料广泛（如蜗牛、鹅肝都是法式菜肴中的美味），加工精细，烹调考究，滋味有浓有淡，花色品种多。法式菜还讲究吃半熟或生食，如牛排、羊腿以半熟鲜嫩为特点，海味的蚝也可生吃，烧野鸭一般六成熟即可食用。法式菜肴重视调味，调味品种类多样，如用酒来调味，什么样的菜选用什么酒都有严格的规定。譬如：清汤用葡萄酒；海味品用白兰地；甜品用各式甜酒或白兰地等。法国人十分喜爱吃奶酪、水果和各种新鲜蔬菜。法式菜肴的名菜有：马赛鱼羹、鹅肝排、巴黎龙虾、红酒山鸡、沙福罗鸡、鸡肝牛排等。

2. 英式菜

英国的饮食烹饪，有“家庭美肴”之称。英式菜肴油少、清淡，调味时较少用酒，调味品大都放在餐台上由客人自己选用。烹调讲究鲜嫩，选料注重海鲜及各式蔬菜，菜量要求少而精。英式菜肴的烹调方法多以蒸、煮、烧、熏见长。英式菜肴的名菜有：土豆烩羊肉、烤羊马鞍、哈吉斯、炸鱼薯条、烤牛肉配约克郡布丁等。

3. 意式菜

意大利是西餐烹饪的始祖，可与法国、英国相媲美。意式菜肴以味浓著称，以炒、煎、炸、烩等烹调方法见长。意大利人喜爱面食，做法、吃法甚多。其面条制作有独到之处，各种形状、颜色、味道的面条至少有几十种，如字母形、贝壳形、实心面条、通心面条等。意大利人还喜食意式馄饨、意式饺子等。意式菜肴的名菜有：通心粉素菜汤、焗馄饨、奶酪焗通心粉、肉末通心粉、比萨饼等。

4. 俄式菜

俄式大餐是西菜经典。沙皇俄国时代的上层人士非常崇拜法国，贵族不仅以讲法语为荣，而且饮食和烹饪技术也主要学习法国。但经过多年演变，他们逐渐形成了自己的烹调特色。俄罗斯人喜欢热量高的食物品种，喜食热食，爱吃鱼肉、肉末、鸡蛋和蔬菜制成的小包子和肉饼等，各式小吃颇负盛名。俄式菜肴口味较重，喜欢用油，制作方法较为简单，以烤、熏、腌为特色。口味以酸、甜、辣、咸为主，酸黄瓜、酸白菜往往是饭店或家庭餐桌上的必备食品。俄式菜肴在西餐中影响较大，一些地处寒带的北欧国家和中欧南斯拉夫人生活习惯与俄罗斯人相似，大多喜欢腌制的各种鱼肉、熏肉、香肠、火腿以及酸菜、酸黄瓜等。俄式菜肴的名菜有：什锦冷盘、鱼子酱、酸黄瓜汤、冷苹果汤、鱼肉包子、黄油鸡卷等。

5. 美式菜

美式菜是在英式菜基础上发展起来的，继承了英式菜简单、清淡的特点，口味咸中带甜。美国人对饮食要求不高，只要营养、快捷则可，他们一般对辣味不感兴趣，喜欢铁扒类菜肴，喜欢各种新鲜蔬菜和水果，常用水果作为配料与菜肴一起烹制，如菠萝焗火腿、菜果烤鸭。美式菜肴的名菜有：烤火鸡、橘子烧野鸭、美式牛扒、苹果沙拉、糖酱煎饼等。

6. 德式菜

德国人喜欢肉食，尤其喜欢吃香肠，他们制作的香肠有千余种，许多种类风行世界。他们还喜吃水果、奶酪、酸菜、土豆等，不求浮华只求实惠营养。自助快餐就是由德国人发明的。德国菜以酸、咸口味为主，调味较为浓重，烹饪方法以烤、焖、串烧、烩为主。德国人喜喝啤酒，每年的慕尼黑啤酒节大约要消耗掉100万升啤酒。

（二）西餐上菜顺序

西餐的菜单安排与中餐有很大不同。一般西餐有6～7道，每道一般只有1种，其上菜的顺序也就是用餐顺序。

1. 头盘

也称开胃品，一般有冷头盘和热头盘之分，常见的品种有鱼子酱、鹅肝酱、熏鲑鱼、鸡尾杯、奶油鸡酥盒、焗蜗牛等。

2. 汤

大致分为清汤、奶油汤、蔬菜汤和冷汤四类。品种有牛尾清汤、各式奶油汤、海鲜汤、美式蛤蜊汤、意式蔬菜汤、俄式罗宋汤、法式洋葱汤。

3. 副菜

通常水产类菜肴与蛋类、面包类、酥盒菜肴均称为副菜。西餐吃鱼类菜肴讲究使用专用的调味汁，品种有鞑靼汁、荷兰汁、酒店汁、白奶油汁、大主教汁、美国汁和水手鱼汁等。

4. 主菜

肉、禽类菜肴是主菜。其中最具代表性的是牛肉或牛排，肉类菜肴配用的调味汁主要有黑椒汁、番茄汁、蘑菇汁、香草汁等。禽类菜肴的原料取自鸡、鸭、鹅，可煮、可炸、可烤、可焗，主要的调味汁有咖喱汁、奶油汁等。

5. 蔬菜

可安排在肉类菜肴之后，也可与肉类菜肴同时上桌，蔬菜类菜肴在西餐中称为沙拉。与主菜同时搭配的沙拉，称为生蔬菜沙拉，一般用生菜、番茄、黄瓜、芦笋等制作。

6. 甜品

西餐的甜品是主菜后食用的，可以算作是第六道菜。从真正意义上讲，它包括所有主菜后的食物，如布丁、冰淇淋、奶酪、水果等。

7. 咖啡

饮咖啡一般要加糖和淡奶油。

一般情况下，所有的类别不需要全点，点太多吃不完反而失礼。前菜、主菜（鱼或肉择其一）加甜点是最恰当的组合。点菜并不是由前菜开始点，而是先选一样最想吃的主菜，再配上适合主菜的汤。

二、西餐席位排列

（一）席位排列原则

1. 恭敬主宾

在西餐中，主宾极受尊重。即使用餐的来宾中有人在地位、身份、年纪等方面高于主宾，主宾仍是主人关注的中心。在排定位次时，应请男、女主宾分别紧靠女主人和男主人就座，以便受到更好的照顾。

2. 女士优先

在西餐礼仪里，女士处处备受尊重。在排定用餐位次时，主位一般应请女主人就座，男主人则须退居第二主位。

3. 以右为尊

在排定位次时，以右为尊依旧是基本原则。例如，应安排男主宾坐在女主人右侧，安排女主宾坐在男主人右侧。

4. 面门为上

有时又叫迎门为上。即面对餐厅正门的位子，通常在序列上要高于背对餐厅正门的位子。

5. 距离定位

一般来说，西餐桌上位次的尊卑，往往与其距离主位的远近密切相关。在通常情况下，离主位近的位子高于距主位远的位子。

6. 交叉排列

用中餐时，用餐者经常有可能与熟人，尤其是与恋人、配偶在一起就座。在西餐中，这种情景便不复存在了。商界人士所出席的正式的西餐宴会，在排列位次时，要遵守交叉排列的原则。依照这一原则，男女应当交叉排列，生人与熟人也应当交叉排列。因此，一个用餐者的对面和两侧，往往是异性，而且还有可能与其不熟悉，这样做的最大好处是可以广交朋友。不过，这也要求用餐者最好是双数，并且男女人数各半。

（二）席位排列方法

西餐用餐时，人们所用的餐桌有长桌、方桌和圆桌，有时还会以之拼成其他各种图案，但最常见、最正规的西餐桌当属长桌。

1. 长桌

以长桌排位，一般有两种主要排列方法。一是男女主人在长桌中央对面而坐，餐桌两端可以坐人，也可以不坐人（图3-6）；二是男女主人分别就座于长桌两端（图3-7）。

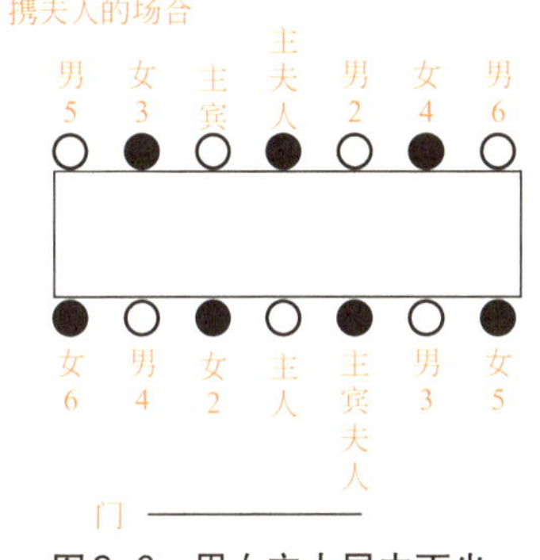

图3-6 男女主人居中而坐

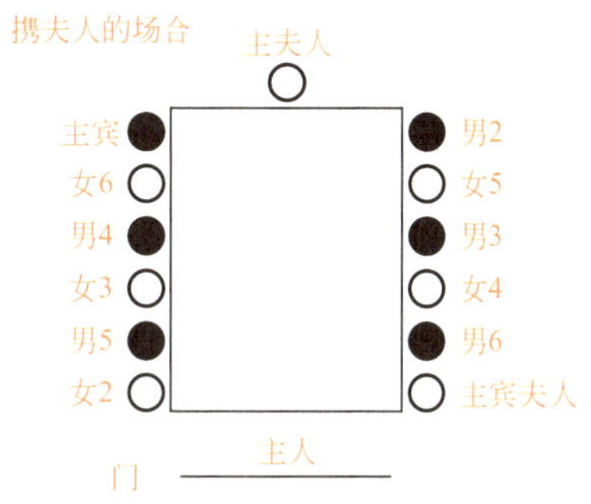

图3-7 男女主人两端对坐

2. 方桌

以方桌排列位次时，就座于餐桌四面的人数应相等。在一般情况下，一桌共坐8人，每侧各坐2人的情况比较多见。在进行排列时，应使男、女主人与男、女主宾对面而坐，所有人均与各自的恋人或配偶坐成斜对角。

三、西餐餐具使用

（一）餐具摆放

高级西餐宴会摆台是基本统一的，如图3-8所示。其原则有：第一，垫盘居中，叉左刀右，刀尖向上，刀口向内；第二，盘前横匙，主食靠左，餐具靠右，其余用具酌情摆放；第三，酒杯的数量与酒的种类相等，摆法是从左到右，依次摆水杯、红葡萄酒杯、白葡萄酒杯、香槟酒杯；第四，西餐中餐巾放在盘子里，如果在宾客尚未落座前需要往盘子里放某些物品，餐巾就放在盘子旁边。

餐具摆放是根据上菜先后顺序从外到内摆放。有的菜用过后，会撤掉一部分刀叉。在吃的过程中或吃完以后，餐具如何摆放也很有讲究，可不用示意就使服务员知道你的用餐需求。如吃到一半，想放下刀叉略作休息，那么刀叉放在垫盘上呈“八”字形，刀口朝内，叉尖向下就表示你还要继续用餐；若刀叉平行摆放在垫盘上，刀口向外，叉尖向上，则表示你不再用餐；用餐后，如果把刀叉放在一起摆成四点钟方向，表示用餐完毕；汤勺横放在汤盘内，匙心向上，表示用汤餐具可以收走。

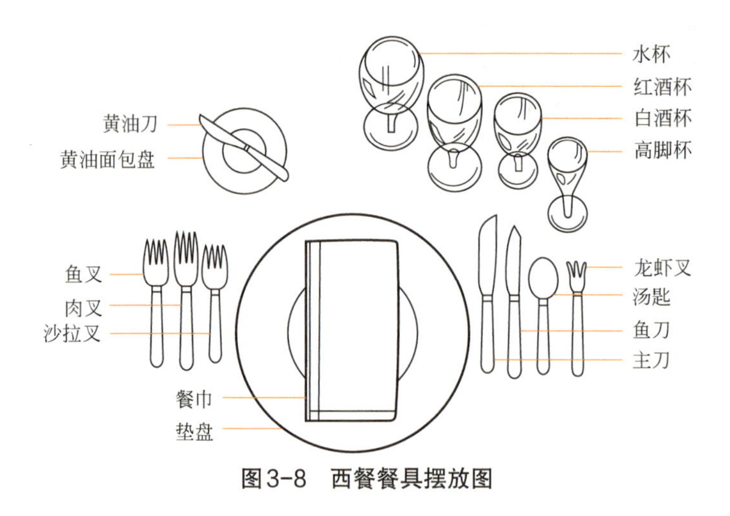

图3-8 西餐餐具摆放图

（二）餐具使用

1. 刀

刀是用来切割食物的，不要用刀挑起食物往嘴里送。右手拿刀，食指按在柄背上，不要放在刀背上。用餐时，有三种不同规格的刀同时出现，一般正确的用法是：带小锯齿的刀是用来切肉制食品；中等大小的刀用来切蔬菜；而那种小巧的，刀尖是圆头的、顶部有些上翘的小刀，则是用来切小面包的，然后用它挑些果酱、奶油涂在面包上面。

2. 叉

左手拿叉，叉起食物往嘴里送的动作要轻，捡起适量食物一次性放入口中。叉子捡起食物入嘴时，牙齿只碰到食物，不要咬叉，也不要让刀叉在齿上或盘中发出声响。如食用某道菜不需要用刀，也可用右手握叉，如意大利人在吃面条时，只使用一把叉，不需要其他餐具；例如素食盘，食用不需切的蔬菜和副食，也可用右手握叉来进餐；美式吃法将食物全部切成小块，再用右手拿叉慢慢吃。

3. 勺子

在正式场合下，勺有多种，小的是用于品咖啡和甜点心的；扁平的用于涂黄油和分食蛋糕；比较大的，用来喝汤或盛碎小食物；最大的是公用、用于分食汤的，常见于自助餐。喝浓汤时勺子横拿，由内向外轻舀。喝汤时用嘴唇轻触勺子内侧，不要端起汤盆来喝。汤将喝完时，左手可靠胸前轻轻将汤盆内侧抬起，汤汁集中于盆底一侧，右手用勺舀净。

4. 餐巾

（1）餐巾的铺放　西餐餐巾有长方形和正方形两种，通常会叠成一定的图案，放置在就餐者的水杯里，有时直接平放于就餐者的右侧桌面上或面前的垫盘上。用餐前应先将餐巾打开铺在自己并拢的大腿上，如果是正方形的餐巾，应将它折成等腰三角形，直角朝向膝盖方向；如果是长方形餐巾，应将其对折，然后折口向外平铺在大腿上。餐巾的打开、折放应在桌下悄然进行，不要影响他人。

（2）餐巾的用途　餐巾对服装有保洁作用，防止菜肴、汤汁落下来弄脏衣服；也可用来揩拭口部，通常用其内侧，但不能用其擦脸、擦汗、擦餐具；还可以用来遮掩口部，在一定要剔牙或吐出嘴中东西时，可用餐巾遮掩，以免失态。不能将口红整个印在餐巾上，口红应在就餐前以面纸轻压。

（3）餐巾的暗示　西餐以女主人为第一主人，当女主人铺开餐巾时，暗示用餐开始。当女主人把餐巾放到桌上时，暗示用餐结束。就餐者如果中途离开，一会儿还要回来继续用餐，可将餐巾放在本人所坐的椅面上。餐巾叠好放在盘子右边的桌面上，则暗示“我不再吃了，可以撤掉”，但不可叠得方方正正而被误认为未用过。

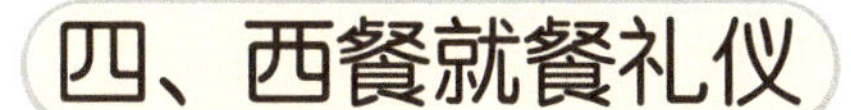

四、西餐就餐礼仪

（一）赴宴

接到邀请后应及时告知设宴主人是否赴宴、能否准时赴宴，并询问邀请的目的、时间和地点，届时出席的宾客情况，着装要求等细则，以利事先准备，而不犯唐突错误。赴宴的服装应与宴请的人士相符，避免奇装异服。如有特殊情况不能赴宴，应及时告知主人。如果参加家宴，不能空手赴宴，一般要赠送礼品，礼品可为葡萄酒、鲜花、工艺品等，同时要尊重当地的风俗习惯和主人的喜好。不要携带未受邀请的其他友人或配偶子女出席宴会。避免携带多余的物品，否则主人可能误认为所带物品为礼品而造成尴尬。

（二）入座

最得体的入座方式是从座椅左侧入座，离座时也要从椅子左边离开，这是一种礼仪。当椅子被拉开后，身体在几乎要碰到桌子的距离站直，领位者会把椅子推进来，腿弯碰到后面的椅子时，就可以坐下来了。

入座时，上体要自然挺直、立腰、挺胸，神态要从容自如，双肩平正放松，两臂自然弯曲放在腿上，亦可放在椅子或是沙发扶手上，以自然得体为宜，掌心向下。用餐时，上臂和背部要不靠到椅背，腹部和桌子保持约一个拳头的距离。

入座后，不要用手托腮或手肘放在桌上，不要随意摆弄餐具和餐巾。避免不合礼仪的举止体态，例如随意脱下上衣，摘掉领带，卷起衣袖；说话时比比画画，频频离席，或挪动座椅；头枕椅背打哈欠、伸懒腰、揉眼睛、挠头发等。

在欧美，女士入座后通常会直接把手提包放在脚边的地板上，除了晚装的小手包，若把手提包放置桌上是很失礼的行为。可以把手提包放在背后与椅子之间或大腿上（餐巾下）。若邻座没有人，也可放置在邻座椅子上，或挂在专用皮包架上。

（三）进餐

待主人示意进餐开始，即开始进餐。

1. 刀叉使用

使用刀叉进餐时，从外侧往内侧取用刀叉。切东西时左手拿叉按住食物，右手执刀将其切成小块，用叉子送入口中。使用刀时，刀刃不可向外。进餐中放下刀叉时应摆成“八”字形，分别放在餐盘边上。刀刃朝向自身，表示还要继续吃。每吃完一道菜，将刀叉并拢放在盘中。不用刀时，可用右手持叉。发言或交谈时，应将刀叉放在盘上，不可手持刀叉指手画脚。不要一手拿刀或叉，而另一只手拿餐巾擦嘴；也不可一手拿酒杯，另一只手拿叉取菜。要记住，任何时候，都不可将刀叉的一端放在盘上，另一端放在桌上。

2. 吃相文雅

吃东西时要闭嘴咀嚼，不要舔嘴唇或咂嘴。面包一般掰成小块送入口中，不要拿着整块面包去咬。抹黄油和果酱时也要先将面包掰成小块再抹。吃面包可蘸调味汁，吃得连调味汁都不剩是对厨师厨艺的赞赏。如盘内剩余少量菜肴时，不要用叉子刮盘底，更不要用手指相助食用，应以小块面包或叉子相助食用。

吃鱼时不要将鱼翻身，要吃完上层后用刀叉将鱼骨剔掉后再吃下层肉，要切一块吃一块，块不能切得过大。有的带骨头的肉可以用手拿着吃，但若想吃得更优雅，还是用刀较好，可用叉子将整片肉固定（可将叉子朝上，用叉子背部压住肉），再用刀沿骨头插入，把肉切开，最好是边切边吃。

喝汤时不要啜，如汤菜过热，可待稍凉后再吃，不要用嘴吹。如果汤用有握环的碗装，可直接拿住握环端起来喝。

喝咖啡时可以添加牛奶和糖，添加后要用小勺搅拌均匀，然后将小勺放在咖啡的垫碟上。喝时应右手拿杯把，左手端垫碟，直接用嘴喝，不要用小勺一勺一勺地舀着喝。

吃水果时，不要拿着整个水果咬，应先用水果刀切成四瓣再用刀去掉皮、核，用叉子叉着吃。

吃沙拉时，如果沙拉是一大盘端上来则使用沙拉叉吃，如果和主菜放在一起则要使用主菜叉吃。将大片的生菜叶用叉子切成小块，如果不好切可以刀叉并用，一次只切一块，吃完再切，不要将整碗整盘的沙拉都切成小块后再吃。如果主菜沙拉配有沙拉酱，先将沙拉酱浇在一部分沙拉上，吃完这部分后再浇酱，直到碗底的生菜叶部分。

吃面条时要用叉子先将面条卷起，然后送入口中。吃鱼、肉等带刺或骨的菜肴时，不要直接外吐，可用餐巾捂嘴轻轻吐在叉上放入盘内。嘴内有食物切勿说话。剔牙时，用手或餐巾遮口。吃剩的菜，用过的餐具、牙签，都应放在盘内，勿置于桌上。

有些食物可以用手拿着吃，如带芯的玉米、肋骨，带壳的蛤蚌和牡蛎、龙虾、三明治、干蛋糕、小甜饼、某些水果、脆熏肉、蛙腿、鸡翅和排骨（非正式场合）、土豆条或炸薯片、小萝卜、橄榄和芹菜等。必须用手吃时，会附上洗手水，当洗手水和带骨头的肉一起端上来时，意味着“请用手吃”。用手拿东西吃之前或之后，将手指放在装洗手水的碗里洗净。吃一般的菜时，如果把手指弄脏，可请侍者端洗手水来，洗完后不可甩手。

3. 饮酒有仪

（1）西餐酒水搭配　正式西餐宴会，酒水是主角，十分讲究与菜肴的搭配。一般来讲，每吃一道菜，便要换上一种酒水。宴会上所用酒水可分为餐前酒、佐餐酒和餐后酒三种，每种又有许多具体的种类。选择佐餐酒的一般原则是“白酒配白肉，红酒配红肉”。

（2）饮酒注意事项　不同的酒水配用不同的专用酒杯。餐桌上横排着的几个酒水杯一般按照由外侧向内侧的顺序依次取用，也可根据女主人的选择紧随其后。在酒店就餐时，酒类服务通常由服务员负责将少量酒倒入酒杯中，让客人鉴别一下品质是否有误，只需把它当成一种形式，喝一小口并回签“Good”。接着，侍者会来倒酒，这时，应把酒杯放在桌上由侍者去倒。喝酒时绝对不能吸着喝，而应倾斜酒杯，将酒放于舌头上晾，轻轻摇动酒杯让酒与空气接触增加酒味的醇香。注意不能一饮而尽或者边喝边透过酒杯看人，这些都是失礼的行为。也不要用手指擦杯沿上的口红印，用面巾纸擦较好。

拓展阅读

吃西餐的六个“M”

第一，“menu”（菜单）。进西餐馆，服务员先领您入座，待您坐稳，首先送上来的便是菜单。菜单被视为餐馆的门面，用最好的面料做菜单的封面，有的甚至用软羊皮制作并且打上各种美丽的花纹。点菜绝招之一是打开菜谱，看哪道菜是以饭店名称命名的，一定值得食用，因为这是厨师们下足功夫做出的特色菜。看菜单点菜已成了吃西餐必不可少的程序。

第二，“music”（音乐）。高级西餐厅要有乐队，演奏一些柔和的乐曲，一般的小西餐厅也播放一些美妙的乐曲。但这里最讲究的是乐声的“可闻度”，即声音要达到“似听到又听不到的程度”，也就是说，要集中精力和友人谈话就听不到，要想休息放松一下就听得到。

第三，“mood”（气氛）。西餐讲究环境雅致，气氛和谐。一定要有音乐相伴，有洁白的桌布，有鲜花摆放，所有餐具一定洁净。如遇晚餐，要灯光黯淡，桌上要有红色蜡烛，营造浪漫、迷人、淡雅的气氛。

第四，“meeting”（会面）。和谁一起吃西餐，要有所选择。一定要与亲朋好友或者趣味相投的人。吃西餐主要以联络感情为主，不要在西餐桌上谈生意。所以西餐厅内，少有面红耳赤的场面出现。

第五，“manner”（礼俗）。也称为“吃相”和“吃态”，要遵循西方习俗，勿有唐突之举，特别在手拿刀叉时，若手舞足蹈，就会“失态”。西餐宴会，主人都会安排男女相邻而坐，讲究“女士优先”的西方绅士，都会表现出对女士的殷勤。

第六，“meal”（食品）。一位美国美食家曾这样说：“日本人用眼睛吃饭，料理的形式很美；吃我们的西餐，是用鼻子的，所以我们鼻子很大；只有你们伟大的中国人才懂得用舌头吃饭。”中餐以“味”为核心，西餐以营养为核心。

（资料来源：北京外事网 http://www.bjfao.gov.cn）

第三节　自助餐礼仪

自助餐也称冷餐会，是起源于西餐的一种就餐方式。厨师将烹制好的冷、热菜肴及水果点心陈列在餐厅的长条桌上，由客人随意取食、自我服务。

西餐传入中国后，自助餐随之传入我国。这种就餐方式最早出现在20世纪30年代外国人在中国开的大饭店里，它真正被老百姓接纳是在20世纪80年代后期，随着中国对外开放，新兴的旅游合资宾馆、酒店将自助餐推广到我国大众化餐饮市场，自助餐以其形式多样、菜式丰富、营养全面、价格低廉、用餐简便而深受消费者喜爱。

一、自助餐的特点

1. 自助餐优点

相对于中餐和其他西餐形式，自助餐有以下优点。

第一，免排座次。正规的自助餐，不固定用餐者的座次，有的甚至不为其提供座椅，这样既可免除座次排列之劳，还可便于用餐者自由交际。

第二，节省费用。自助餐多以冷食为主，可以不上高档的菜肴、酒水，故可大大节约主办者的开支，避免浪费。

第三，招待多人。每逢需要为众多人士提供饮食时，自助餐不失为首选，它不仅可用来款待数量较多的来宾，而且还能较好地处理众口难调的问题。

第四，各取所需。享受自助餐，用餐者碰上自己偏爱的菜肴可以随意取用，不必担心他人会为此嘲笑自己。

2. 自助餐菜肴特点

自助餐种类比较多，档次也有很大的差别。自助餐食物一般包括冷菜、汤、热菜、点心、甜品、水果以及酒水等几种类型，其享用一般顺序如下。

第一是开胃菜，基本上是具有特色风味的咸、酸为主的冷菜。

第二是汤，包括浓汤和清汤。

第三是鱼类菜肴，包括各种淡水鱼、海水鱼、贝类等。餐厅档次的高低都从这道菜开始明显体现，档次越高的餐厅，鱼类菜肴越多，且越珍贵。

第四是肉禽类菜肴，也称为主菜，有牛肉、羊肉、猪肉，也有鸡肉、鸭肉、鹅肉等，可煮、炸、烤、焖。牛排、羊排等肉禽的新鲜度和烹调口味体现着自助餐厅的档次和功底。

第五是蔬菜类。蔬菜类菜肴一般安排在肉类菜肴之后，也可以与肉类菜肴同时食用，品种有生菜类，也有熟食类。有些餐厅会安排厨师现场制作一些烤、烧类菜品，客人现点现食，以保证火候和新鲜程度。

第六是甜品，一般在主菜之后食用，如果冻、薄饼、冰激凌等，最后是水果。

二、自助餐礼仪

自助餐礼仪分为安排自助餐的礼仪与享用自助餐的礼仪两个部分。

（一）安排自助餐

安排自助餐的礼仪，指的是自助餐的主办者在筹办自助餐时的规范性，一般而言，它包括用餐时间、就餐地点、食物准备、客人招待四个方面。

1. 用餐时间

在商务交往中，自助餐大都被安排在各种正式的商务活动之后，作为其附属的环节之一，而不宜以此作为一种正规的商务活动的形式，它很少被安排在晚间举行，而且每次用餐的时间不宜超过1个小时。自助餐的用餐时间没有特别规定，只要主人宣布用餐开始，大家即可开始就餐。用餐期间，就餐者可随到随吃，不必非要在主人宣布用餐开始之前在场边恭候。享用自助餐也不像正式宴会那样，必须统一退场，用餐者只要觉得吃好了，与主人告辞后，随时可以离去。通常，自助餐是无人出面正式宣告其结束的。

2. 就餐地点

自助餐安排在室内外进行皆可，如大型餐厅、露天花园。有时，亦可外租、外借与此相类似的场地。在选择、布置自助餐就餐地点时，须考虑三个因素：一是空间够用，既能容纳全部就餐人员，又能为其提供足够的交际空间；二是环境宜人，须兼顾安全、卫生、温度、湿度等问题，就餐环境如异味扑鼻、过冷过热、空气不畅、过于拥挤，都会影响就餐效果，在室外就餐时，往往需要提供适量遮阳伞；三是桌椅够用，自助餐分为设座位和不设座位两种，无论哪一种，都要考虑就餐者的歇脚需求，预先摆放好一定数量的桌椅，供就餐者自由使用。

3. 食物准备

自助餐所备食物在品种上应多多益善。备菜要兼顾共性与个性：共性在于，提供冷食为主；个性在于，强调有所侧重。有时以冷菜为主、有时以甜品为主、有时以茶点主、有时以酒水为主，还可酌情安排一些时令菜肴或特色菜肴。为了方便就餐者选择，同一类型的食物应集中在一处摆放。同时，还须注意食物的卫生以及热菜、热饮的保温问题。

4. 客人招待

招待客人是自助餐主办者的责任和义务，有以下三个方面需要注意。

一是照顾好主宾。在任何情况下，主宾都是主人照顾的重要对象。主人在自助餐上对主宾所提供的照顾，主要表现在陪同其就餐，与其进行适当交谈，为其引见其他客人等。同时，要留给主宾自由活动的时间，不要始终伴随其左右。

二是充当引见者。自助餐给参加者提供了主动、适度的交际平台，主人要尽可能地为彼此互不相识的客人多创造相识的机会，并积极为其牵线搭桥，充当介绍人。

三是安排服务者。小型的自助餐主人可以充当服务者。若是大规模自助餐，则须有专门的服务人员。自助餐的侍者须由健康而敏捷的男性担任，其主要职责是主动为就餐者提供辅助性服务：推着装有各类食物的餐车，或是托着装有多种酒水的托盘，在来宾之间巡回走动，供宾客自由取用，并负责补充供不应求的食物、饮料、餐具等。

（二）享用自助餐

享用自助餐的礼仪，是指就餐者所需要遵循的礼仪规范。涉及以下六点。

1. 排队取食

自助餐用餐较为自由，但并不意味着随心所欲。在取菜时，大家必须自觉维护公共秩序，讲究先来后到，排队选用食物，不要拥挤、争抢、插队。取菜之前，先准备一只食盘。轮到自己取菜时，使用公用餐具将食物装入自己的食盘之内，然后迅速离去。切勿在众多食物面前犹豫再三，让身后人久等，更不应该在取菜时挑挑拣拣，甚至直接下手或用自己的餐具取菜。

2. 循序取食

享用自助餐，首先要了解取菜顺序，然后循序渐进。一般自助餐取菜的先后顺序是：冷菜、汤、热菜、点心、甜品和水果。取食时，最好先在供食区转一圈，对所有食物心中有数后，再去择取食物。

3. 量力而行

享用自助餐，必须量力而行，不要贪多，看见喜欢的食物就狂取一通，结果力不从

心，导致食物浪费。多吃是允许的，而浪费食物则不允许。为了避免浪费，要遵守“多次少取”原则，不能为了省事而一次取用过量，装得太多，若多种菜肴盛在一起，会导致五味杂陈，相互串味。

4. 避免外带

不论是由主人亲自操办的自助餐，还是对外营业的自助餐，都有一项规定，即只允许在用餐现场自行享用，不允许携带食物回家。

5. 送回餐具

用餐结束后，一般要自觉地将餐具送至回收处。在庭院、花园里享用自助餐时，尤其应当如此。在餐厅里用餐，餐具虽然可以由侍者收拾，但如果自己的餐桌上杯盘狼藉、不堪入目也是失礼之举，应在离去前对其稍加整理。

6. 友好相处

就餐期间，须与他人和睦相处，对于不相识的用餐者，应当以礼相待。在排队、取食、寻位期间，主动谦让他人。同时，积极交际，主动寻找机会与主人攀谈，与老朋友叙旧，并争取多结识新朋友，不应只顾埋头大吃，或者来了就吃，吃了就走。

第四节　酒水礼仪

酒水是酒类和水类的统称。含有酒精的饮料就是通常所说的酒，包括白酒、啤酒、葡萄酒、黄酒等。还有不含酒精的软饮料，比如茶、咖啡、水、果汁等其他类型的饮料。以茶待客、以酒会友，古往今来，酒水一直在人际交往中扮演着重要角色。

一、饮酒礼仪

酒是人类生活的主要饮料之一，它不仅是客观的物质存在，而且是一种文化象征。饮酒也是社交场合常见的交际方式，从饮酒中可以看出一个人的素质、修养和品位。

（一）选酒

1. 中餐中酒菜的搭配

若无特殊规定，正式中餐宴会通常上白酒与葡萄酒，而且葡萄酒多是甜红葡萄酒，因为红色充满喜气，不少人对口感不甜、微酸的干红葡萄酒不认同，而甜味大多能被认可。在搭配菜肴方面，中餐所选的酒水讲究不多。爱喝什么酒就可以喝什么酒，想什么时候喝酒亦完全自便。啤酒一般不上正规的中餐宴会，在便餐、大排档中颇为多见。

2. 西餐中酒菜的搭配

西餐宴会中的酒分为以下三种。

（1）餐前酒　也叫开胃酒，是在用餐之前饮用，或在吃开胃菜时饮用。主要有鸡尾酒、威士忌、香槟酒和味美思（味美思是以葡萄酒为酒基，用芳香植物的浸液调制而成的加香葡萄酒）等。最常见的香槟杯是郁金香型酒杯，杯身像一个细长的管子，像郁金香花蕾一样。香槟酒的标准拿法是大拇指、食指和中指三个手指捏杯腿。香槟酒最佳的饮用温度是4摄氏度左右。

（2）佐餐酒　也叫餐酒，是正式用餐时饮用的酒水，西餐的佐餐酒均为葡萄酒，而且多为干葡萄酒或半干葡萄酒。选择佐餐酒的一般原则是“白酒配白肉，红酒配红肉”，即白葡萄酒配海鲜类菜，红葡萄酒配肉类、禽类菜。喝葡萄酒时，正确的拿杯姿势是用大拇指、食指和中指夹住高脚杯杯柱，便于欣赏酒的色泽和摇晃酒杯释放酒香。

（3）餐后酒　是用来消化的酒水，比较有名的是白兰地。白兰地最佳饮用温度是20摄氏度以上，因此白兰地酒杯是大肚子、小口、矮腿，方便用手掌加温；标准拿法是用中指和无名指夹着杯腿，让整个酒杯坐在手掌之上，用手掌托着杯子。

西餐品酒的三个步骤是观其色、闻其香、品其味。

（二）斟酒

入席后，主人应当首先为客人斟酒，酒瓶应当场打开，斟酒时应右手持酒瓶，将商标朝向宾客。斟酒的姿势要端正，应站在客人身后右侧，身体既不要紧靠客人，也不能离得太远，身微前倾，右脚伸入两椅之间，是最佳的斟酒位置。斟酒时，酒杯应放在餐桌上，瓶口不要碰到酒杯口，距离约2厘米为宜。中餐在斟倒各种白酒时，一律以八分为宜，以示对宾客的尊重。西餐斟酒不宜太满，一般红葡萄酒斟至杯的1/2，白葡萄酒斟至杯的2/3为宜。斟香槟酒要分两次进行，先斟至杯的1/3处，待泡沫平息后，再斟至杯的2/3即可。若是啤酒，斟酒要慢，使之沿着酒杯边流入杯内，避免产生大量泡沫。

中餐宴席斟酒的顺序一般是从主宾开始，主宾在先，主人在后，女士在前，男士在后。然后依座次按顺时针为客人斟上酒水或饮料。如果在座有年长者或职务较高的同事，或远道而来的客人，应先给他们斟酒。

依照餐饮的礼节，当服务员或他人为自己斟酒时，不可端起酒杯。别人为自己斟酒时，单手扶杯或一只手的食指和中指微屈，轻叩桌面以示谢意，切不可不理会斟酒者，表现出傲慢的态度。

（三）祝酒

正式宴会上，主人与主宾还会郑重其事地发表专门的祝酒词，祝酒词要围绕聚会的中心话题，语言应简短、精练、亲切，有一定内涵，能为宴会创造良好的气氛。碰杯时，主人和主宾先碰，然后再与其他客人一一碰杯。如果人数较多，则可以同时举杯示意，不一定碰杯。

规模较大的宴会上，主人将依次到各桌敬酒，每桌可派一名代表到主人餐桌上回敬一杯。主人敬酒时，各桌人员应起立举杯，碰杯时要目视对方致意。当主桌未祝酒时，其他桌不可先起立或串桌祝酒。客人不宜先提议为主人干杯，以免喧宾夺主。

（四）饮酒

主人讲话时不可举杯敬酒，这样对发言者来说是很不礼貌的。

饮用两种以上同类的酒时，应当从较低级别的酒喝起。喝两种以上的葡萄酒，应从味道淡的酒喝起。一样品牌的酒，先从年代较近的酒开始，渐至陈年老酒。

饮酒前先以餐巾擦唇。用餐时嘴边可能沾有油污或肉汁，喝酒前轻轻擦一擦嘴唇是有必要的，喝酒如此，喝饮料也应如此。

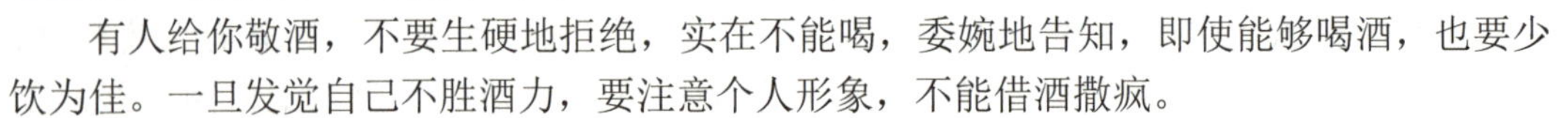

有人给你敬酒，不要生硬地拒绝，实在不能喝，委婉地告知，即使能够喝酒，也要少饮为佳。一旦发觉自己不胜酒力，要注意个人形象，不能借酒撒疯。

劝酒要礼貌，主人看到某人酒杯空了，要有礼貌地询问 :“是否需要再喝一杯？”如果被劝者用手遮掩杯口并说不想喝了，则不必勉强。

温馨提示

喝酒禁忌

- 碰到需要举杯的场合，切忌贪杯，头脑要清醒，不可见酒而忘乎所以。
- 工作前不得喝酒，以免与人谈话时酒气熏人。
- 交际酒会，与会者不要竞相赌酒、强喝酒，喝酒如拼命，劝酒如打架，就会把文明礼貌的交际变成粗俗无礼的行为。
- “舍命陪君子”是饮酒者的不自量行为，劝酒不成而恼羞成怒则是劝酒者的无礼无德。
- 喝酒忌猜拳行令，吵闹喧嚣，粗野放肆。公共场合不得划拳，家庭私人酒会一般也不宜划拳，如特殊需要应注意不要干扰邻居，不违主人意愿、聊以助兴即可。
- 忌酒后无德，言行失控。酒能麻醉人的神经，使人思维混乱，言语行为失控。如果借酒发疯，胡言乱语，说一些平时难以出口的话，做一些丑态百出的事，往往使人追悔莫及。
- 女性在饮酒时要特别注意举止优雅，浅尝辄止，不要因为自己的酒量大，就不顾礼仪，失了风度。

二、饮茶礼仪

中国是茶的故乡，有着悠久的种茶历史以及严格的敬茶礼节，还有着奇特的饮茶风俗。茶礼有缘，古已有之。“客来敬茶”，是中国汉族同胞最早重情好客的传统美德与礼节。直到现在，宾客至家，总要沏上一杯香茶 ；喜庆活动，也喜用茶点招待 ；开个茶话会，既简便经济，又典雅庄重。

（一）茶的种类

1. 绿茶

绿茶是一种不经发酵制成的茶，以适宜茶树新梢为原料，经杀青、揉捻、干燥等典型工艺过程制成的茶叶。其干茶色泽和冲泡后的茶汤、叶底以绿色为主调，故名。我国绿茶主要有西湖龙井、太湖碧螺春、恩施玉露、黄山毛峰、君山银针、信阳毛尖、庐山云雾茶等。绿茶较多保留了鲜叶内的天然物质。其中茶多酚咖啡碱保留鲜叶的85%以上，叶绿素保留50%左右，维生素损失也较少，从而形成了绿茶“清汤绿叶，滋味收敛性强”的特点。科学研究表明，绿茶中保留的天然物质成分，对防衰老、防癌、抗癌、杀菌、消炎等均有特殊效果，为其他茶类所不及。

2. 红茶

红茶是一种经过发酵制成的茶。因其叶片及汤呈红色，故得此名。红茶是目前备受全世界人民欢迎的茶叶之一。世界上红茶的品种很多，产地也很广，除我国以外，印度、斯里兰卡也有类似的红碎茶生产。我国著名的红茶有安徽祁红、正山小种、云南滇红、湖北宜红、四川川红、金骏眉等。红茶在初制时，鲜叶先经萎凋，减重约30%～45%，增强酶活性，然后再经揉捻或揉切，发酵或烘干，形成红茶红汤红叶、香味甜醇的品质特征。红茶既能防治心梗和抗衰老，还能帮助胃肠消化、促进食欲，可利尿、消除水肿，并强壮心肌功能，其抗菌力也较强，用红茶漱口可防感冒，并预防蛀牙与食物中毒，降低血糖值与高血压。

3. 花茶

花茶是成品绿茶之一。将香花放在茶胚中窨制而成。常用的香花有茉莉、桂花、玫瑰、柚花、玉兰花等。花茶集茶味与花香于一体，茶引花香，花增茶味，相得益彰，既保持了浓郁爽口的茶味，又有鲜灵芬芳的花香，冲泡品吸，花香袭人，令人心旷神怡。医学研究表明，许多花饮具有药用价值，但与其他中药一样，都有其适应人群，如菊花茶具有清热解毒作用，但对中医所指的阳虚体质就不太适合；红花茶具有活血化瘀的作用，但若用法不当，会造成经血不止或心脑血管疾病。几乎所有的花茶都不能长期大量饮用，应根据人的具体情况科学选择。

4. 乌龙茶

乌龙茶是一种半发酵茶，因其叶片中心为绿色，边缘为红色，俗称绿叶红镶边。主要产于我国福建、广东、台湾等地区。一般以产地的茶树命名，如铁观音、大红袍、乌龙、水仙、单枞等。乌龙茶综合了绿茶和红茶的制法，其品质介于绿茶和红茶之间，既有红茶浓鲜味，又有绿茶清香，并有"绿叶红镶边"的美誉。品尝后齿颊留香，回味甘鲜。饮用乌龙茶可以提高分解脂肪的酵素，脂肪代谢量也相对地提高了，所以具有减肥之功能。此外，每天喝1000毫升乌龙茶，可以改善皮肤过敏的状况，抑制胆固醇上升。饭后饮一杯乌龙茶除了能生津止渴、口气清爽之外，还有预防蛀牙的功效。

5. 白茶

白茶是一种轻微发酵茶，选用白毫特多的芽叶，以不经揉炒的特异精细的方法加工而成。白茶的鲜叶要求"三白"，即嫩芽及两片嫩叶均有白毫显露。成茶满披茸毛，色白如银，故名白茶。白茶分大白、水仙白、山白等类，主要产地在福建省福鼎市和南平市政和县。饮白茶能治糖尿病，预防脑血管病，可以降血压，还可抗病毒、提高免疫力。

6. 砖茶

砖茶属紧压茶，是用绿茶、花茶、老青茶等原料茶经蒸制后放入砖形模具压制而成，主要产于云南、四川、湖南、湖北等地。砖茶起源于唐代太和年间，是我国内蒙古、新疆、西藏、宁夏、甘肃等地区居民生活的必需品，也为日本、俄罗斯、英国、马来西亚等国家所喜爱。由于边疆民族肉、奶食品吃得较多，蔬菜较少，而喝茶既可消食去腻，又可补充人体所需的多种维生素和微量元素，故有"宁可一日无食，不可一日无茶"之说。长期饮用砖茶，能够帮助消化，有效促进调节人体的新陈代谢，对人体起着一定的保健和病理预防作用。数百年来，砖茶以其独特的、不可替代的作用和功效，与奶、肉并列，成为我国西北地区各族人民的生活必需品，被誉为“中国古丝绸之路上神秘之茶、西北少数民族生命之茶”。

（二）饮茶礼仪

1. 上茶要讲究

一般来讲，客人在开会或在接待室里，给客人上茶从右后侧上比较好，因为一般人都用右手去端茶杯，杯的把手，也就是杯耳应该朝外，这样客人伸手好拿。

上茶的顺序也有讲究。一般应先宾后主、先尊后卑、先女后男。如果宾主双方不止一人，正确的顺序是先给客人上，给客人上的时候按照顺序，地位高的先上，地位低的后上，然后再给主人上，也是地位高的主人先上，地位低的后上。

2. 品茶要优雅

不论是主人还是客人，都不应大口吞咽茶水，或发出“咕咚咕咚”的声音。应先捧到鼻子边上嗅一嗅，然后一小口一小口地仔细品尝，茶水在嘴里含一含，舌头浸一浸，然后再慢慢地咽下去。遇到漂浮在水面上的茶叶，可用茶杯盖拂去，或轻轻吹开，切不可用手从杯里捞出来扔在地上，也不要吃茶叶。

3. 请茶要适当

放置茶壶时，壶嘴不能正对他人，否则表示请人赶快离开。斟茶时只斟七分即可，暗寓“七分茶三分情”之意。俗话说：“茶满欺客”，茶满不便于握杯啜饮。我国旧时有以再三请茶作为提醒客人应当告辞了的做法，因此提醒大家在招待老年人或海外华人时要注意，不要一而再、再而三地劝其饮茶。

西方常以茶会作为招待宾客的一种形式，茶会通常在下午4时左右开始，设在客厅之内。准备好座椅和茶几就行了，不必安排座次。茶会上除饮茶之外，还可以上一些点心或风味小吃，国内现在也以茶会招待外宾。

三、饮用咖啡礼仪

咖啡与茶叶、可可并称为世界三大饮料。日常饮用的咖啡是用咖啡豆配合各种不同的烹煮器具制作出来的，咖啡豆就是取咖啡树果实内之果仁，再用适当的方法烘焙而成。

咖啡之所以受欢迎，主要是由于它含有数百种对人体健康有益的成分。

尽管咖啡富含对身体有益的物质，但是过度饮用并不可取。专家指出，喝咖啡最好掌握一定的时间，要适时适度适量。例如，清晨起床后，来一杯咖啡可以醒脑，白天工作时轻呷一口咖啡可以提神，而餐后或晚间饮咖啡以略清淡为宜。

（一）咖啡种类

常用的咖啡有如下几种。

1. 黑咖啡

又称“清咖啡”，指直接用咖啡豆烧制的咖啡，加奶等会影响咖啡原味的饮用方式。速溶咖啡是不属于黑咖啡的范围的。

2. 白咖啡

在咖啡中加入牛奶。

3. 加味咖啡

依据各地口味的不同，在咖啡中加入巧克力、糖浆、果汁、肉桂、肉豆蔻、橘子花等不同调料。

4. 浓缩咖啡

或称意式浓缩咖啡，以极热但非沸腾的热水，借由高压冲过研磨成很细的咖啡粉末冲煮出的咖啡。

5. 卡布奇诺

蒸汽加压煮出的浓缩咖啡加上搅出泡沫（或蒸汽打发）的牛奶，有时还依需求加上肉桂或香料或巧克力粉。通常咖啡、牛奶和牛奶沫的比例各占1/3。

6. 拿铁咖啡

拿铁咖啡又称“欧蕾咖啡”，是咖啡加上大量的热牛奶和糖，又称“咖啡牛奶”，由一份浓缩咖啡加上两份以上的热牛奶，也可依需求加上两份浓缩咖啡，称为“Double”。

7. 焦糖玛奇朵

在香浓热牛奶中加入浓缩咖啡、香草，最后淋上纯正焦糖。

8. 摩卡咖啡

咖啡中加入巧克力、牛奶和搅拌奶油，有时加入冰块。

9. 美式咖啡

浓缩咖啡加上大量热水，但比普通的浓缩咖啡柔和。

10. 爱尔兰咖啡

在咖啡中加入威士忌，顶部放上奶油。

11. 鸳鸯咖啡

鸳鸯咖啡是我国香港地区流行的新式咖啡。咖啡和红茶一半一半地搭配，故名为“鸳鸯”。因咖啡属燥热性饮料，红茶属温凉性饮料，仿佛一对同命鸳鸯，无论水深火热、冰天雪地，都是生命共同体。

（二）饮用礼仪

1. 端杯

在餐后饮用的咖啡，一般都是用袖珍型的杯子盛出。这种杯子的杯耳较小，手指无法穿过去。但即使用较大的杯子，也不要用手指穿过杯耳再端杯子，应用大拇指和食指捏住杯把再将杯子端起。

2. 托碟

盛放咖啡的杯碟都是特制的，应当放在饮用者的正面或者右侧，杯耳指向右方，杯碟不分开。饮咖啡时，可以用右手捏着杯耳，左手轻轻托着咖啡碟，慢慢地移向嘴边轻啜。不宜满把握杯、大口吞咽，也不宜俯首去就咖啡杯。喝咖啡时，不要发出声响。添加咖啡时，不要把咖啡杯从咖啡碟中拿起来。

3. 加糖

给咖啡加糖时，砂糖可用咖啡匙舀取，直接加入杯内；也可先用糖夹子把方糖夹在咖啡碟的近身一侧，再用咖啡匙把方糖加在杯子里。如果直接用糖夹子或手把方糖放入杯内，可能会使咖啡溅出，从而弄脏衣服或台布。

4. 用匙

咖啡匙是专门用来搅咖啡的，饮用咖啡时应当把它取出来，放于碟子左边或横放于靠近身体的一侧。不要用咖啡匙舀着咖啡一匙一匙地慢慢喝，也不要用咖啡匙来捣碎杯中的方糖。

5. 勿吹

刚刚煮好的咖啡太热，可以用咖啡匙在杯中轻轻搅拌使之冷却，或者待其自然冷却后再饮用。用嘴试图去把咖啡吹凉，是不文雅的动作。

6. 佐餐

有时喝咖啡可以吃一些点心，但不要一手端着咖啡杯，一手拿着点心，吃一口喝一口地交替进行。喝咖啡时应当放下点心，吃点心时则放下咖啡杯。

7. 适量

喝咖啡不能像喝茶或可乐一样，连续喝三四杯，正式的咖啡杯的分量是刚好，一般以80～100毫升为宜。

拓展训练

一、请你分析

小丽是刚毕业的大学生，在一家服装贸易公司工作。“三八”妇女节那天，公司为全体女职工举办了大型西式自助餐会。因为第一次吃西餐，小丽在餐会上出了不少“洋相”。餐会一开始，她端起桌上面前的盘子去取菜，之后却发现那是装食物残渣的盘子；为节省取食的路途，她从离自己最近的水果沙拉开始吃，却发现同事们都在吃冷菜，她只得开玩笑地说自己要减肥；因为刀叉位置放得不正确，她面前还没吃完的菜就被服务员收走了……一顿饭下来，小丽浑身不自在。

请问：小丽有哪些失当的举止？她应该怎么做？

二、请你讨论

一天傍晚，法式西餐厅来了一群大学生，说是来为其中一位同学庆祝生日。侍者向他们介绍了一些法国菜，他们不问贵贱，主菜配菜一下子点了几十道，侍者担心他们吃不完，何况菜价不菲，提醒他们是否点多了，但他们毫不在乎。用餐时，杯盘刀叉的撞击声、咀嚼食物的声音始终不绝于耳。用餐中，他们不停地大声说笑，还四处拍照合影。邻座的客人向店方提出强烈抗议，要求他们马上停止喧闹，否则就要求换座位。侍者把客人的抗议转述给他们，他们却不以为然。

请问：这群大学生就餐有何不妥？你在餐厅是否也发现过不守礼仪规则的食客？

三、请你安排

王女士是武汉一家外贸公司的公关部经理，这天，公司来了一个英国某公司考察团，准备考察合作项目。考察团包括公司董事长查理及其夫人、公司总裁、总裁助理、市场部经理等一行5人。老板要求王女士安排一场具有中国特色的欢迎晚宴，武汉这家外贸公司的总经理、总经理秘书、副总经理、项目部经理和王女士参加。如果你是王女士，如何做能让双方满意？请根据相关知识，制定一份欢迎晚宴的安排方案。

要求写出：①时间、地点；②菜单安排；③位次排列。

四、请你演讲

请就本校同学们的餐饮礼仪表现进行调研，并以“身边的餐饮礼仪”为题撰写一份调研报告，针对不良现象提出整改意见。在此基础上，由礼仪课程教师组织同学们在班上就此内容进行演讲。

第四章

公共礼仪

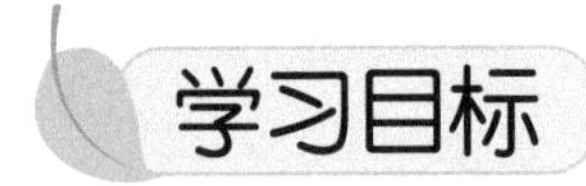

学习目标

- 认知公共礼仪的重要性。
- 领会公共礼仪的基本原则。
- 掌握行路、乘车、乘机、乘船等出行礼仪的基本要求。
- 掌握观光、住宿、购物等旅行礼仪的基本要求。
- 掌握观赛、观剧等观众礼仪的基本要求。
- 能在公共场所表现得体。

案例导入

尴尬的见面

2019年国庆节，在美国某公司任经理的张华回国探亲。一天，他携妻子去武汉某剧院观看音乐剧，刚刚落座，就发现有3个人向他们走来。其中一个边走边伸出手大声地叫："喂！这不是'超人'吗？你怎么回来了？"这时，张华才认出说话的人是自己的高中同学李立。李立是武汉某贸易公司的经理，他今天正好陪着两位从香港来的生意伙伴一起看音乐剧，这对生意伙伴是他交往多年的香港夫妇。

此时，张华和李立都既高兴又激动。李立大声寒暄之后，才想起了张华身边还站着一位女士，就问女士是谁。张华这才想起向李立介绍自己的妻子。待张华介绍完毕，李立高兴地走上去，给了张华妻子一个拥抱礼。这时李立想起了应该向老同学介绍他的生意伙伴。大家相互介绍、握手、交换名片和简单交谈后，就回到各自座位观看音乐剧。

公共礼仪，是指人们置身于公共场合时所应遵守的礼仪规范。它既是个人文明素质的具体体现，又是社会人际关系的桥梁纽带，实践社会公德的基本要求。它是社交礼仪的重要组成部分，也是人们在交际应酬之中所应具备的基本素养。

公共场合，又叫公共场所，指的是可供全体社会成员进行各种活动的社会公用的公共活动空间。例如，街头、巷尾、公园、车站、码头、机场、商厦、图书馆、娱乐场所、交通工具，等等。公共场合最显著的特点，是它的公用性和共享性。它为全体社会成员服务，是全体社会成员进行社会活动的处所。

人具有社会属性，除了个人生活、家庭生活外，人们还必不可少地要置身于公共场合，参与社会生活。在这种情况下，与他人共处，彼此礼让、包容、理解、互助，也是做人的根本。公共礼仪的基本内容，就是人们在公共场合与他人和睦相处、礼让包容的有关行为规范。

学习、应用公共礼仪，应掌握好以下三项基本原则：

一是遵守社会公德。就是要求人们在公共场合要有公德意识，要自觉、自愿地遵守、履行社会公德。不讲社会公德，遵守公共礼仪将无从谈起。

二是不妨碍他人。就是要求人们在公共场合都应当有意识地检点、约束自己的行为，并尽一切可能防止自己的行为影响、打扰、妨碍他人。

三是以右为尊。在公共场合，有时有必要排定位置的主次尊卑，以示礼待他人。在排位时，尤其是在排定并排位置的主次尊卑时，以右为尊的原则是普遍适用的。因此，当需要表示对他人的敬意时，应请其居右。当需要表示自谦时，则应主动居左。

第一节　出行礼仪

每个人都离不开出行，出行包含着一系列礼仪要求。本节主要介绍行路、乘车、乘机、乘船等出行的礼仪规范。

一、行路礼仪

行路，又叫步行。对任何一位正常人来讲，行路都是其活动的基本方式。根据社交礼仪，行路亦须自尊自爱，以礼待人。行路不但有普遍通行的礼仪守则，而且在不同的行路条件下还有不同的要求。

（一）行路基本要求

1. 遵守规则

遵守交通规则是步行安全的重要保障。城市的交通法规对行人和各种车辆的行驶均有严格规定，人人都应自觉遵守。步行要走人行道，不走自行车道或机动车道，还应自觉让出专用的盲道。穿越马路时，一定要从人行横道线处走，并注意红绿灯，不可随意穿越，更不可翻越栏杆，要注意避让来往车辆，确保安全。在有信号指示或交通警察指挥的地方，一定要遵守信号和听从指挥。

2. 文明行路

（1）相互礼让　马路上车水马龙，人来人往，摩肩接踵，因此提倡相互礼让。尽量为

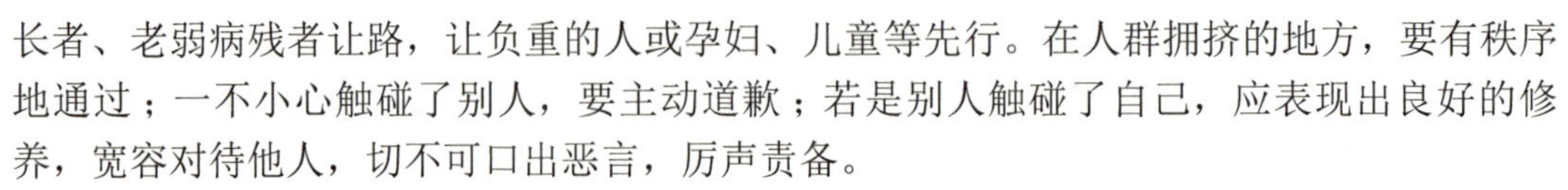

长者、老弱病残者让路，让负重的人或孕妇、儿童等先行。在人群拥挤的地方，要有秩序地通过；一不小心触碰了别人，要主动道歉；若是别人触碰了自己，应表现出良好的修养，宽容对待他人，切不可口出恶言，厉声责备。

（2）严格自律　约束不良行为。行走时不要吸烟或连吃带喝；不要在路上久驻攀谈或是围观看热闹，更不能成群结队在街上喧哗打闹；多人并行、“勾肩搭背”既不雅观，又妨碍他人行走。

3. 礼貌问路

问路需要礼貌，也需要技巧。要选择对象和时机问路，最好不要问正在急于行走的人、正在与人交谈的人和正在忙碌的人。如果民警正在指挥交通，也应尽量不去打扰。问路时要根据对方身份使用尊称，当打扰对方时要说“劳驾”“抱歉”。问路语言要简洁明了，获得答案应诚恳致谢，未获答案也须表达谢意。当遇到他人问路时，应主动告知需乘坐的交通工具。自己不清楚或不确定的，应致歉意。

（二）不同处所行路

1. 多人并行

多人一起并行，尤其是与尊长、异性一起在较为正式的场合步行时，要注意位次排列。多人并排行走时，一般以右为尊，以内侧为尊，以前排为尊。若并行者在3人以上时，则以居中者为尊。

2. 上下楼梯

① 上下楼梯均应靠右单行，不宜多人并排行走。将自己左侧留出来，是为了方便有紧急事务者快速通过。

② 引导受尊重的人，比如老人、女士、客户等上楼梯，请对方走在前面，下楼梯自己走在前面，这样可以保证对方的安全。

③ 尽量少交谈，更不应站在楼梯上或转角处深谈。

④ 保持与前后人员的距离，以防碰撞。

⑤ 步伐要轻，注意姿态、速度，不能拥挤、奔跑。

⑥ 若携带较多物品上下楼梯，应等楼梯上人较少时再走，以免相互影响。

3. 进出电梯

（1）文明等候　当电梯门开始关闭时，不要扒门或强行挤入。电梯载客已满时，应该耐心等待下一趟。当电梯在升降途中因故障暂停时，要及时拨打救援电话，耐心等候。遇火警时不能使用电梯。

（2）出入有序　与陌生人同乘电梯，要依次进出，不要抢行。与熟人同乘电梯，当有人值守时，应后进后出；当无人值守时，应当先进后出，并及时按控制按钮，操控好电梯。

（3）合理站位　电梯内空间比较狭窄，站位很重要。当与陌生人同乘电梯时，或者电梯内人较多时，所有人都要依次“面门而立”；当引领客人同乘电梯，而电梯内又无其他人时，应让对方站在里侧面向门站立，自己则站在电梯控制面板处，侧身与对方呈45度角站立。

（4）勿在电梯内整理仪容　有的电梯内侧装饰了带镜面的材料，这不是用来整理仪容的。尤其是电梯内有他人同乘，切不可面对“镜子”修饰面容或着装；即便电梯内仅你一个人也不要如此，不少电梯内安装了摄像头，你的一举一动都能传进别人“眼”里。整理仪容是很私密的举动，应在家里或公共洗手间内进行。

4. 排队

（1）自觉排队　除了需要特殊照顾的弱势群体，任何人没有特权不排队。排队时，要保持耐心，不要起哄、拥挤或破坏排队。

（2）遵守顺序　排队基本顺序是：先来后到、依次而行。排队时，一定要遵守并维护这一秩序，不仅做到自己不插队，还要做到不让熟人插队。

（3）保持距离　排队时应缓步而行，人与人之间最好保持0.5米左右的间隔，至少不能前胸贴着后背，否则会让人很不舒服，甚至影响他人办事。在银行等机构办理相关业务时，应按指定区域排队；在前人临近窗口办理业务时，后者应在1米线后等待。

二、乘车礼仪

外出时，我们往往需要乘坐各种车辆，尤其是各种机动车辆。车辆有多种类型，下面主要介绍乘坐轿车、公共汽车、火车等机动车辆的礼仪规范。

（一）乘坐轿车

礼仪故事

丘吉尔驾车

有一次，英国首相丘吉尔准备去参加一个重要会议，司机早早去接他。偏偏那天丘吉尔心情特别好，想过把开车瘾，就和司机换了位置，自己开车去了会场。

他们快到会场时，一个工作人员看到了丘吉尔在驾驶汽车，一下子神情慌张起来，跑到大会负责人那里，着急地说："坏了坏了，不知道来了什么大人物！"负责人很奇怪："为什么呢？"工作人员说："丘吉尔为他开车呢！"

乘坐轿车时，应当注意的礼仪问题主要涉及座次、举止、上下车顺序等几个方面。

1. 熟知轿车座次的尊卑

在比较正规的场合，乘坐轿车一定要分清座次的尊卑，并在合适处就座。在非正式场合则不必过于拘礼。

座次礼仪规则可概括为"四个为尊，三个为上"。"四个为尊"是客人为尊、长者为尊、领导为尊、女士为尊，此四类人应为上座；"三个为上"是方便为上、安全为上、尊重为上，以这三个原则安排座次，其中"尊重为上"原则最重要。

轿车上的座次礼仪，主要取决于下述四个因素。

（1）驾驶者身份　轿车的驾驶者一般有两种人：一种是轿车主人，另一种是专职司机。

第一，主人驾车，此时一般称之为社交用车，上座为副驾驶座。这种情况，一般前排座为上，后排座为下；以右为尊，以左为卑。这种坐法体现出"尊重为上"的原则，体现出客人对开车者的尊重，表示平起平坐，亲密友善。

双排五人座轿车，尊卑顺序是：副驾驶座→后排右座→后排左座→后排中座。

双排六人座轿车，尊卑顺序是：前排右座→前排中座→后排右座→后排左座→后排中座。

三排七人座轿车（中排是折叠座），顺序是：副驾驶座→后排右座→后排左座→后排中座→中排右座→中排左座。

三排九人座轿车，顺序是：前排右座→前排中座→中排右座→中排中座→中排左座→后排右座→后排中座→后排左座。

乘坐主人驾驶的轿车时，最重要的是不能冷落主人，也就是不能令前排座位“虚位以待”，一定要有人坐在那里，以示相伴。由男士驾驶自己的轿车时，若夫人或女友在场，她一般应坐在副驾驶座上。

温馨提示

乘车注意事项

由主人驾车送其友人夫妇回家时，其友人之中的男士，一定要坐在副驾驶座上，与主人相伴，而不宜形影不离地与自己夫人坐在后排。若同坐多人，中途坐前座的客人下车后，在后面坐的客人应改坐前座，此项礼节最易被疏忽。另外，在轿车上女性不宜坐于异性中央。

第二，专职司机驾车。此时由于右侧上下车更方便，因此要以右尊左卑为原则，同时后排为上，前排为下。在接待非常重要客人的场合，比如说政府要员、重要外宾、重要企业家，这时候上座是司机后座，因为该位置的隐秘性好，而且是车上安全系数较高的位置。

双排五人座轿车，顺序是：后排右座→后排左座→后排中座→副驾驶座。

双排六人座轿车，顺序是：后排右座→后排左座→后排中座→前排右座→前排中座。

三排七人座轿车（中排是折叠座），顺序是：后排右座→后排左座→后排中座→中排右座→中排左座→副驾驶座。

三排九人座轿车，顺序是：中排右座→中排中座→中排左座→后排右座→后排中座→后排左座→前排右座→前排中座。

（2）轿车的类型　上述方法，主要适用于双排座、三排座轿车，对于其他一些特殊类型的轿车并不适用。

吉普车，简称吉普，它是一种轻型越野轿车，大都是四座车。吉普车底盘高，功率大，主要功能是越野，减震及悬挂太硬，坐在后排颠簸得厉害。不管由谁驾驶，吉普车上座次的尊卑顺序是：副驾驶座，后排右座，后排左座。

多排座轿车，指的是四排及四排以上座位的大中型轿车。其不论由何人驾驶，均以前排为上，后排为下；以右为尊，以左为卑；并以距离前门的远近来排定其具体座次的尊卑。

以一辆六排十七座的中型轿车为例，依次应为：第二排右座→第二排中座→第二排左座→第三排右座→第三排中座→第三排左座→第四排右座……

（3）座次的安全　从某种意义上讲，乘坐轿车理当优先考虑安全问题。在轿车上，后排座比前排座要安全得多。最不安全的座位，当数前排右座。最安全的座位，则当推后排左座（驾驶座之后），或是后排中座。

当主人亲自开车时，之所以以副驾驶座为上座，既是为了表示对主人的尊重，也是为了显示与之同舟共济。由专人驾车时，副驾驶座一般也叫随员座，坐于此处者通常为随员、译员、警卫，等等。因此，一般不让女士坐于专职司机驾驶的轿车的前排座，孩子与尊长也不宜在此处就座。

（4）嘉宾的意愿　通常，在正式场合乘坐轿车时，应请尊长、女士、来宾就座于上座，这是给予对方的一种礼遇。但与此同时，务必讲究“主随客便”，必须尊重嘉宾本人对轿车座次的选择，嘉宾坐在哪里，即应认定哪里是上座。即便嘉宾不明白座次，坐错了地方，也不要轻易指出或纠正。

2. 注意上下轿车的姿态

上车下车，看似简单，其实大有学问，对于女士而言，尤显重要。女士上下轿车，上车一般采用背入式，即将身子背向车厢入座，坐定后随即将双腿同时缩入车厢，如穿长裙，在关上门前应先将裙子理好。下车采用正出式，准备下车时，应将身体尽量移近车门，车门打开后，先将双腿踏出车外，然后将身体重心移至双脚，头部先出，然后再把整个身体移离车外。这样可以有效避免“走光”，也会显得姿态优雅。特别注意不要上车时弯着腰，头先往车里一钻，臀部朝外，很不雅观。

3. 讲究上下轿车的顺序

上下轿车的先后顺序也是有礼可循的。倘若条件允许，应请尊长、女士、来宾先上车、后下车。具体而言，又分为多种情况，主要情况如下。

（1）主人亲自驾车　主人驾驶轿车时，出于对乘客的尊重和照顾，如有可能，应后上车，先下车。

（2）分坐于前后排　乘坐由专职司机驾驶的轿车时，坐于前排者，大都应后上车，先下车，以便照顾后排者，因为此时，后排客人是受尊重的一方。

（3）同坐于后排　应请尊长、女士、来宾从右侧车门先上，自己再从左侧车门后上车；下车时，自己先从左侧下，从车后绕过来帮助对方。

若车停于闹市，左侧车门不宜开启，则于右门上车时，自然里座先上，外座后上；下车时相反。总之，以方便易行为宜。

（4）折叠座位轿车　为上下车方便，坐在折叠座位上的人应当最后上车，最先下车。

（5）乘坐多排轿车　乘坐多排轿车时，通常应以距离车门的远近为序。上车时，距车门最远者先上，其他人随后由远而近依次上车。下车时，距车门最近者先下，其他人随后由近而远依次下车。

（二）乘坐公共汽车

公共汽车是人们出行的重要交通工具，方寸之间应对进退的礼貌大有学问。

1. 依次排队，按序上车

如果乘坐公共汽车出行，要在候车站台上依次自觉排队候车。当车进站后，要遵守公共汽车前门上、后门下的规定（如果该车没有此规定则另当别论），排队上车，不可争先恐后地乱挤乱撞。遇老、弱、病、残、孕和抱小孩者，应主动让其先上或给予帮助。上车后，主动刷卡、投币或购票，并尽量往车厢里面走，不要堵在车门口。

2. 照顾让人，主动让座

一般公共汽车设有老、弱、病、残、孕专座。这些座位即使空着，也不应去坐，更不能假冒身份去混座位坐。应当主动给老、弱、病、残、孕和抱小孩者让座。当身边出现空位时，要讲究谦让，看看身边有没有需要照顾的人，不要急忙坐下或与他人抢坐。如果他人给自己让座，一定要表示感谢。有的人爱抱着自己的宠物乘坐公共汽车，甚至让宠物占据一个座位，其实这是很不文明的行为。

3. 合理站位，互相礼让

在车上，不要只图自己方便而横站在车厢中央，堵塞人们穿行的通道。在可能的情况下，应尽可能与他人保持一段距离。如果因为车辆摇晃、紧急刹车或者不小心碰撞、踩踏了别人，应立即道歉。如果他人因此向自己致歉，应当大度地表示“没关系”。

4. 举止文明，言语得体

在车上，如果坐在座位上，不要跷起二郎腿，以免妨碍其他乘客经过或蹭脏别人的衣服。如果站着，要扶好扶手，不要背靠在别人坐着的椅背上。乘车吃东西既不卫生，也不礼貌。车厢内禁止吸烟，不要随地吐痰，不要乱扔果皮纸屑。如咳嗽或打喷嚏，要用手帕捂住口鼻。夏天乘车还要注意衣着文明，男性不能赤膊露背，女性最好不穿过短的衣裙。如果与熟人同行，说话时不要大吵大嚷，接打电话也尽量放低音量，不可目中无人。

5. 注意安全，保证平安

在车上，要将随身携带的物品放到适当位置，如小件随手拿着，大件放在边角处，不要因乱放而妨碍他人乘车和安全。不能后背倚着车窗，将手伸出窗外或将头探出窗外，也不要在过道上乱晃，同时要注意不要手扶门缝、窗缝等处，避免出现意外。碰到下雨天带伞，要伞尖朝下，防止戳伤别人，并尽量避免将雨水溅到他人身上，更不能将有碍安全隐患的物品带上公共汽车。

温馨提示

公共汽车座位的优劣

公共汽车上的座位也有优劣之分，一般是前座高于后座，右座高于左座。有的公共汽车上的座位被安排在通道两侧，一般应当以面对车门一侧为上座，以背对车门的一侧为下座。了解这些有助于跟认识的人一起乘车时合理安排座位。

6. 提前准备，有序下车

如果准备在某一站下车，在车到站前，应当提前做好下车准备。如果自己不靠近车门，应当先礼貌地询问前面的乘客是否下车，如果前面的乘客不下车，要设法与其调换一下位置，并且有礼貌地说“借光”“劳驾”等，不可默不作声地猛冲猛挤，甚至与人发生口角或冲突，更不能等车停下后才起身或匆忙往外挤。同样，如果人多的话，也要按顺序依次下车。

乘坐地铁的礼仪规范与乘坐公共汽车的礼仪规范大致相仿，不再赘述。

（三）乘坐火车

礼仪故事

软卧车厢的进与退

某公司汪总经理与秘书小唐到外地出差。由于飞机票不好买，决定乘坐火车。根据公司规定，小唐给总经理买了一张软卧票，为自己买了一张硬卧票。上火车后，小唐帮汪总经理放好行李，二人就坐下来聊天。一会儿，包厢里的其他几位旅客陆续到了，小唐依然不走，直到其他旅客都躺下休息后，他才回到硬卧车厢。第二天早上大家还没洗漱完，他又来了。小唐认为，自己有责任照顾汪总经理。而包厢内的其他旅客对小唐的做法颇为反感，认为小唐打扰了他们。

1. 提前到达，文明候车

如果乘坐火车出行，应当提前到达火车站，在候车室安静地候车。要爱护候车室内的公共设施，保持候车室的清洁卫生，不乱扔东西，不随地吐痰。不抢占和多占候车座位，不躺在座位上而使别人无法就座。候车室是人流集中的地方，要彼此礼让，如有不小心的碰撞，应相互谅解，不可争吵。

2. 按序检票，对号入座

检票时要自觉排队，不乱拥乱挤，应提前拿出车票，在检票处主动出示给检票人员，配合其快速检票。检票后随人流正常前行，如无特殊原因不要停滞不前，避免堵塞。上车后，根据车票就座，不占据不属于自己的座位。如果是中途上车，应该有礼貌地询问和找寻座位，不能硬挤、硬抢、硬坐。如果身边有空位，应当主动请无座乘客就座。如果遇到老、弱、病、残、孕没有座位，应当主动让座。

3. 放好物品，互行方便

上车后，携带的行李等物品应放在行李架上，不能放在过道和小桌上。长途旅行一般携带的行李较多，乘客要相互照顾，合理使用行李架，不可只图自己方便，独占较大空间。需要站到座位上放取行李时应当脱掉鞋子，以免踩脏别人的座位。自己的行李要摆放整齐，尽量不压在别人行李上，实在不得不压，也应征得行李主人同意。

4. 维护环境，保持安静

在车上，最好不吸烟，实在要吸则须到车厢连接处去吸。不要把果皮杂物抛到窗外或在车厢内随地乱扔，同时要配合列车服务人员对车厢卫生的清扫。车厢过道狭窄，没有特殊原因，不要频繁地走来走去。不要脱鞋把脚伸到对面的座椅或铺位上。不要在车厢内大声喧哗，多人一起乘车需要进行打扑克等娱乐活动时，要避免影响他人。不要携带危险品和妨碍公共卫生的物品上车。

温馨提示

乘坐火车饮食禁忌

在火车上用餐，特别注意不要吃有特殊味道的东西，如臭豆腐、咸鱼等，因为你喜欢不意味着别人也喜欢，吃这些东西可能会使你成为全车厢人的“公敌”。另外，多人用餐时也不要大吃大喝，猜拳行令。

5. 多人同行，排好座位

如果一行人同乘火车，其中又有需要特别关照的对象，还要合理安排座位。火车上的座次有其自身特点，一般来说，面对火车行进方向一侧的座位更好；在同一排座位中，靠窗者是上座，临道者是下座；在同一行座位中，右座高于左座。卧铺下铺最好，其次是中铺。了解这些有助于与领导、长辈、同事等同行时合理安排座位。

6. 看清对象，适当交际

如果长途旅行，与邻座旅客有较长共处时间，有兴趣时可以交谈，可选择一些公众话题，如人们普遍关心的就业、安全、教育等问题，双方都熟知的新闻、娱乐事件，风景名胜，共同的生活经历、共同的目的地等。交谈前应先看清对象，与不想交谈的人谈话是不明智的。谈话中不询问对方姓名、住址、家庭情况、工作状况、收入水平等。交谈时看到对方有倦意应立即停止交谈。如果阅览他人的报刊或使用邻座的物品，应先征得对方同意，不可随便取用。

7. 注意形象，讲究仪态

在火车上要注意个人形象，不要东倒西歪，不要宽衣解带，不要当众更换衣服或撩起衣裙，女性也不宜在车厢里当众化妆、补妆。即使天气炎热，也不能赤膊露背、脱鞋脱袜，下装也不应过于短小。在卧铺车上休息，不要采用不雅姿势，也不能注视他人的睡相和睡前准备。女性乘坐卧铺，尤其是中铺和上铺，为防止“走光”，最好不要穿裙子。

8. 提前准备，礼貌下车

将到达目的地时，应提前10分钟左右收拾好东西，做好下车准备，以免车停后手忙脚乱。下车前，应与邻座乘客道别。遇到乘务员，也应主动说一声“再见”。下车时，自觉排队等候，不往前硬挤抢行。如果乘坐动车和高铁，更要注意提前做好下车准备，避免因停站时间短而来不及下车。

（四）自行驾车

随着生活水平的不断提高，越来越多的家庭拥有了私家车，很多人都钟情于汽车驾驶。驾车时，每个驾驶者都必须牢记出行有礼，礼让“三先”（先慢、先让、先停），切忌忘乎所以，目中无人。

1. 遵守交通规则

自驾出行，注意道路交通标志，集中精力，谨慎驾驶。不违规操作，不闯红灯，不超速，不逆行，不强行超车，不来回并道，不疲劳驾驶，不酒后驾驶。若要转向，一定要打开转向灯，否则会影响后面开车司机的判断，发生危险。在高速公路上驾车，须与前车保持足够距离。夜间行驶一定要开夜行灯，注意力要集中。

2. 注意文明礼让

不要穿拖鞋驾驶车辆，不要抢道和加塞，不要往车窗外扔垃圾或吐痰，车内的废弃物要等停车后扔到垃圾箱里。时刻注意避让行人，尤其是在斑马线前或道路狭窄的地方。喇叭应当尽量在遇有特殊情况时使用，不要对着前面的车辆行人猛按喇叭，以免对方受到惊吓，在紧急避让中发生危险。如遇到雨水、泥泞道路，一定要减速行驶，避免雨水污泥溅到路人身上。夜晚开车遇到会车时，要适时变换远、近灯光。

3. 有序停放车辆

车辆应停放在允许停车的地方，不要占用两个停车位，不要挡住车道及出入口。道路拥挤或车辆堵塞时，应当耐心等候。

温馨提示

车载音乐的使用

有人喜欢驾车时播放一些音乐。舒缓轻柔的音乐会让驾车人心情平和，有利于驾驶安全；刺激、震撼、快节奏的音乐会让驾驶者心情急躁，不知不觉可能就提高了车速。播放轰鸣的音乐招摇过市也会影响他人。

三、乘机礼仪

飞机因舒适、便捷，越来越受到人们的青睐。但飞机与火车、汽车有着很大的不同，在飞行安全等方面对乘客要求更高，要求乘客必须遵守。

（一）登机前的礼仪

1. 提前抵达飞机场

乘坐飞机出行，必须预留充足的时间办理登机和安检手续。国内航班一般要求提前0.5小时到达，而国际航班需要提前1小时到达。要估算好去飞机场需花费的时间，并了解路况，以免出现特殊情况导致延误。如遇机场旅客流量过大等特殊情况，往往需要提前更长的时间到达。遇到雨、雪、雾等特殊天气，应该提前与机场或航空公司取得联系，确认航班的起落时间。

2. 携带行李宜轻便

乘坐国内航班，一般随身携带的物品每位旅客以5千克为限，且每件物品的体积不得超过20厘米×40厘米×55厘米，其他行李要随机托运。每位旅客可免费托运一定数量的行李，免费行李额（包括托运和手提行李）：头等舱旅客为40千克，公务舱旅客为30千克，经济舱旅客为20千克。超过规定数量则需付费。每件托运行李不得超过50千克，体积不得超过40厘米×60厘米×100厘米，超过规定的行李须与航空公司联系。

乘坐国际航班，手提行李的总重量一般以7千克为限，每件行李的体积不得超过20厘米×40厘米×55厘米。超过上述重量或体积限制的，应随机托运。不同的航空公司、不同的航线对行李携带的要求不尽相同，有的航线超重或超件后，逾重（件）费成倍增长，所以，一定要事先了解相关规定，按规定登机。

托运行李应该包装完好，捆扎牢固，锁闭严实，并能承受一定压力，能在正常操作条件下完全装卸和运输。对包装不符合要求的行李，承运人可拒绝收运。

温馨提示

乘飞机携带物品的禁忌

乘坐飞机，旅客不得在托运行李或随身携带物品内夹带易燃、爆炸、腐蚀、有毒、放射性物品，可聚合物质，磁性物质，各种仿真玩具枪，枪型打火机，以及其他各种带有攻击性的武器，军械、警械管制刀具、国家规定的其他禁运物品。也不得在托运行李内夹带重要文件和资料、外交信袋、证券、货币（大量现金）、汇票、贵重物品、易碎易腐物品，以及其他需要专人照管的物品。承运人对托运行李内夹带上述物品的遗失或损坏，按一般托运行李承担赔偿责任。

根据《关于禁止旅客随身携带液态物品乘坐国内航班的公告》，乘坐国内航班的旅客一律禁止随身携带液态物品，但可办理托运，其包装应符合民航运输有关规定；旅客携带少量旅行自用的化妆品，每种化妆品限带1件，其容器容积不得超过100毫升，并须接受开瓶检查；来自境外需在中国境内机场转乘国内航班的旅客，其携带入境的免税液态物品应置于袋体完好无损且封口的透明塑料袋内，并须出示购物凭证，经安全检查确认无疑后方可携带；有婴儿随行的旅客，购票时可向航空公司申请，由航空公司在机上免费提供液态乳制品。

入境旅客，如携带下列物品，应当主动向海关如实书面申报，并将有关物品交海关验核，办理有关手续：（1）动物、植物及其产品，微生物、生物制品、人体组织、血液制品；（2）居民旅客在境外和入境免税店获取的总价值超过人民币8000元（含8000元，下同）的自用物品（境外获取价值5000元的物品＋口岸入境免税店获取价值3000元的物品）；（3）非居民旅客拟留在中国境内的总价值超过2000元的物品；（4）酒精饮料超过1500毫升（酒精含量12度以上），或香烟超过400支，或雪茄超过100支，或烟丝超过500克；（5）人民币现钞超过20000元，或外币现钞折合超过5000美元；（6）分离运输行李，货物、货样、广告品；（7）其他需要向海关申报的物品。

3. 及时换取登机牌

到达机场后要及时办理保险、登记行李等业务，并换取登机牌。有的航班在乘客买票时就预留了座位并发登机牌，但大多数航班都是在机场登记行李时由工作人员为乘客选择座位并发登机牌，或者乘客在机场自助办理登记牌。登机牌在进入候机室和登机时出示。

4. 认真配合过安检

登机前要按要求接受安全检查，主动将有效证件（如身份证、护照等）、登机牌等交安检人员查验，将手机、钥匙、硬币等金属物品放入指定位置，和手提行李一道送入传送带接受仪器扫描，自己则接受安检人员和安检仪器的检查。通过安检门后，注意将有效证件和行李收好，持登机牌进入候机室等待。

（二）乘机中的礼仪

1. 有序有礼登机

当听到登机通知后，应当拿好随身携带的物品，按照先后次序排队通过登机通道，并主动向工作人员出示登机牌接受扫描登记。

空姐一般站立在机舱门口欢迎乘客，热情问候礼貌每一位乘客，作为乘客应当有礼貌地点头致意或问好，以显示文明乘客的风范。

机舱内一般备有报纸等供乘客自由取阅，同一读物每位乘客只允许取1份。

2. 约束行为举止

应当按机票位置就座，不要抢占座位，特别是购买公务舱或经济舱票的乘客不要因为头等舱内有空位，就予以占用。坐下后要系好安全带，腿脚不要乱伸，尤其是不要伸到通道上或别人的座位上，不要脱掉自己的鞋袜。不要将行李放在他人的行李箱里或他人的座位下。禁止吸烟，乱扔杂物、乱吐东西。不要贪图小便宜，偷拿不属于自己的公用物品，如阅读用的书刊、洗手间里的卫生纸等。对于飞机上的一切禁用之物、禁动之处，都不要出于好奇而乱摸乱动。如果在机舱内感到闷热，可以打开座位上方的通风阀，也可以解开外衣或将外衣脱下来，但不可脱得仅剩内衣，更不要赤膊。避免小孩在飞机上嬉戏喧闹。

飞机上禁用手机、激光唱机、手提电脑、调频收音机、电子游戏机以及电子玩具，因为这些电子产品发射的电磁波会干扰飞机飞行，甚至可能造成事故。

礼仪故事

旅客飞机上玩手机被拘留飞行安全容不得“任性”

2017年8月19日07时05分，郑州机场航站楼派出所接民航河南机场公安局反恐指挥中心通知，郑州至三亚CZ636Z航班上一名男性旅客不听机组人员劝阻，执意在飞机滑行过程中使用手机，迫使该航班滑回。接警后当日值班民警迅速赶往238廊桥，并通知隔离区巡逻警组进行先期处置。

到达现场后经警方初步调查，旅客焦某在航班滑行过程中不听空乘人员劝阻，执意使用手机，机组迫于飞行安全考虑，在起飞前果断滑回执飞航班，该航班也因此造成延误。民警登机后遂将焦某控制并带走调查，查实违法行为后，警方依法做出给予焦某行政拘留十日的治安处罚。

3. 尊重乘务人员

在飞机上，要尊重、支持、配合乘务人员的工作，尽量减少乘务人员的麻烦，不要随意劳烦他们，不要为其乱出难题。飞机起飞前，当乘务人员示范如何使用救生衣和氧气面罩等安全用具时，要认真倾听。飞机升空或降落前，应当配合乘务人员做好安全带是否扣好、座位是否端正、身前小桌板是否收起等检查工作。当乘务人员主动打招呼时，应当积极予以回应。逢乘务人员送来饮料、食物、报刊，或是引导方向、帮助搬放行李时，要主动说“谢谢”。如遇飞机晚点、停飞、返航或改降其他机场等情况，应当理解和配合，不要拿乘务人员出气，更不要因拒绝下飞机或拦截飞机起飞而触犯法律。

4. 尊重其他旅客

在飞机上应当与其他旅客和睦相处，友好相待。在飞行期间，尤其夜间飞行或身边有人休息时，不要高谈阔论，影响其他乘客休息。与周围乘客交谈时，不要谈论有关劫机、撞机、坠机一类的不幸事件，也不要对飞机的性能和飞行信口开河、胡乱猜测，增加他人心理压力，制造恐慌。不要在飞机上反复打量、窥视其他乘客。不要随意走动。休息时，身体不要晃动不止，不要把椅背调得太靠后，不要反复升降身前小桌板，以免妨碍他人。

（三）停机后的礼仪

飞机降落过程中仍然要关闭手机、手提电脑等电子物品。在飞机还没有完全停稳前，一定不要站起来拿行李。飞机停稳后，整理好随身携带的物品，依次下机，不要与人争抢。出舱时应当对站在机舱门口欢送乘客的空姐点头致意。

如果办理了行李托运，下机后根据提示到指定地点认领。国际航班下机后要办理入境手续，通过海关后，方可凭行李卡认领托运行李。如果有机场行李搬运员协助搬行李，可以适当给些小费。如一时找不到自己的行李，可通过机场行李管理人员查寻，并填写申报单交航空公司。如果行李确实丢失，航空公司会照章赔偿。

温馨提示

西方人的接机送机

西方人一般没有到机场接机、送机的习惯，他们认为时间宝贵，接机送机没有必要。乘坐飞机，完全可以坐机场大巴或出租车去自己要去的地方，没有必要麻烦别人接送。当然，如果是重要客人，尤其是外交需要，接机送机也是有必要的，甚至是重要的礼节。

四、乘船礼仪

礼仪故事

被误解的兴奋

小刘和几个朋友相约去长江三峡玩。第一次乘船，他们兴奋得不得了，站在甲板上又蹦又跳。这时，有一艘船远远地开过来，他们脱下外套拿在手中摇晃，希望引起那艘船的注意。不一会儿，那艘船上就有几个人登上了甲板观望，接着竟然有人拿起旗子冲他们挥舞。小刘他们一看有人打招呼，乐坏了，更加起劲地摇晃衣服。不多久，几个船员冲上甲板，一把夺过他们手上的衣服。原来，他们在甲板上挥舞衣服，那艘船上的船员以为他们遇上了麻烦，在用旗语求救。

（一）主动礼让

上船下船要依次排队，不要争先恐后，而且要注意安全。尊老爱幼是中国人的传统美德，上、下船的通道一般比较狭窄，应该让老、弱、病、残、孕先行。男士也应谦让女士，并且主动帮助其他乘客。

（二）乘坐有礼

乘客们可在甲板上散步、观景，但不可闯入别人的房间，不可游逛到旅客止步场所。

（三）尊重船员

船长是客轮的首长，没有要事不要去打扰。服务人员是客轮上与旅客接触最多的工作人员，应尊重他们的服务。

（四）交往有度

在对方没有邀请自己的情况下，不要私自探访别人的客舱。在凌晨、正午、深夜等休息时间，也不要探访其他客舱的朋友。

温馨提示

乘船六忌

- 一忌景点拍照挤抢。
- 二忌在客房和公共场所大吵大嚷。
- 三忌随意触摸船上的各种开关和设施。
- 四忌在走道和甲板上奔跑追逐，风浪大时容易摔倒。
- 五忌在船舷上舞动花衣服和手绢，或拿手电筒乱照，这会被其他船只误认为旗语或信号。
- 六忌谈及撞船、翻船之类的话题，忌吃鱼时说“翻过来”“翻了”“沉了”之类的话语。

第二节　旅游礼仪

旅游是现代人的时尚，所谓“读万卷书，行万里路”，旅游不仅可开拓心胸，拓展视野，更可增长见闻，开启智能。但如果不注意礼仪规范，就会使本来很有意义、充满情趣的活动事与愿违。

本节主要介绍观光、住宿、购物等旅游活动中的礼仪规范。

一、观光礼仪

1. 保护美景皆有责

山川名胜和历史古迹是不可再生的宝贵自然资源和文化遗产，应倍加珍惜。不可攀折花木，不得随意涂写刻画，不要触摸珍贵的文物展品，不能戏弄景点的动物，在山林中还应注意防火。点燃的烟头可能导致火灾，因此游人不要在景点吸烟。不以树木为承重载体做各种运动，在照相时不要拉扯树木的花枝。

每位游客在旅游观光时都有维护环境整洁的责任与义务。在需要静谧观赏的地方，不要大声喧哗、嬉笑打闹。在外野餐之后，一定要将垃圾收拾干净，集中丢弃在垃圾箱或垃圾点，切勿在游玩过程中走一路、吃一路、丢一路或随地便溺。尽量保持水域的环境卫生，不污染景点内的水资源。

2. 多多礼让不争抢

旅游途中，如走在狭窄的曲径、小桥、山洞时，要主动给老、弱、妇、孺让道，不争先抢行。如果不小心冒犯了他人，应及时致歉，不要与之发生纠纷。如果随团旅游，一定要听从导游的安排，征得导游同意方可离队；在自由浏览时不可玩得忘乎所以而耽误归队时间，让全队人为你担心、等待。

3. 拍照留念有学问

拍照时若有人走近妨碍镜头，应礼貌地向其打招呼，或者等其过去后再拍，不要大声叫嚷、斥责或是上前推拦。当穿过别人拍照地点时，应先示意或是等候别人拍完后再通过。如果几批游人都要在同一地点照相时，应互相谦让，不要争抢。拍照者不要长时间占用景点。遇到外宾时，不要强留他们合影。

4. 个人形象要注意

游山玩水时服饰可舒适自然，运动装、休闲装皆可，但不要赤身露体，有碍观瞻；不要围观、尾随陌生人；年轻情侣、新婚夫妇结伴游玩，自然是亲密无间，但在大庭广众之下，过于亲昵的举动有失礼节。所到之处要入乡随俗，尊重当地的风俗习惯和一些宗教戒规，不因小节而酿成大错。

5. 咨询领馆解疑难

在国外旅游遇上困难时，可向我国领事馆咨询或求助，他们可以提供及时有效的帮助。

温馨提示

境外旅游八大注意事项

1. 了解目的地

关注旅游、外交等有关部门发布的出行提示，了解目的地天气、卫生、交通和社会治安情况，谨慎前往恐怖袭击频发、政局动荡不稳、发生重大灾情疫情的国家或地区。了解目的地法律法规、风土人情及我驻该国使、领馆地址和联系电话等。

2. 注意交通安全

熟悉所在国的交通信号标志，遵守交通规则，不要强行抢道，也不要随意横穿马路，在乘坐飞机或乘车时要系好安全带，不要在飞机起飞后和降落前使用手机和相关电子用品；不要把头和手伸出旅游车外，在乘坐船、快艇等水上交通工具时，要穿救生衣，一旦发生交通事故，不要惊慌，要采取自救和互救措施，保护事故现场，并速报告领队和警方。

3. 注意饮食安全

旅行中忌暴饮暴食，保证身体健康，多喝开水，多吃蔬果类，少抽烟，少喝酒。切勿乱吃生食、生海鲜、已剥皮的水果。注意饮食卫生，预防肠道感染，防止发生旅途腹泻。

4. 注意护照等证件安全

护照一定要保管好，千万不要遗失！出门前把身份证、护照、签证等重要证件扫描一份，传到自己个人邮箱中作为备份，如果证件真丢了，这样的备份会省去很多麻烦。

5. 注意人身和财产安全

选择有正规资质的地接社、酒店、游乐场所。尽量避免携带大量现金，为人处世要低调，不要当众数钱。遇到陌生人靠近自己时要注意防范。随身携带写有当地所住宿酒店地址、电话的卡片，以免发生意外；如果有贵重物品，建议交给所住酒店服务台保管，比放房间更保险。

6. 保持通信工具畅通

一定要记好当地导游或领队的电话，以防突发事件；另外，最好记下你所在国家的中国大使馆电话，以便及时联系。

7. 树立文明出游意识

爱惜生态环境，不随地乱扔垃圾，不随意投喂动物、践踏花草。遵守公共秩序，不在公共场合吸烟，不大声喧哗，不推搡拥挤，不追逐打闹。保护文物古迹，不乱刻乱画，爱惜公共设施。遵守旅游目的地国家和地区法律法规。

8. 尊重所在国的风俗习惯

避免因未尊重所在国的风俗习惯，言行举止不当引发纠纷。

二、住宿礼仪

对于入住者，宾馆、饭店其实就是“流动的单位”“流动的家”，要像在单位和家里一样注意礼貌和礼节。

（一）登记入住

1. 办理手续

到达宾馆、饭店后，如果门口有迎宾员肃立迎候，应当向迎宾员点头致意；如果迎宾员帮助开车门、拿行李等，应对其表示感谢。进入大厅后首先到前台办理住宿登记手续，按照宾馆、饭店的要求，应当主动出示身份证等有效证件，填写相关单据，预交房费，领取门卡等。如果办理入住手续的人较多，要注意礼让排队，不要急躁。办完手续后应当对前台服务人员表示感谢。

如果参加某个会议，则按会议报到要求在报到处报到，办理住宿登记手续。如果事先预订了房间，要主动出示宾馆、饭店确认预订的传真或其他证明。如果事先没有预约，办理入住时可以顺便问清宾馆、饭店每天的结账时间和房费结算方法，便于办理退房手续。

2. 入住房间

在前台登记完毕并拿到门卡后，就可以进房间了。如果乘电梯，要主动为后来的客人按住电梯开门按钮或扶住电梯门，中途下电梯前，自己按下开门按钮，尽量不给别人带来麻烦。进入房间后应当先阅读房间门后消防逃生路线图，熟悉所在房间的位置和逃生楼梯的方位，同时检查门窗等设施是否安全好用，如有问题应当及时和服务人员沟通。还应当查看一下是否需要更多的毯子、衣架、电源插座、毛巾等，最好进房间时就确定，不要等到晚上再要，因为晚上的值班服务人员可能较少。

（二）客房休息

1. 爱护设施

入住房间后要仔细阅读宾客须知等介绍材料，了解宾馆、饭店的相关规定。客房内一般备有供旅客使用的生活物品，除了免费的一次性盥洗用品外，未经允许或付费，其他物品一概不能带走。使用桌、椅、灯具、空调和卫生用具时，应当爱护，如果不小心损坏，应当主动说明情况并按规定赔偿。

2. 保持卫生

在客房内首先要存放好个人物品，分门别类地放在壁橱、抽屉等处，不能随意乱放，小件物品最好随身携带。休息结束，应当将被子、毛毯等叠好，摆放整齐。废弃物要扔入垃圾桶内，不要向马桶里乱扔。洗脸、洗澡时，应当采取必要的措施，减少水量。客房内如有禁烟标志，不要吸烟。即使可以吸烟，也不要乱扔烟头，乱弹烟灰。

3. 注意安全

进入房间后，除非在等人，否则一般应关上房门，休息时还应拉上保险栓或保险链。如果携带贵重物品、现金、有价证券等，可以交由宾馆、饭店代为保管，以免放在房间不安全。如遇突发事件，不可慌乱或制造紧张气氛，应该听从工作人员安排和指挥。一旦发现个人物品丢失或被盗，立即报告宾馆、饭店保卫部门请其协查。

4. 行为文明

出入房间要轻关房门，在房内不要大声喧哗。看电视时，音量不能开得过大。深夜回房如需洗澡，尽量不要影响同住之人或隔壁房客。不愿被人打扰时，可以打开“请勿打扰”标志灯，或在门外挂“请勿打扰”标志牌，离开房间时应关闭标志灯或取下标志牌。到其他房间找人，应先打电话预约，到门口应该敲门，经主人许可后方可进入。男性如果进入非恋人关系的女性房间，最好开着门。

5. 接待有度

客房的主要功能是休息，而非接待，一般不要在房间内接待客人。如必须接待，则接待的客人不宜过多，时间也不宜过长，特别是与不熟悉的室友同住时更要如此。不要让来访的客人留宿，不宜邀请刚认识的人到房间做客，不宜接待普通关系的异性客人。

6. 礼貌对人

首先要礼貌对待服务人员，尊重他们的劳动，不可盛气凌人，自以为高人一等，错误地认为“我花了钱住宿，一切都是应该的”。服务人员做得不到位时，可以当面提意见，但不能使用侮辱性语言。如遇困难或疑问，应当礼貌地向服务人员求助或咨询。

（三）内部活动

1. 着装得体

在客房内休息时，着装可以相对随便些。但如果是在宾馆、饭店内部活动，如在大厅和走廊等处行走，在客厅与人交谈，到餐厅就餐，到健身室健身，到购物中心购物等，则要仪表端庄，禁止衣衫不整，不可穿着睡衣、内衣、拖鞋等出现在公共场所。

2. 不扰他人

在宾馆、饭店内活动时，要约束自己的言行，不打扰、妨碍他人。行走时应当保持正常速度，不慢慢悠悠，也不慌慌张张，以免影响他人；在公共场所要按照提示或指引标志行走或活动，尤其不可擅自进入客人禁入区域；在公共场所打电话、与人打招呼，要放低音量，不能大吵大嚷，大说大笑。

3. 文明就餐

很多宾馆、饭店都提供餐饮服务，特别是星级宾馆、饭店，早餐多是免费的自助餐。入住后要看看客房里的《宾馆服务手册》或向服务员询问，事先询问用餐的方式及地点。在宾馆、饭店的餐厅就餐的礼仪基本上与前面介绍过的餐饮礼仪一致。需要提示的是，如果是免费早餐，就餐时要带好就餐凭证，不可因为免费而浪费食物；如果中餐、晚餐也需要在宾馆里解决，就要当场付费或采取记账方式；如果是参加会议就餐，则要遵守会议餐的统一要求。就餐过程要尊重餐厅服务员。

4. 娱乐适度

设施完善的宾馆、饭店一般设有歌厅、舞厅、球馆、游泳池、桑拿浴等娱乐、健身场所。出现在这些场所时，着装打扮要得体，不能过于怪异，如女性不能化艳妆，不可穿黑皮裙等。娱乐、健身时，如果需要与人合作，如跳舞、打球等，不可勉强他人或粗暴拒绝他人的邀请。特别要注意与异性保持一定距离，男士有风度，女士要矜持。

三、购物礼仪

旅行途中购物，同样要规范个人言行，遵守购物礼仪。

（一）不砸“上帝”的招牌

态度亲切、随和的顾客能赢得更好的服务，要平等对待商场服务人员，尊重他人劳动，不以“上帝”自居，不用居高临下或命令式的口吻说话。

（二）美妙称呼要先行

在商场、购物中心呼唤营业员时，态度要谦和，先说一声“您（你）好”，不用“喂、喂”来称呼对方。可以称呼年轻的女营业员为“小姐”或“小妹”，年长的则可称其为“姑娘”，对男营业员一般称“您”，也可根据年龄适当称呼，或统称“服务员”或“营业员”。

（三）私人物品保管好

在商场购物时，除了保管好自己的私人物品外，如果带着小孩，应该看管好，不要让孩子在公共场所大声喧哗或者到处奔跑。此外，避免带宠物逛商店。

（四）试衣也要讲文明

尽量缩短占用试衣间的时间。准备进入试衣间前要先敲敲门，试探一下里边是否有人。试衣时，要先把试穿的衣服挂在衣钩或椅子上，不要扔到地上，以免弄脏衣服。女士试衣时注意不要将化妆品沾到新衣服上，试穿前宜用纸巾将口红、眼影等擦掉。此外，在挑选一些颜色较浅的衣服时，要先检查自己的手是否干净。

（五）挑选物品要小心

选购商品时，不要过分挑剔，以免对营业员打扰过多，影响其他顾客购物。在挑选、把玩易损、易污商品时，要小心谨慎。看到如“怕脏勿动”等提示时，要自觉自律。不小心损坏了商品，应主动赔偿，或者把损坏的商品买下来。

（六）付款排队不插队

节假日商场购物人员较多，顾客在收银台前要自觉排队，不要插队。如遇到老、弱、病、残、孕或有急事的顾客，应发扬互助精神，主动让他们先买、先付。

（七）宽容谅解是风度

购物过程中，如与营业员发生矛盾，要相互谅解、宽容。营业员发生差错时，应耐心指出，善意提醒，不可得理不饶人。

第三节 观众礼仪

我们经常有机会观赏体育赛事、文艺演出和文化展览。我们的城市正逐步走上国际舞台的中心，良好的观众礼仪格外重要。本节主要介绍观赛、观剧等活动时的礼仪规范。

一、观赛礼仪

礼仪故事

不和谐的手机声

2013年4月23日，斯诺克世锦赛进入到第四天的争夺，中国选手丁俊晖迎战麦克马努斯。双方的前两盘比赛中，两人都因为一颗反角度的黑球失误葬送好局。第三盘比赛，麦克马努斯展现防守功力，连续获得机会。在获得61-10的领先后，麦克马努斯连续受到来自看台的手机铃声干扰，比赛也一度短暂中断。受到干扰的麦克马努斯不得不从球台边起身，无奈地一声长叹。手机铃声不仅来自丁俊晖和麦克马努斯这边的看台，在另一边傅家俊对阵史蒂文斯的比赛在之前的两局比赛中同样听到了手机铃声。

（一）入场时配合安检

观看体育比赛，应提前或准时入场，并在入口处主动出示票证配合工作人员检验。在设置安检的现场、比赛场馆，入场时，要依次排队接受安检，不要拥挤，自觉服从、配合安检人员的工作。一般来说，进入场馆不得携带管制器具、软硬包装饮料、打火机、易燃易爆等违禁物品。

入场后，抓紧时间对号入座。若比赛已开始，应就近入座，待中间休息时再寻找自己的座位。同时还应自觉把手机调整为静音状态或关闭。

（二）衣着整洁观赛事

观众着装基本要求是文明、得体，以舒适、休闲、整洁、大方为宜。观众应根据比赛场馆和项目不同选择合适的着装，不可过于随便，尤其是在温度比较高的游泳馆里，不要当“膀爷”。作为贵宾出席须穿正装。

（三）尊重国旗和国歌

在涉外比赛中，举行升旗仪式时，无论升哪国国旗，奏哪国国歌，观众都必须起立脱帽，面向国旗行注目礼；也可跟着乐曲用正常音量唱国歌；不能嬉笑打闹或随意走动。

（四）助威加油不添乱

应当为双方运动员的精彩表现和良好成绩加油助威或鼓掌喝彩，切忌起哄、吹口哨、怪声尖叫、喝倒彩，或嘲讽、辱骂裁判员、运动员、教练员。不向场内投掷东西，不干扰各队选手正常比赛；即使对裁判员的某些判罚不满，也要保持克制和理智。

为比赛加油要热情有度。一些竞争激烈、运动员需要注意力高度集中的项目，如体操、举重、击剑、乒乓球、网球等，比赛过程中需要保持安静，待运动员完成动作后或比赛死球时，方可鼓掌喝彩；田径比赛中的一些跳跃项目，一般运动员在起跑前会鼓动观众有节奏地鼓掌参与互动。

（五）手机、照相机有规定

手机本是文明的产物，使用手机要讲文明。进入观赛场地后，要将手机关闭或设置静音状态。如有事，可用短信交流，或当比赛告一段落时，走出现场接打电话。应遵守一些比赛场馆不允许带照相机入场、不允许使用闪光灯的规定。凡是运动员有仰视动作、须高度集中注意力的比赛项目，都不得使用闪光灯，在乒乓球、羽毛球、网球等球类，以及体操、跳水、拳击、柔道、摔跤、跆拳道、击剑等项目中，均有这样的严格规定。

（六）退场同样须礼貌

观众应尽量避免提前退场。倘若有急事须中途退场，最好在比赛间隙，不影响他人观赛时有序退场。

如比赛中突然停电，观众应保持安静，坐在座位上，不随便走动。手中持有小手电或荧光棒，可以打开照明，但不要使用打火机、火柴等明火照明。如遇比赛延期，要听从工作人员指挥，借助应急灯灯光，按照安全出口指示灯的指示有序退场。

比赛结束时，要向双方运动员鼓掌致意。退场时，按座位顺序退场，向最近的出口缓行或顺着人流行进。应主动将饮料杯、矿泉水瓶、果皮果核等杂物带出场外。

拓展阅读

观赛常识

如何观看比赛其实也是一门学问，很多运动项目在经过几百年发展之后，有些文化规范已经约定俗成。下面是五类比赛项目的观赛常识。

1. 看花样滑冰

花样滑冰比赛中，运动员经常会做一些高难度动作，比如双人滑中的抛接动作，如果选手在做这些动作时被看台上的闪光灯晃了眼，很有可能发生危险。若想在比赛中拍照，必须关掉闪光灯。

毛绒玩具往往是礼物的首选。抛掷毛绒玩具等礼物和鲜花是花滑运动的惯例和习俗，但礼物和鲜花一定要用透明的包装纸包装严密，如果花瓣和细小的毛绒散落在冰面上，没有得到及时清理，选手的冰刀滑到上面就非常危险。

鼓掌和喝彩要选择合适的时机。当选手摆好开场姿势开始表演时，观众应该安静下来，以便选手进入比赛状态，当选手完成了高难度的动作之后观众可以给予掌声和喝彩。滑冰选手最高的荣誉是，在节目结束后，全场观众起立鼓掌。

2. 看高尔夫球赛

高尔夫运动被称为贵族运动，不仅参赛的选手要穿专业服装，观众也有服装限制。国外高水平高尔夫比赛中有一项不成文规定，就是进入高尔夫球场不要穿牛仔裤；另外，为了保护草坪，严禁观众穿着高跟鞋进入球场。观众不能进入选手比赛的球道，一般的比赛，组织方会将观众区与比赛区分开，如果没有区分标志，观众也不要走到球道上。任何情况下都严禁触摸、移动球员的高尔夫球。

有的观众观看比赛时，出现一些影响选手比赛的行为，比如在选手推杆时发出声响或者鼓掌。高尔夫是一项比较“静”的运动，在选手准备推杆和推杆的过程中要绝对保持安静，观众除了要将手机关闭或调整为静音状态外，还不能随意鼓掌喝彩。为了保持安静，比赛要求观众的相机除了不能使用闪光灯之外，快门也不能有声音。

3. 看网球比赛

网球比赛中，观众不得随意走动，去洗手间或者买水等最好在选手进行90秒休息时走动，当死球出现时再回到座位上。

网球赛场同样需要安静的比赛环境，除了手机禁止发出声响外，比赛过程中不得大声喧哗，照相机同样不得使用闪光灯。即使比赛非常精彩，观众也不能随意鼓掌喝彩，一定要等死球出现再鼓掌喝彩，鼓掌持续的时间也要适可而止，因为选手准备发球时现场要保持安静，如果现场迟迟不能安静，选手就不会发球，甚至向裁判提出抗议。

网球比赛中换球次数有规定，一般为单数局换球，但不同的比赛换球局有细微差别。在高水平比赛中，每个球的弹性以及和地面摩擦后掉毛的情况都不相同，重量和弹起高度在高手眼中是有差别的，所以比赛中选手会严格按照比赛规定换球，中途一般不愿意换球。如果选手把球打到观众席上，观众应将球退回。否则，如果没到换球时间，比赛会因此中断。

4. 看乒乓球、羽毛球比赛

乒乓球、羽毛球运动员在比赛时，特别是在发球时，观众不能使用闪光灯给运动员拍照，这会使运动员受到很大影响，尤其是影响接球员。

比赛时，整个赛场应该保持安静，观众的助威呐喊和鼓掌应该在死球之后。运动员比赛时，观众不要随意走动，最好待比赛暂停时再走动。羽毛球比赛场地相对较大，对观众走动的要求可以稍微放宽，但也不能过于频繁。

5. 看击剑比赛

击剑是一种绅士、贵族运动，观看击剑比赛，观众应该注意两个问题。

一是运动员比赛时，观众要保持安静，在击剑比赛过程中，运动员总会根据对方的特点选择出剑、进攻方式，这时观众不应发出助威声，以便运动员更好地思考和出招。

二是裁判发口令时，观众不能助威或鼓掌，以便运动员更清楚地听到裁判员的口令。裁判宣布开始比赛之后，观众要保持安静，待灯亮后，才可以鼓掌或者助威。

二、观剧礼仪

在戏院、歌剧舞剧院、音乐厅、电影院等场所观看文艺演出，其主要礼仪准则：一是不干扰演员的演出，维护文娱场所的气氛；二是不干扰观众的观看，遵守文娱场所的秩序。

1. 准时到场

时间观念是一个人文化素质最基本的体现。在众目睽睽之下走进剧场，影响了按时入场观众的欣赏效果。所以一旦迟到，应遵守剧场有关规定。根据不同艺术品种和剧院要求，要注意以下几点。

① 对演出环境要求不高，对演员和观众均不会产生太大影响的剧节目，如京剧、曲艺、杂技、木偶等艺术门类的演出，迟到的观众一般准许及时入场就近入座，待节目中场休息再回到自己的座位。

② 对演出环境要求很高，对演员和观众都会产生很大影响的剧节目，如交响音乐会、声乐独唱、合唱、歌剧等，迟到观众不能随时进场，需要等一个曲目结束后，按照服务人员的指引，轻声入场就近入座；待中场休息时可以回到自己的座位。如果遇到曲目较长，需要在场外耐心等待。

③ 对演出环境和对演员观众的影响程度介乎上述两种情况之间的剧目，如芭蕾舞、话剧、歌舞剧等艺术门类的演出，应根据剧节目的要求，在确保不影响演员和其他观众正常观看的情况下就近入座，待中场休息时回到自己的座位。

2. 得体着装

观剧时，个人仪表着装应与剧场作为艺术殿堂的环境氛围相协调。

① 无论看什么演出，都应仪表整洁大方、无异味，不能穿背心、短裤、拖鞋入场。

② 观剧前不宜饮酒，尤其不饮烈性酒。如觉饮酒过量，最好先到场外休息，待酒醒后再进入剧场。

③ 观剧前最好不食大葱、大蒜等异味较浓的食品。

④ 观看交响乐、芭蕾舞等高雅艺术，仪容仪表更为讲究，除务必做到以上要求外，为表示对艺术家的尊重，一般应穿着比较正式的服装，如男士穿西装打领带、女士穿典雅的时装等。

3. 文明举止

剧场是特殊的公共场所，观看演出还应举止文明。

① 凭票入场对号入座，这是最基本的要求。因为不同的区位票价高低不同，用低价票座位坐高价票座位不仅会增加不必要的换座次数，影响更多的人观剧，也是不道德的行为。

② 勿将食品饮料、塑料袋等带入观众厅。一般剧场休息厅都设有食品饮料部，观众可在开演前或中场休息厅饮用，而塑料袋发出的声音会影响他人观剧。

③ 剧场是禁止吸烟的公共场所，任何地方包括卫生间均不得吸烟。

④ 观看演出时不要咀嚼口香糖，入场前咀嚼的口香糖，在进入观众厅前将口香糖包在纸内扔到垃圾桶中，不要随地乱扔。

⑤ 尊重知识产权。未经许可不得私自录音录像和拍照，严禁使用闪光灯。演出门票只代表现场观看权，并未获得录音录像和拍照权。

⑥ 一般情况下，演出期间观众不能随意向演员献花，如有特殊情况，要向演员献花，应事先与剧院工作人员联系，获得同意后，由工作人员安排献花活动。

4. 保持安静

为达到最佳视听艺术效果，保持安静良好的演出观赏环境，是所有观众共同的责任。

① 开演前应将手机调为静音模式或暂时关机。在观看演出过程中不应拨打电话。如因特殊情况必须接听电话，应告知对方待曲目间离开观众厅后再联系。有的剧场安装了信号控制设备，在观众厅内无法接收手机信号。

② 在观剧过程中，不要与同伴聊天或对演员发表议论，更不能因一时高兴跟着哼歌或手舞足蹈。

③ 出于对演员的尊重和礼貌，对其精彩表演应以掌声表示敬意，但不能大吼大叫或吹口哨等。演出中途不能鼓掌，应在一个曲目结束后进行。

温馨提示

学会鼓掌

一般来说，欣赏音乐会，当指挥走上指挥台举起指挥棒时就停止鼓掌，当指挥转向观众鞠躬时才可以再次鼓掌。演奏过程中，即便是被优美的旋律深深打动，也不该在同一首乐曲的乐章间隙贸然鼓掌。在观看歌剧或芭蕾舞时，一般在演员刚出场时鼓掌，表达对演员的敬意，也可在一段咏叹调或独舞后热烈鼓掌。戏剧的鼓掌通常在一幕或全剧结束后。

④ 遇咳嗽或打喷嚏时，要用手帕捂住口鼻，以防口沫星子飞溅到他人身上，如果要打哈欠，尽量不要发出声音，更不应因打呼噜发出巨响。

⑤ 对精彩演出希望演员返场是可以理解的，但由于各种艺术门类有不同要求，演出前都有严格、完整的演出方案，所以希望返场只能用持续、热烈的掌声来表示，而不能大喊“再来一个”等强行要求返场；一旦下一个节目的演员上场则应立即安静下来观看演出。

5. 礼貌退场

演出剧目结束后，演员谢幕是整个演出活动的重要组成部分，是演员表达对观众谢意的文化礼仪。作为观众也应以礼相待，向演员表示欣赏和感谢。不同的艺术形式，谢幕也有不同的讲究。

① 在演出过程中，一般每个节目或曲目结束后演员都会向观众谢幕。但一些小型和比较简单的演出，有时不安排总谢幕，而是在最后一个节目演员谢幕后演出活动结束，在这种情况下，观众应在最后一个节目谢幕时起立鼓掌，待演员谢幕退场后再自行退场。

② 一般情况下，大型演出和歌剧、话剧、舞剧、芭蕾舞等都会安排总谢幕程序，由

一般演员、次要演员、主要演员到主演等依次谢幕，时间相对较长，有时导演还特意把总谢幕编排成非常艺术化的程序，在这种谢幕过程中观众一般不宜站立起来，而应在座位上热烈鼓掌，到总谢幕结束前全体起立报以更热烈的掌声，待演员退场后或大幕开始关闭时再按序退场。

③ 交响音乐会的谢幕有独特形式，其顺序与芭蕾舞等相反，一般是演出结束后指挥先谢幕，然后是首席谢幕，最后是全体乐手起立谢幕。退场也是指挥先退场，然后是首席、其他乐手依次退场。在谢幕过程中观众应在座位上热烈鼓掌。因为交响音乐会一般会安排返场，返场后指挥也会再次上场谢幕，这种谢幕或返场有时多达2～3次，所以欣赏交响音乐会时，应在确认乐手离开座位退场后，观众再退场。

拓展训练

一、请你设计

一辆搭载了不少乘客的公共汽车缓缓地停靠在站台上。一位太太上了车，她穿着合体的套装，拎着一只小小的漆皮包，在车厢里走了一步，便犹豫地站住了，因为乘客多，已经没有空座位了。一位先生见状，便客气地站起身对她说："请坐这儿吧。"这位太太走上前，看也没看他一眼，便一声不吭地坐下了。让座的先生颇为诧异，周围的乘客也都对她这种不礼貌的行为感到不满。这位先生站在她的身边，想了一下，俯下身问她："太太，您刚才说什么来着？我没有听清楚。"那位太太抬头看看他，奇怪地说："我什么也没有说呀。""喔，对不起，太太，"那位先生淡淡地说，"我还以为您在说'谢谢'呢。"车里的其他乘客都笑了起来，那位不讲礼貌的太太在众人的笑声中羞得满脸通红。

请指出这位太太的不当做法，为其设计几个挽回面子的可能做法，并分角色模拟训练。

二、请你续写

飞机起飞前，一位乘客请求空姐给他倒一杯水吃药，空姐很有礼貌地说："先生，为了您的安全，请稍等片刻，等飞机进入飞行的平稳状态后，我会立刻把水给您送过来，好吗？"15分钟后，飞机早已进入了平稳飞行状态。突然，乘客服务铃急促地响了起来，空姐猛然意识到：糟了，由于太忙，她忘记给那位乘客倒水了。当空姐来到客舱，看见按响服务铃的果然是刚才那位乘客时，便小心翼翼地把水送到这位乘客面前，面带微笑地说："先生，实在对不起，由于我的疏忽，延误了您吃药的时间，我感到非常抱歉。"这位乘客抬起左手，指着手表说道："怎么回事，有你这样服务的吗？你看看，都过多久了？"空姐手里端着水，心里感到很委屈，但是，无论她怎么解释，这位挑剔的乘客都不肯原谅她的疏忽。在接下来的飞行途中，为了弥补自己的过失，每次去客舱给乘客服务时，空姐都会特意走到那位乘客面前，面带微笑地询问他是否需要水或者别的什么帮助，然而，这位

乘客余怒未消，摆出一副不合作的样子，并不理会空姐。临到目的地前，那位乘客要求空姐把留言本给他送过去，很显然，他要投诉这名空姐……

如果你是那位挑剔的乘客，你会怎么做？请给这个故事补充后续情节。

三、请你讨论

某公司的小钱年轻肯干，点子又多，很快引起了总经理的注意，并拟提拔他为营销部经理。一次，总经理要去邻近的城市参加商务会议，需要带两名助手，便选择了小钱和公关部张经理。小钱自然看重这次机会，想趁机好好表现一下自己。

出发前，因司机小李临时有事，总经理亲自驾驶小轿车一同前往。上车时，小钱很麻利地打开了前车门，坐在副驾驶位置上，总经理看了他一眼，但小钱并没在意。

车上路后，总经理沉默不语，张经理也似在闭目养神。为活跃气氛，小钱说："您的驾驶技术真棒，有机会也教教我们……"总经理专注开车，不置可否，张经理也不应和，小钱感到没趣，便不再说话。到达后，小钱悄悄问张经理：总经理似乎不高兴？张经理直言相告，他才恍然大悟。

会毕返回时，车子改由司机小李驾驶。小钱想，这次不能再犯错误了，于是打开前车门，请总经理上车，总经理坚持要与张经理一起坐在后排，小钱却坚持让总经理坐在前排才肯上车。回到公司，同事们知道小钱这次是同总经理一道出差的，猜测他可能会被提拔，纷纷向他祝贺。然而，提拔之事却始终没有音讯。

思考和讨论：小钱这次乘车经历中的失礼之处有哪些？为什么这些看似很小的事情却影响了他的晋升？

四、请你畅谈

请阅读下文，谈谈你的感想。

规则之美

那是一个傍晚，我们乘车从澳大利亚的墨尔本出发，赶往南端的菲利普岛。菲利普岛是澳大利亚著名的企鹅岛，我们是去那儿一睹企鹅归巢的美景。从车子上的收音机里我们知道，那里正举办一场大规模的摩托车赛。据估计，这场大规模的摩托车赛会在我们到达菲利普岛前约1个小时结束。到时候，观众散场，会有成千上万辆汽车驶往墨尔本方向。因为这条路只有两条车道，我们担心会因此塞车，要知道可以看到企鹅归巢的时间只有短短30分钟。离菲利普岛还有60多千米时，大批车辆向我们驶来。此时此刻，目力所及，从北往南开的车只有我们一辆，可是由南向北的却成千上万辆！出乎意料的是，我们双方的车子却依然行驶得非常顺畅。我们终于注意到，对面驶来的所有车辆没有一辆越过中线！这是一个左右极不"平衡""对称"的车道，一边是光光的道路，一边是密密麻麻的车子。然而没有一个"聪明人"试图去破坏这样的秩序，要知道这是荒凉的澳大利亚最南端，没有警察，也没有监视器，有的只是车道中间的一道白线，看起来没有任何约束力的白线。这种"失衡"的图景在视觉上没有美感可言，可是我却渐渐地感受到了一种规则之美。

五、请你自查

人民网曾组织过调查活动，推出了日常生活中“十大不文明行为”评比，按票数顺序，“十大不文明行为”分别是：

① 随地吐痰、擤鼻涕、吐口香糖；

② 乱扔垃圾、废弃物，乱倒污水；

③ 在禁烟场所吸烟；

④ 公共场所大声喧哗、吵架、斗殴；

⑤ 随地大小便；

⑥ 破坏公物，损坏公共设施，侵占公共活动场所；

⑦ 排队加塞、挤车抢座、不给老弱病残孕让座；

⑧ 语言不文明，说脏话、粗话，不懂得尊重他人；

⑨ 浪费水电、粮食、纸张；

⑩ 乱闯红灯、横穿马路、不遵章守规。

以上十大不文明行为，在你的身上是否也发生过？在你的周围是否存在？怎样改进与加强自律？

第五章 职场礼仪

学习目标

- 掌握求职面试过程中应该遵循的礼仪规范。
- 掌握同事之间和谐相处的基本要求。
- 了解会议组织安排的基本流程，掌握会务礼仪及与会者的基本礼仪。
- 了解谈判的准备工作，掌握其基本原则及谈判中的礼仪要求。
- 掌握签字、开业、剪彩等仪式礼仪的准备工作、基本程序。

案例导入

绝缨会

公元前606年，楚庄王为了庆贺战功，在渐台宴请群臣，并招来妃嫔与群臣同席宴饮。君臣兴致很高，直喝到日落西山，还没尽兴。楚庄王又命人点起蜡烛夜宴，并让宠妃许姬斟酒助兴。

忽然，一阵大风刮来，把蜡烛都吹灭了。黑暗中，一个人趁着混乱竟然拉住了许姬的衣袖，去捏她的手。许姬恼怒，挣扎中衣袖被撕破，直到她扯断那人帽子上的缨带，那人才惊慌溜掉。

调戏君王的宠姬无疑是对君王的羞辱。许姬请庄王查办那个色胆包天之人。庄王听罢，吩咐左右先不要点蜡烛，命众卿解开缨带，摘下帽子，尽情畅饮。待群臣纷纷解缨摘帽后，庄王才命令掌灯点烛。烛光之下，再也无法辨认谁的缨带被扯断了。

几年后，庄王出兵伐郑，命襄志为前军统帅。襄志召集部下商量战策，部将唐狡请命，愿为大军开道。由于唐狡骁勇善战，杀得郑军落荒而逃。

庆功宴上，庄王召见唐狡，并当众宣布予以重奖。谁知唐狡慌忙跪下："臣受君王之恩赐已经很厚了，岂敢再领赏？"庄王惊讶："寡人并不识卿，怎说受过我的赏赐？"唐狡羞愧满面："绝缨宴上扯住美人衣袖的就是罪臣。蒙大王昔日不杀之恩，末将今日才舍命相报啊！"

职场礼仪，是指人们在职业场所应当遵循的一系列礼仪规范。了解、掌握并恰当地应用职场礼仪不仅有利于成功求职，而且有助于完善和维护职场人的职业形象，使之在工作中左右逢源，事业蒸蒸日上，成为成功的职业人。

第一节 求职礼仪

求职礼仪是指在求职应聘过程中所要遵守的行为准则和礼仪规范。求职应聘是大学生必不可少的人生经历，是迈向社会的重要一步。心理学家奥里·欧文斯说："大多数人录用的是他们喜欢的人，而不是能干的人。"这种说法虽显片面，却说明了求职应聘礼仪的重要性。

一、求职材料准备

求职过程是自我推销过程。呈送求职材料的目的是得到面试机会，它必须在有限的篇幅内突出展示个人能力和魅力，以赢得招聘者关注。

完整的求职材料包括求职简历、求职信和相关证明材料复印件，有的企业还要求有推荐信，下面分别介绍这些材料的撰写要求。

（一）求职简历

求职简历又称求职资历、个人履历，是求职者将自己与所申请职位紧密相关的个人信息经过分析整理并清晰简要地表述出来的书面求职资料。求职简历是招聘者在阅读后决定是否给予面试机会的重要依据性材料，要精心制作。撰写求职简历要注意以下几点。

1. 突出能力

用人单位想要了解的重点是求职者能为他们做什么，所以简历的重点在于突出求职者能够适应岗位的能力和优势，如个人的学习（或培训、实习）经历、工作经验及取得的成绩，专业能力、文字表达能力，较高的计算机或英语水平等。优势不能凭空捏造，提升个人能力需要日积月累，因此，加强专业知识的学习，经常参加校园内外各类活动，提高自身能力和素质是成功就业的关键所在。

2. 针对性强

求职简历要避免像编年史一样罗列自己的经历，这种大而全的列表没有重点，应该认真研究求职的单位和应聘的职位，有针对性地设计自己的简历，写明自己能为单位做什么，而不是简单强调自己以前做了些什么，这样才能有望把自己作为一个"好产品"推销出去。如果需要到多家用人单位应聘，要准备不同的简历，要根据每个用人单位的特点和招聘要求有针对性地介绍自己。

3. 真实可信

诚信是金，求职简历切忌弄虚作假。大学生求职简历中的雷同现象比较严重，很多人用同样的句子描述自己，如很多人都会用"乐观开朗""富有创新精神""较强团队精神"等描述自己的个性，语言能力则写"流利"，即使这些句子写得很漂亮，但通常不会获得

良好的第一印象，是否真的具有这样的特点，面试时很容易辨别真伪。在简历中写得越多的，面试时越有可能被问及，就越容易露馅。所以简历一定要如实填写，切忌夸大自己的成绩和能力。

4. 简洁明了

招聘活动中，用人单位往往会收到大量求职简历，冗长拖沓的求职简历肯定不受欢迎。求职简历在15秒内给人留下的印象至关重要，要想检验一份求职简历是否吸引人，简单的办法就是将它交给一个人，15秒后拿回来，然后问他从这份简历中获得了多少关键信息。因此，求职简历要尽量简明，叙述简洁精练，用词准确无误，突出重要信息。

（二）求职信

一般来说，求职时简历是必备的，求职信则不然。但附上一封求职信，更可体现求职者的热切求职愿望和对用人单位的尊重。如果说求职简历是对一个人基本情况的简要介绍，那么求职信就是一个人能力与水平的综合展示。求职信也要突出个人的能力、优势，阐述个人的特点与意愿，给招聘者留下强烈深刻的印象，要简洁精练，言辞恳切，语言优美。求职信的礼仪要求如下。

1. 称呼准确

求职信的称呼要严肃谨慎，不可过分亲近，否则给人唐突感或套近乎之嫌。求职信收信人一般是单位里有录用权的人，求职者未必熟悉，所以在信件中可以直称其职务头衔等，如“尊敬的××单位领导”“尊敬的陈经理”。称呼后，另起一行写上问候语“您好”“春安”，或者“抱歉打扰您”等谦语。

2. 内容恰当

求职信主要介绍“我是谁”（个人基本情况）“我想干什么”（求职意向）“我能干什么”（能力和优势）。求职意向要直接明了，写出申请的职位。求职信的重点要展示自己适合岗位的经历、能力。自我评价是展示自己独到见解的部分，目的是让招聘者了解你的人生观、价值观，要精心选择合适的角度，或自我评价，或抒发志趣，或对工作中的某个问题发表见解，要言简意赅。

3. 祝颂热诚

正文后的祝颂语虽然只有几个字，但表示对受信人的祝愿、钦敬，也有不可忽视的交际作用。祝颂语可以另起一行，也可分两行书写，上一行前空两格，下一行顶格。祝颂要不落俗套，情真意切，如“敬颂春安”“敬颂商祺”。

4. 封文得当

封文（信皮）上除清楚、准确地写明收、发信双方的姓名、地址及邮政编码外，还要恰当使用对收信人的礼貌语词。首先，要注意收信人的称呼。封文是写给邮递员看的，应根据收信人的职衔、年龄等，写上“经理（或总经理）”“厂长”“人力资源部长”“人事经理”或“先生”“女士”“同志”等。其次，要讲究“启封辞”“缄封辞”。收信人姓名职务后用“启”，发信人姓名后面用“缄”。

（三）相关证明材料

证明材料是对简历中所提到的相关内容的进一步证明，包括成绩单、获奖证书、英语等级证、计算机等级证、各类专业技能等级证以及发表过的作品、论文等的复印件，附在简历和求职信之后。材料要复印得清晰、整洁。在放置顺序上，最好根据求职意向的不同，将符合该职务重点要求的相关材料放在前面。例如，申请秘书职位，秘书资格证、计算机等级证、发表过的作品等就很重要；而申请技术性职位，该技术的技能等级证书就是最重要的材料。另外，参加各类招聘会时，最好不要将证书原件带在身上，以防丢失，面试时则将原件带上，以备用人单位核查。

（四）推荐信

一些涉外企业在求职时需要推荐信，推荐人主要是熟悉求职者的学校老师等，也可由求职者所就读学校的组织部门出具，并加盖公章。社会人士求职，推荐信可由原来单位或单位的同事出具。

以上四类材料按简历、求职信、推荐信和相关证明材料复印件的顺序装订在一起，并设计目录和封面作简要包装。目录要标注页码，封面要简洁大方，清新醒目，不要弄得花里胡哨或太过另类。

二、面试礼仪要求

面试是求职的关键环节，得体的仪表、文雅的举止、良好的气质能够反映优良的个人修养和职业素养，给面试官留下良好的第一印象。

（一）仪表得体

1. 面容

对外表适当修饰会显得精神焕发，充满自信。蓬头垢面是不尊重人的表现，油头粉面则会给人华而不实的印象。

（1）脸部　求职者要保持面部清洁，尤其要注意局部卫生，如眼角、耳后、脖子等极易被忽略的地方。女生求职前宜化淡妆，做到清新、自然、淡雅。妆容一定不要过浓或过于夸张，例如口红要尽量选择与嘴唇本色接近的颜色，不宜选择非常炫亮的色彩，也不要使用浓烈的香水。素面朝天不可取，浓妆艳抹更糟糕。男生则要修面，忌胡子拉碴，无精打采，邋里邋遢。此外，还要祛除身体异味，勤洗澡，不抽烟，面试前不要吃葱、蒜、皮蛋等有强烈异味的食物，避免口气熏人。

（2）发型　在仪表美中，发型占有重要位置，好的发型会使人看上去神采奕奕。发型既要适合个人的脸型、个性特点和着装，还要注意面试的特殊要求。面试时，对发型总的要求是端正、文雅、自然，避免前卫、另类，同时还应与所申请的职位要求相宜。比如，秘书要求发型端正、文雅，营销人员要求干练，与机器打交道则要求短发或者盘发。长发披肩的女生面试时切忌头发遮住脸庞，除非为了掩饰某种生理缺陷，否则会给面试官留下不良印象。男生发型应以短发为主，做到前不覆额、侧不遮耳、后不及领。男女生都不宜染发。面试前一天可洗洗头，稍作梳理，看上去干净利落。

（3）手部　求职者要保持手部卫生，不能留长指甲。

2. 着装

得体的着装在求职过程中起着不容忽视的作用。一位人力资源部经理曾说，你不可能仅仅因为系了一根领带而获得某个职位，但你很可能因为系错了领带而失去一个职位。

那么，大学生求职时应该如何着装呢？有的同学认为服装应该高档、华丽、时髦，这是一种误区。大学生大多没有经济收入，高档的时装与其身份不相匹配，会给人“啃老”

或爱慕虚荣的感觉，应该保持学生装清新自然的风格。年轻人蓬勃的朝气、脱俗的风格可以从中显现出来，进而赢得面试官的青睐。但这并不是说面试时就可以穿得与平时一样随便，还应该讲究很多着装细节。

第一，服装要整洁。服装要洗得干干净净，熨烫得平平整整，无污垢、无油渍、无异味，领口与袖口处尤其要保持干净。

第二，款式要简洁。女生可以着样式简洁的套装套裙、连衣裙，男生可以穿衬衣、夹克或西服。如果是寒冷的冬季，可以穿厚重的外衣或羽绒服。一般不穿运动服、运动鞋等非正规场合的衣物面试。不论应聘何种职业，保守的穿着会被视为有潜力的候选人，会比穿着开放的求职者更容易被录用。所以，无论如何不能穿奇装异服，不宜追求前卫、新潮、另类，忌穿过繁、过短、过透、过露的衣服。

第三，颜色要适宜。一般来说，柔和的颜色具有亲和力，深色则显得比较稳重，可以根据应聘的职位要求选择不同的色系。过于鲜艳夺目、跳跃度过大、上下对比过于强烈的颜色都不宜穿，这会让面试官感觉不舒服。

第四，鞋袜搭配要恰当。面试最好穿皮鞋，皮鞋一定要擦拭干净。不宜穿拖鞋或类似拖鞋的后敞口鞋。穿裙装时，宜穿肉色、黑色、灰色长筒丝袜，出门前要检查丝袜是否脱丝，甚至可以携带一双备用丝袜，以防脱丝后随时更换。

（二）举止得当

1. 守时

守时是基本职业道德。提前10～15分钟到达面试地点效果最佳，可熟悉环境，稳定心神。面试时迟到或匆匆忙忙赶到是致命的，如果迟到，不管你有什么理由，也会被视为缺乏自我管理和约束能力，即缺乏职业能力，给面试官留下不良印象。大公司面试往往一次安排很多人，迟到了几分钟，很可能与所求职位失之交臂。

如果路程较远，宁可早到30分钟甚至1个小时。但早到后一般不宜提前15分钟以上进入面试场所，过早到达会被视为没有时间观念，并且面试官很可能因为手头的事情没处理完而觉得不方便。当然，如果事先通知了许多人来面试，告知早到者可提早面试或是在空闲的会议室等候，那就另当别论了。对面试地点较远、地理位置较复杂的，不妨先去一趟，熟悉交通线路、地形和所需要的乘车时间，甚至事先找准洗手间的位置，做到有备无患。

招聘人员是允许迟到的，应聘者不得抱怨招聘人员迟到，也不要介意面试人员的基本素养、礼仪表现。如果他们有不妥之处，你应表现得大度开朗。

2. 等候

走进面试单位，若有前台，则开门见山说明来意，经指导到指定区域落座；若无前台，则找工作人员求助。这时要注意用语文明，开始的“您（你）好”和被指导后的“谢谢”是必要的，这体现了求职者的教养。有的面试单位不设等候室，就在面试室门外等候。等候时，不要询问单位情况或向工作人员索要材料，更不要品评单位或单位工作人员。不要驻足观看工作人员的工作，或在落座后对工作人员所讨论的事情、接听的电话发表意见或评论。等候面试要耐心，保持安静及正确的坐姿。有的单位在等候室准备了公司的介绍材料，面试者应仔细阅读以先期了解情况，也可自带一些试题重温，不要来回走动显得焦躁不安，也不要与别的应聘者神侃。如在等候室巧遇亲朋好友，不得旁若无人地大声说笑，也不得嚼口香糖、抽烟、打瞌睡。等候面试时将手机关闭或设置为静音状态，接打电话要轻声细语，不影响他人。进入面试室后一定不要接打电话，收发短信。

3. 入场

如果没有人通知，即使前面的应聘者已经结束面试，也应在门外耐心等待，不得擅自走进面试室。自己的名字被喊到，就干脆有力地答“是”或“在”，然后敲门而入，敲两三下较为标准。敲门时以里面听得见的力度为宜，不可敲得太用力。即使房门虚掩，也应轻叩房门两三下，得到允许后才能轻轻推门而入。进门后，顺手将门轻轻关上。手注意拉住把手，动作要轻，如果门是碰锁，最好先旋起锁舌，关上门后再放开，开关门的动作要自然流畅。进入屋内后向招聘人员问好，可以清楚地报出自己的名字：“您（们）好，我是×××。”然后自然扫视整个房间，确定面试室的基本布局，包括自己的座椅位置，从容不迫地走向自己的位置。整个过程要保持微笑。

4. 招呼

走到座位处后，身体要正对考官，一般大规模的面试，面试官是不会和考生握手的，但如面试官主动伸手，面试者要毫不迟疑伸手相握，然后略带微笑注视主考官，主考官会示意你坐下，你微微欠身点头表示感谢，或轻轻说声“谢谢”。如果面试官没有示意你坐下时不要急于坐下。虽说礼多人不怪，但礼仪应有度，过犹不及。曾有一位考生进入面试室后一边大声说“各位考官好！”一边鞠一个90度的躬，吓考官们一跳，可谓弄巧成拙。

5. 坐姿

不要径直跌坐在位子上，入座时动作要轻盈和缓，从容不迫，离座时也要如此。落座后，身体要略向前倾，不要紧靠椅背，坐椅面的一半到三分之二的部分，人容易坐直。正襟危坐后，双手自然放在桌上或膝上。女生不管是穿裙子还是裤子都要始终并拢双腿。

温馨提示

面试中应避免的坐法

- 拖拉椅子，发出很大声响。
- 一屁股跌坐在椅子上。
- 腿或脚不自觉地颤动或晃动。
- 坐在椅子上，耷拉着脑袋，含胸驼背，给人萎靡不振的感觉。
- 半躺半坐，男的跷着二郎腿，女的叉开腿，给人放肆和缺乏教养的感觉。

6. 目光

以和善友好、自信坦荡的目光注视面试官，表现出坚定和执着。谈话时注意力要集中，视线接触面试官面部的时间应占全部谈话时间的60%以上。尤其在对方讲话时，应与面试官“正视”，即用眼睛注视对方的双眼和口之间的三角部位。对方讲话时双眼注视对方，不仅表示自己在认真倾听，也使自己处于与对方平等的位置上，有助于消除紧张感。头也不抬、左顾右盼、心不在焉是对人不尊重和心虚的表现。

7. 手势

交谈中可以用适当的手势配合表达，但不宜过多，太多会分散别人的注意力。手上不要摆弄东西，比如玩笔、玩纸、玩眼镜、挠头、搓手等。

8. 离席

当面试官提示面试结束时，不管自我感觉如何，都要注意礼节。轻轻起身，面对面试官，微微欠身点头表示感谢，也可轻轻说声“谢谢”，然后转身离去。出门时仍要轻轻关门。同时，要向接待人员道谢、告辞。

（三）谈吐文雅

如果说外部形象是面试的第一张名片，谈吐就是第二张名片。谦虚、诚恳、自然、亲和、自信的谈话态度会让你在任何场合都受到欢迎，面试也不例外。

1. 讲究语言艺术

第一，用语要礼貌。“请”“谢谢”等礼貌用语要常挂在嘴边，尽量不用口头禅。切忌出现不文明的语句，忌出言不逊、贬低他人。称对方单位要使用第二人称的尊称“贵”，比如“贵公司”，如果应聘者是一个归属感很强的人，也可直接称“我们公司”。

第二，答题要简洁。面试官问什么就答什么，问多少就答多少，切忌答非所问、问多答少。比如面试官问“你叫什么名字？”只答姓名即可，如要求“谈谈你的基本情况”，则要将自己的个人简历、学习情况、能力水平等重点突出、条理清晰地进行介绍。切忌口若悬河，滔滔不绝。

第三，重点要把握。面试重在展示自己的能力和魅力，一个说话不得要领的人，也不会是一个思路清晰的人。面试中不要一味强调“我”怎么样，要从对方的角度考虑问题，因为面试官想了解你的基本情况，更想知道你将如何为你应聘的企业服务。例如，当问及应聘动机时，如果大谈自己的抱负和才华，会让人觉得你自我意识特别强，而换一种说法，将个人进步与公司发展结合起来，效果就会截然不同。

第四，态度要诚恳。回答任何问题都要诚实，做到客观准确，实事求是，不可编造谎言，夸夸其谈，炫耀自己，也不要自以为是，傲慢自大。

第五，语速要适中。要注意掌控语速，语速太快显得紧张和急躁，太慢则让人感觉慢吞吞，思维反应迟钝。

第六，冷场要应急。面试时如果碰到难以回答的问题而冷场会很难堪，也会加剧紧张心理，这时可以这样来回答：“对不起，由于我学习不够，对这个问题所涉及的知识缺乏了解，今后一定加强学习，拓展自己的知识面。”不要不懂装懂。

2. 学会有效倾听

（1）要耐心地听　心理学研究表明，越是善于倾听他人意见的人，与他人关系就越融洽。因为倾听本身就是褒奖对方谈话的一种方式，你能耐心倾听对方谈话，等于告诉对方“你是一个值得我听你讲话的人”。面试时要耐心倾听面试官说话，不要插嘴抢话。如确需插话，应先征得面试官同意，用商量的语气问一下：“请等一下，让我说一句好吗？”或“我提个问题好吗？”

（2）要专心地听　应聘者应全神贯注，以饱满的精神状态，专心致志注视面试官，这表明你对他的讲话很感兴趣。在谈话过程中你要不时点头或表示赞同。如果一时没有听懂面试官的话或有疑问，不妨提出一些富有启发性或针对性的问题，这样不但使自己的思路更明确，对问题了解更全面，而且对方在心理上会觉得你听得很专心，对他的话很重视，从而提高对你的评价。

（3）要礼貌地听　如果面试官讲话不连贯，一下子找不到合适的词，千万不要插嘴或作补充说明，这种帮助会让对方难为情。即使你认为面试官所讲的无关紧要甚至错误，也不要感情用事和他争辩。如果产生抵触情绪，这就为专心听他说话制造了心理障碍。

温馨提示

面试语言禁忌

一忌急问待遇。了解薪资待遇是应聘者的权利，本无可厚非，关键要看准时机，一般要在双方达成初步聘用意向时委婉提出。有些应聘者面试中急不可耐："你们的待遇怎么样？""你们管吃住吗？电话费、车费报不报销？"这会让面试官产生"工作还没干就先提条件，何况我还没说要你呢"的想法。

二忌缺乏自信。缺乏自信最典型的是问"你们要几个人？"对用人单位而言，问题不在于招几个，而是你有没有这百分之一、十分之一或独一无二的实力和竞争力。有的女性求职者会问"你们要不要女的？"这也是缺乏自信的表现。

三忌不当反问。如果面试官问："关于工资，你的期望值是多少？"应聘者反问："你们打算出多少？"这样的反问就很不礼貌，好像是在谈判，很容易引起面试官的不悦。

四忌报有熟人。面试中急于套近乎，说"我认识你们单位的某某""我和某某是同学，关系很不错"，等等，这会引起面试官反感。如果你说的那个人是他的顶头上司，面试官会觉得你在以势压人；如果面试官与你所说的那个人关系不和，你这样引出的结果很可能是自取绝路。

五忌超出范围。如果面试快结束时，面试官问求职者："请问你有什么问题要问我吗？"求职者却问："请问你们公司的规模有多大？你们未来5年的发展规划如何？"问诸如此类的问题已经超出了求职者应当提问的范围，是没有摆正自己位置的表现，面试官很可能厌烦：哪有这么多的问题？你是来求职的还是来调查情况的？

（四）及时致谢

面试结束并不意味着求职过程结束，也不意味着求职者可以袖手以待聘用通知的到来。许多求职者只留意面试时的礼仪，却忽略了应聘后的善后工作，而这些步骤亦能加深用人单位对求职者的印象。

为了增加求职成功的可能性，面试后2天内，最好给面试官打个电话、发个短信微信或写封信表示谢意，措辞应该礼貌、谦逊。感谢电话要简短，最好不要超过3分钟。感谢信要简洁，一般二三百字即可。感谢信的开头部分应提及自己的姓名及个人简要情况，然后提及面试时间，并对招聘人员表示感谢。中间部分要重申你对该公司、该职位的兴趣，增加些对求职成功有用的事实内容，尽量修正面试时可能留给招聘人员的不良印象。结尾部分可以表示你对自己的素质符合公司要求的信心，主动提供更多的材料，或表示渴望有机会为公司的发展壮大作贡献。

面试后致谢不仅是礼貌之举，也会使面试官在作录用决定时对你加深印象。据调查，90%以上的求职者在面试结束后不会致谢，求职者如果不忽略这个环节，真诚致谢则显得"鹤立鸡群"。

拓展阅读

×××的面试感谢信

尊敬的××先生：

您好!

我是×××。感谢您昨天为我的面试花费的时间和精力。我觉得和您的谈话很愉快，并且了解到关于贵公司的很多情况，包括公司的历史、现状和文化。

正像我和您谈到的那样，我的专业知识、经验和成绩对公司是很有用的，尤其是我的刻苦钻研劲头。我还在公司、您本人和我之间发现了思想方法和价值取向上的许多共同点。我对贵公司的前途充满信心，希望有机会和您一起为公司持续腾飞尽心竭力。

衷心感谢您，真诚希望有机会再次聆听您的面诲。

×××

××××年×月×日

一般来说，面试官在每天面试结束后，都要将面试情况进行汇总，全部面试结束后才能确定录用人选，一般需要3～5天。在此期间求职者要耐心等候消息，不要过早打听面试结果。通常情况下，求职者如在面试2周后或在面试官许诺的通知时间内没有收到对方答复，不妨打电话给招聘单位或面试官，询问录用结果。这能表示出你的兴趣和热情，还可以从对方的口气中推断出你是否有希望。如果你在打电话询问情况时觉察出自己有希望被录用，但最后决定尚未作出，那就应该在一两个星期后再打一次电话查询。

不可能人人都能应聘成功，万一竞争失败，一定不要气馁。就业机会不止一次，此次失败了，还有下次成功的可能，关键是吃一堑，长一智，总结经验教训，找出失败的原因，针对不足，寻求应对的策略，谋求“东山再起”。

第二节 职场交往

从事任何一项工作，都会面临复杂的人际关系。协调、处理人际关系的能力，是一名职员应该具备的基本工作能力。在职场中，一个人的人际关系如何，往往决定其事业成败，营造融洽的职场氛围是提高工作效率的关键。

在职场上，一名职员所面临的人际关系无非与同事的关系、与上司的关系、与下级的关系、与客户的关系这四种。无论处理哪种关系，都要坚持五个原则：一是尊重他人，二是理解他人，三是接受他人，四是欣赏他人，五是善待他人。当然，根据交往对象的不同，我们应该遵循的礼仪规则也有所差别。

一、与同事交往的礼仪

这里的同事是指在单位里共事的、朝夕相处的，或职位相近、业务相近的工作伙伴。同事不能由自己选择，唯有主动接受他们，与他们和谐相处，才有助于工作的顺利开展。如果同事关系紧张，发生矛盾、摩擦，相互拆台，就会影响正常的工作和生活，阻碍事业的正常发展。处理好同事关系，要遵守以下礼仪规则。

1. 平等相待

与同事相处要亲切友善，不能区分亲疏远近。一般情况下，对待同事要一视同仁，不偏不倚。不要以职务的高低来决定对待他人的态度，见了上司就点头哈腰，满脸堆笑，见到下级就视而不见，甚至冷若冰霜；不要拉帮结派，搞小团伙，亲近一部分人，疏远一部分人；不要势利眼，认为某人对自己有利用价值就打得火热，某人对自己没用就疏远不理；不要卷入是非矛盾之中，应该发展友好关系。

2. 诚实守信

苏东坡曾经说过："服人以诚不以言。"诚实是做人的基本要求，也是建立良好人际关系的重要条件。守信就是恪守信用，言行一致，说到做到。人与人之间最大的信任来自诚实守信。对同事虚情假意，不讲诚信，必然会失去对方的信任，甚至伤害对方。

3. 团结协作

一项工作往往需要多方协作才能做好，工作中要同心协力、相互支持。自己的工作要克己奉公，不推卸责任。需要帮助要与同事商量，不可强求。对方请求帮助时，应尽己所能真诚相助。向年长的同事要多学多问、虚心求教，对年轻的同事则要多鼓励、多支持，从而营造团结和谐的工作氛围。

4. 谦虚随和

工作中要虚心待人，要视同事为良师益友，善于向同事取长补短。在同事面前，任何时候都要摒弃自高自大、目空一切、忘乎所以。切不可对同事指手画脚、盛气凌人。

5. 律己宽人

在工作中要严格要求自己，以各种道德规范和工作制度约束自己，不挑拨是非，不猜疑妒忌，堂堂正正做人，踏踏实实做事。受到委屈或误解时，应胸怀大度，冷静处理，多作自我剖析，主动承担责任。同时，要与人为善，在非原则问题上不斤斤计较，不苛求他人，多一些理解和谅解，少一些批评和指责。

二、与上司交往的礼仪

妥善地处理好与上司的关系，是本职工作能否顺利开展的基本前提。尊重上司是一种天职，每个职员都要掌握与上司相处的礼仪，善于与上司沟通和交往。

1. 服从领导

服从是每个执行者必须具备的基本素质。下级服从上级，是上下级开展工作、保持正常工作关系的前提。在具体工作中，允许职员以正当方式向上司提出意见和建议，但一旦上司作出决策，下属就必须认真贯彻执行。有时上级从全局考虑作出的决策，与部门利益发生了矛盾，也应服从大局需要予以执行，不应抗拒不办。对上司的指令阳奉阴违，任意曲解，甚至公开唱反调，都是不允许的。当然，服从上司领导必须以合法为前提。

2. 维护权威

在工作中，不论是维护单位的形象，还是出于下级服从上级的纪律约束，每一名职员都必须维护上司的个人威信。一方面，不在背后议论、指责上司的人品、能力和决策；另一方面，在大庭广众之下，不能当众顶撞、指责上司，或者取笑、捉弄上司，使其当众出丑。

3. 敬重上司

无论自己与上司的私人关系如何，都要注意在工作场合，尤其在其他人面前，时时、处处、事事以恭敬之心待之。称呼上司要使用尊称，与上司交谈要使用敬语，和上司外出要“礼让三分”。要明确自己与上司在工作中所处的不同位置，该请示时务必请示，该汇报时务必汇报。对上司的建议要认真考虑，上司的批评要虚心接受。

4. 认真履职

下属对上司最大的支持是尽心尽力地做好本职工作。帮助上司比顺从上司是更高的层次，要主动配合上司，积极为上司分忧，而不是被动地接受任务。当上司交办的任务难度较大，其他同事缩手缩脚时，只要自己有能力且不越权，要有勇气承担，显示自己的胆略和能力。这不仅体现了下属工作的积极性、主动性，还创造了上司认识、了解你的机会。

5. 勇于建言

下属要敢于给上司提建议，但尽量不用逆耳之言。给上司提建议时，一定要考虑场合，维护上司威信。提建议要注意两个问题：一是不要急于否定上司的想法，而应先肯定他的大部分想法，然后有理有据地阐述自己的见解；二是根据上司的个性特点确定具体的方法，如对严肃的上司用正面建议法，对开朗的上司用幽默建议法，对年长的上司用委婉建议法，对年轻的上司可用直言建议法等。

三、与下级交往的礼仪

与下级交往，首先要明确，上级和下级只是职务和分工的不同，没有严格的等级之分，更没有贵贱之别。

1. 礼贤下士

《史记·三十世家·鲁周公世家》记载：“然我一沐三捉发，一饭三吐哺，起以待士，犹恐失天下之贤人。”周公政务繁忙，但热情接待来客，洗头时三次绾起头发，吃饭时三次吐出口中食物，确实是礼贤下士的典范。工作中的上下级关系，只是由于分工不同而形成的普通人际关系，高明的领导必然懂得，尊重下属是当好领导的基本准则，礼贤下士是领导必备的修养，任何时候对下属都要平等相待，态度温和。

2. 量才适用

“尺有所短，寸有所长”。每个人在性格、能力、态度、知识、修养等方面各有长处和短处，用人的关键是适用性。因此，上司要知人善任，先要了解每个下属的能力、经验、潜质，结合每个下属的长处给予适当的工作，使每个人发挥最大潜能。唯有如此，上司才能灵活、有效、成功地管理他的下属，使事业蒸蒸日上。

3. 充分信任

有成就的上司都懂得“用人不疑，疑人不用”。一旦将某项工作任务交给了下属，就要给其自主安排、自行发挥的空间，要充分信任下属的经验、能力和判断。除必要的指令和帮助外，一般不要给予下属过多的限制与干涉，这对下属既是信任，也是支持。

4. 允许犯错

现实世界充满了不确定性，职场上不可能事事成功，一个人能多做正确的事，少做错误的事情，他就是一个优秀的人。上司如果要求下属不犯任何错误，不允许下属失败，下属就会持有不做不错的观念，这样单位便失去了生机与活力。因此，上司应鼓励下属创新，宽容下属失败。当下属并非故意犯错时，要体谅、包容，不应横加指责或严厉惩处。

5. 倾力相助

为下属排忧解难是上司的本职工作，帮助下属实际上是帮助自己。当下属遭遇困境时，上司要敢于同下属风雨同舟；当下属遭遇挫折时，上司要给予精神上的理解、工作上的支持、生活上的关心和帮助；当下属在工作中发生失误时，上司既要主动承担必要的领导责任，又要帮助其分析解决问题。

四、与客户交往的礼仪

俗话说，顾客是上帝，客户是公司存在的根本。任何一个企业职员都免不了与客户打交道，要掌握一些与客户交往的基本礼仪规则，与客户建立良好的关系，真正做到为客户服务。

1. 真心相待

对待客户要有“三心”：一是细心，即对客户进行耐心细致的观察、了解和服务；二是实心，即真心实意地站在客户一方思考问题；三是热心，即为客户提供服务时要十分热情，全心全意为客户提供优质服务，让客户有宾至如归之感，从而巩固合作关系。

2. 取信于人

取信于人是每一位职员应该遵守的职业道德。讲不讲信用，不仅是一名职员懂不懂规矩的原则问题，更反映了其单位是否有严格的制度保障和纪律约束，直接影响单位形象，是单位能否赢得良好口碑、能否持续发展的重要问题。与客户打交道时，尤其要讲究信誉，任何时候都不能信口开河，言过其实，开空头支票。

3. 投其所好

推介产品、技术、服务时，销售人员要对客户投其所好。最常用的技巧就是在所售商品的独特处大做文章。首先，强调“人无我有”，若自己所售商品有同类产品所不具备的功能时，必定引人注目。其次，强调“人有我优”，若自己的产品、技术、服务在功能上与同类商品不相上下，可以强调其优质、优价和优越的出身。最后，强调“人优我新”，突出所售商品在技术、设计、款式等方面的创新，以吸引消费者。

4. 善于容忍

当职员接近客户时，要做好充分的思想准备，学会被人拒绝，容忍客户的怠慢，甚至要忍受常人难以忍受的委屈。与客户打交道时，无论客户及周围的人提出什么问题，无论其是否专业、是否友善、是否与业务有关，均应来者不拒，有问必答。对客户的非议、质疑，甚至讽刺、挖苦、刁难，都要以静制动，沉着应对，切不可针锋相对，以牙还牙。

5. 不卑不亢

职员在接近客户时，除了主动热情之外，还要有克制与容忍的基本底线，即言行不损人格，不损国格，不损所在单位。任何情况下都不能为了接近客户，促成销售，放弃做人的基本准则，对他人低三下四，摇尾乞怜。

第三节　会议礼仪

会议是人们为了解决某个共同的问题或出于不同的目的聚集在一起进行讨论、交流的活动，它往往伴随着一定规模的人员流动和消费。会议礼仪，是指会议的组织、管理、服务及参会人应该遵守的规则和应该注意的事项。职场人士经常要组织或参加各类会议，懂得会议礼仪十分必要。

一、会议分类

会议目的多种多样，如布置任务、协商问题、交流经验、通报情况、调查情况、沟通信息、表彰先进、批评错误等。根据会议的规模即参加会议的人数，可将会议分为小型会议（参会人数100人以下）、中型会议（参会人数在100～1000人）、大型会议（参会人数在1000～10000人）和特大型会议（参会人数在10000人以上）。

二、会议组织

无论何种类型的会议召开，都有一定的规律可循，也有一定的规则需要遵守。只有严谨而细致的会议组织才能收到最佳的会议效果。

（一）会前准备

在会议组织工作中，会前准备至关重要。会议准备工作的充分与否，直接影响到会议的效果与质量。会议准备工作环节众多，要找准重点，并确保各个环节得到落实。

1. 会议筹备

举行任何会议，都须先行确定会议主题（包括会议名称）、会议时间和会议场所。在确定会议何时举行时，要兼顾会议的实际需要以及气候、环境、交通、节假日等因素。此外，举行一次公务会议的总体时间一般不超过2天，每场会议以2～3个小时为宜。会议如果在异地举行，在条件允许的情况下，最好以全国性或地方性的经济中心、历史文化名城、旅游观光胜地作为首选。在考虑具体的会议场所时，应兼顾位置、面积、设施、档次与口碑等因素。公务会议应优先考虑在正规的会议中心、大礼堂或会议室举行。

2. 会议通知

会议通知是向与会者传递召开会议信息的载体，是会议组织者和与会者之间会前沟通的重要渠道。会议通知的内容要尽量翔实、明确。书面通知一般应写明会议名称、主办方、会议时间、会议地点、参会对象、会议内容、会议要求、联络信息等。有时可用电话和邮件通知。召开会议一定要确保所有参会对象提前收到会议通知。

3. 会议证件

会议证件是会议期间供与会人员、工作人员及其他相关人员佩戴使用的证件。使用会议证件的目的是对会议进行管理，便于参会者、工作人员相互辨认和联系交流。证件一般包括出席证件（代表证、出席证、列席证、来宾证等）、工作证件（工作证、记者证、通行证等）。制作会议证件，要求规范、实用、美观和易于辨识。一般的小型会议或单位日常会议，无须制作会议证件。

4. 会议文件

会议文件是指提交会议讨论或有助审议事项的各类文书材料，一般包括五种：一是主旨文件，即主题报告、领导讲话、传达提纲、计划草案、决议草案、开幕辞、闭幕辞等；二是议案文件，即交付会议审议的各项议案、议案说明等文件；三是信息文件，即会议记录、会议简报等反映会议概况与进程的各项文件；四是决议文件，即会议纪要、决定、决议、公告、通知、通报等直接反映会议结果的文件；五是事务文件，即开会通知、参会须知、日程安排、代表名单、生活安排、通讯录等为会议服务的文件。要开好会议，必须安排专人认真准备会议文件。

5. 会议座位

在正式的公务会议上，通常要讲究会议排座。会议排座分为座位摆放和座次确定两个问题。

（1）座位摆放　如果会场的座席可自由调动，座位的摆放一般可分为以下八种。

第一，剧院式摆放。这种摆放形式一般是指利用正式礼堂的固定座席，其特点是在群众席正前方设有居高临下的主席台。剧院式场面较大，多用于大型、特大型会议。

第二，课桌式摆放。它实际上是剧院式的缩微版，大多配合各种会议室来摆放。在群众席前方设有主席台，但二者在同一高度。多见于中型会议。

第三，董事会型摆放。适用于人数较少的各类会议，尤其是内部会议。所有参会者不分主次在一张圆桌周围入座。

第四，回形摆放。也称方桌式摆放。它与董事会型摆放大体相似，主要用于内部会议或小型会议。

第五，“U”形摆放。将座席摆成英文字母“U”的形状。它主要适用于讲座及培训等小型讲习会。

第六，圆桌式摆放。它是指桌子使用中式圆桌，围绕圆桌摆放座椅，桌与桌之间留有过道。常用于宴会的摆台。

第七，鱼骨式摆放。将会议室的桌子按照鱼骨架即“八”字形依次摆开，在桌子周围摆放座椅，组与组之间留出过道。此类摆台较适合研讨和小组讨论结合的会议，增加小组间交流的同时，可以聆听会议发言。

第八，酒会式摆放。只摆放供应酒水、饮料及餐点的桌子，不摆设椅子。这是以自由交流为主的一种会议摆桌形式。

（2）座次确定　正式会议往往需要确定座次，座次排列的基本原则是让尊者处于安全并醒目的位置。确定座次应兼顾两点：

一是基本规则。第一条规则是以右为上或以左为上。国际社会的习惯做法是以右为尊，我国大部分社交和商务谈判都遵循以右为尊的原则，我国政务礼仪则讲究以左为尊。另外三条规则是：面门为上；居中为上；前排为上。以上这四条规则往往同时使用。

以下面两图为例。图5-1是国内商务会议的一种排座方式。图5-2是国内政务会议的一种排座方式，A代表客方，B代表主方。序号从小到大都代表了座次的从高到低，商务会议是以右为尊，政务会议则是以左为尊。

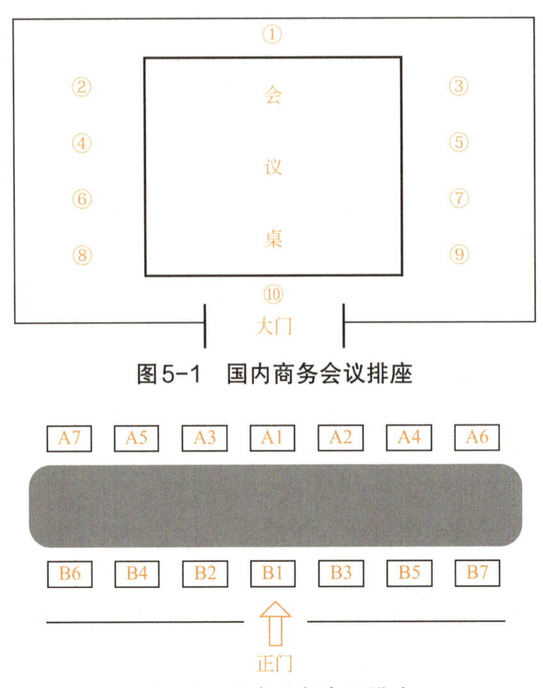

图5-1　国内商务会议排座

图5-2　国内政务会议排座

二是区别对待。参加会议的人数不同时，座次的排列应有所区别。

6. 会场物品

会场物品和设备的准备、安装、调试和使用是一项技术性较强的工作，准备是否充分，安装调试是否到位，对会议能否顺利进行影响很大，不能出半点差错。会场用品和设施主要包括以下八类，根据会议的目的、方式、规格等灵活配备。

（1）基本设施　如桌椅、照明电器、卫生用具、消防设施等。

（2）装饰用品　如会标、会徽、旗帜、花卉、宣传标语等。

（3）试听器材　如多媒体设备、录音机、扩音机、电子书写板、同声翻译系统等。

（4）通信设施　如电话机、传真机、电视机、计算机以及相应的通信网络设施。

（5）常用文具和印刷设备　如笔、纸、簿册等常用文具，打印机、复印机、扫描仪等设备。

（6）会议专门用品　如会议文件、颁奖会的奖品和证书、开幕式剪彩时用的彩带和剪刀、选举会用的选票、投票箱等。

（7）生活用品　如茶水、茶杯、毛巾、纸巾等。

（8）交通工具　如小轿车、巴士等接送与会者的车辆。

（二）会中服务

1. 会议签到

会议登记签到处宜设在比较宽敞的地方，便于与会者有次序地进入，而不影响他人，如会议在宾馆举行，则可设在宾馆一楼大厅。工作人员要穿戴整齐，佩戴工作人员标志，提前准备好签到表，按参会人员身份的不同予以分类登记。现场签到一定要配备好所有必要用品，如会议分发的资料。如果负责签到的工作人员不能解答与会者的疑问，可以在分发的资料袋里装入与会者关心的各种信息资料，如会议须知、用餐安排、餐券等，或者在报到处设立咨询台，安排专人负责解答与会者的提问。

2. 住宿安排

会议住地要尽量靠近会场，会场和住宿的房间最好在同一宾馆，这样可以节省时间和交通费用。如果一个宾馆容纳不下，可以安排两个以上的宾馆，宾馆之间不可相距太远，且宾馆档次要相当。房间的分配有时是一个比较敏感的话题，比如召开一次代表大会，如果各代表团所住的宾馆条件相差太远，会产生一些误会。有些学术会议，出席者的职务高低不等，安排住房时，有必要作适当的区别。

3. 茶水服务

开会15分钟前服务人员开始沏茶。与会者入座时，服务人员要面带微笑，主动表示欢迎、问候，并给每位与会者斟第一道茶。会议过程中，服务人员要随时观察与会人员杯中的茶水情况，并及时续水。倒茶、续水时统一使用暖水瓶，随手携带小毛巾。茶水斟至七八分满为宜，然后将茶杯轻轻放回原处，用小毛巾擦净溢出的水迹。在运水途中，服务人员要注意避让与会者，在人群中穿行时，要先打招呼后方可通过。

（三）会议要求

召开会议应提高效率，努力节省时间、人力、物力和财力，力争取得良好效果。

（1）集中主题　一次会议，最好选定一个单一而明确的主题。如果有必要同时安排多项重要内容，应做到主次分明，主题鲜明。

（2）改进形式　开会的具体形式要灵活多样，重在看其有无收效，能否解决问题。提倡利用电视、电话、广播、互联网等现代媒体举行会议。

（3）压缩内容　应删除一切可有可无的会议内容。一般性质的内容，可采用书面材料。尽量避免领导人“陪会”。

（4）限定时间　明确规定会议的起止时间、休息时间、发言时间、讨论时间，并严格执行，做到准时到会、正点开会、限时发言、到点散会。

三、参加会议

参加会议要有备而来，衣着得体，仪表大方，准时到会，按规定落座，遵守会议纪律。

（一）会议主持

会议主持人一般由具有一定职位的人担任，其礼仪表现对会议能否圆满成功有着重要影响。

① 主持人应衣着整洁，大方庄重，精神饱满，切忌不修边幅，邋里邋遢。

② 走上主席台应步伐稳健有力，行走的速度因会议的性质而定，对热烈的会议步频应放慢。

③ 入席后，如果是站立主持，应双腿并拢，腰背挺直。持稿时，右手持稿的底中部，左手五指并拢自然下垂。双手持稿时，应与胸齐高。坐姿主持时，应身体挺直，双臂前

伸。两手轻按于桌沿，主持过程中，切忌挠头、揉眼、搔背、抓腿等不雅动作。

④ 主持人言谈应口齿清楚，简明扼要。

⑤ 主持人应根据会议性质调节会议气氛，或庄重，或幽默，或沉稳，或活泼。

⑥ 主持人与在主持过程中会场上的熟人不能打招呼，不能寒暄闲谈，会议开始前可点头、微笑致意。

（二）会议发言

会议发言有正式发言和自由发言两种。

1. 正式发言

正式发言者应衣冠整齐，走上主席台应步态自然，刚劲有力，体现成竹在胸、自信自强的风度。发言时应口齿清晰，逻辑严密，简明扼要。如果是书面发言，要时常抬头扫视一下会场，不能一味低头读稿，旁若无人。发言完毕，应对听众的倾听表示感谢。

2. 自由发言

自由发言虽较随意，但要注意：发言应讲究顺序和秩序，不能争抢发言；发言应简短，观点应明确；与他人有分歧，应以理服人，态度平和，听从主持人的指挥，不能只顾自己。如果有与会者对发言人提问，应礼貌作答，对不能回答的问题，应机智而礼貌地说明理由，对提问人的批评和意见应认真聆听，即使批评是错误的，也不应表现失态，当场反驳。

（三）会议听众

会议参加者除了要衣着整洁，进出有序外，还应遵守会议纪律。

① 遵守时间。参加会议时，一定要严格地、自觉地遵守会议时间规定，不迟到，不早退。

② 各就各位。出席正式会议时，应在指定位置就座。未经许可，不要自由择座，争座抢座，也不得东游西逛。

③ 保持安静。会场的安静是会议顺利进行的基本条件。除正常会议发言、讨论、鼓掌外，严禁出现任何噪音。

④ 专心听会。参加会议应认真而专注地听取一切发言，除适当做笔记外，应注视发言者，并在必要时以点头、微笑或掌声表达支持。

⑤ 遵守规定。对有关禁止录音、录像、拍照、吸烟以及使用移动电话等会议的具体规定，应严格予以遵守。

第四节　谈判礼仪

所谓谈判，是指为了协调彼此的关系，满足各自要求，通过协调对话以争取达到意见一致的行为和过程。公务谈判有政治谈判、军事谈判、外交谈判、经济谈判等。这里主要涉及的是商务谈判，它是经济谈判中的一个分支，是职场人士经历较多的谈判。

一、谈判准备

俗话说："不打无准备之仗。"战场如此，商场亦然。谈判开始前，要做好精心准备。在准备过程中，目标、策略固然重要，但礼仪方面的准备也不能忽视。

1. 谈判场所

谈判场所一般有主场、客场、中立地点三种，主场是指己方所在地，客场是指谈判对手所在地，中立地点是指不属于谈判任何一方的地点。三种场所各有利弊，应当由谈判方协商确定。

如果是在己方所在地举行谈判，一定要打好"礼仪牌"，在谈判的台前幕后，恰如其分地运用礼仪来迎送、款待、照顾对手，这样可以赢得信赖，获得理解和尊重，有利于谈判顺利进行。

正式谈判往往需要两个房间甚至更多，其中包括主谈室和密谈室。主谈室应当舒适宽敞、光线充足，且冷暖调节、通风、隔音效果良好，并配有一定的装饰、摆设、烟茶用具。

2. 谈判座次

谈判室内的桌子可以是长方形，也可以是圆形或椭圆形，一般以长方形为佳。在席位上要摆上台签，标注入席者的姓名，以便引导入座。

座席安排有以下几种方式。

若是双边会谈，通常使用长方形桌或椭圆形桌。宾主相对而坐，以正门为标准，客人面向正门，主人背对正门。双方主谈人居中而坐，其他人则按职位高低左右排列，离主谈人越近，职位越高。记录员安排在后排就座。如果双方参加会谈的人数少，也可安排记录员和谈判人员坐在一列，有时也坐在长桌两端。如果正门在会议桌的一侧，则以进门面对的右手一方为客方座位，左手一侧为主方座位。

若是多边会谈，座位可以安排成圆形或方形的。小范围会谈可以不要桌子，只需摆几个沙发即可，此时主人右手一侧为客人的座位，也可以穿插而坐。

3. 谈判仪表

参加谈判的人员，有严格的仪表要求。

着装方面，参加商务谈判理应穿着传统、简约、高雅、规范的正式服装。可能的话，男士应穿深色三件套西装和白衬衫，打素色或条纹式领带，配深色袜子和黑色皮鞋。女士则须穿深色西装套裙和白衬衫，配肉色长筒或连裤式丝袜，穿黑色高跟或半高跟皮鞋。男士不能穿夹克衫、牛仔裤、短袖衬衫、T恤衫、旅游鞋或凉鞋。女士不能穿紧身装、透视装、低胸装、露背装、超短装、牛仔装、运动装或休闲装，也不能全身上下戴满各式首饰。

男士一律应当理发、剃须，不准蓬头乱发，不准留胡子或留大鬓角。女士应选择端庄、素雅的发型，并且化淡妆。不能做过于时尚或超前的发型，不能染彩色头发、化浓妆或使用香气过于浓烈的化妆品。

二、谈判原则

即使是在庄严肃穆、剑拔弩张的谈判桌前，也要以礼待人。这主要表现为以下四个方面。

1. 平等协商

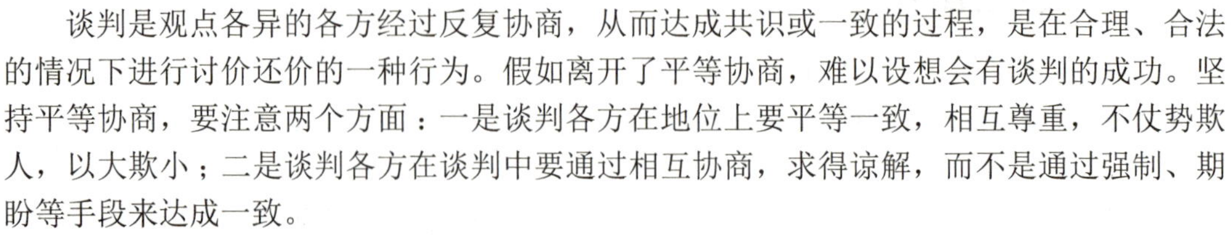

谈判是观点各异的各方经过反复协商，从而达成共识或一致的过程，是在合理、合法的情况下进行讨价还价的一种行为。假如离开了平等协商，难以设想会有谈判的成功。坚持平等协商，要注意两个方面：一是谈判各方在地位上要平等一致，相互尊重，不仗势欺人，以大欺小；二是谈判各方在谈判中要通过相互协商，求得谅解，而不是通过强制、期盼等手段来达成一致。

2. 礼敬对手

谈判者在整个谈判过程中，要排除一切干扰，时时、处处、事事表现出对对方不失真诚的敬意。调查结果表明，在谈判中，始终能够面带微笑、态度友好、语言文明礼貌、举止彬彬有礼的人，有助于消除对方的反感、漠视和抵触心理。与此相反，谈判中举止粗鲁、态度蛮横、表情冷漠、言语失礼，不知道尊重和体谅对手，则会大大加强对方的防卫性和攻击性，为谈判增添阻力和障碍。

3. 求同存异

有一位驰名世界的谈判大师说过：“所谓洽谈，就是一连串的不断要求和一个又一个的不断妥协。”在任何一次正常谈判中，都没有绝对的胜利者和绝对的失败者。相反，有关各方通过洽谈，多多少少都会获得或维护自身利益，也就是说，大家在某种程序上达成了妥协。妥协是通过相互让步来实现的，谈判各方只要公平、合理、自愿，只要尽最大可能维护或争取了各自利益，就是可以接受的。有经验的商务人员都清楚，有关各方既然同意坐下来谈判，在谈判桌上就绝对不可以坚持“一口价”，一成不变，一意孤行。

4. 互利互惠

商务谈判讲究利益均沾、共同胜利。理想的谈判结局是有关各方达成了都能够接受的妥协，也就是洽谈各方都各取所需。现代商界既要讲竞争，又要讲合作。自己的获利不应建立在对手或伙伴利益受损的基础上，而应双赢互利。如果把商务谈判视为“一次性买卖”，主张赢得越多越好，甚至要与对手拼个你死我活，以自己的大获全胜和对手的彻底失败作为谈判的最终结果，必将危及与对方的进一步合作，且在商界留下“心狠手辣”“不能容人”的恶劣印象。因此，商务人员在参加谈判时，必须争取的结局应当是既利己，又利人。

三、谈判举止

谈判人的举止，是指其在谈判过程中的立、坐、行和所持的态度。举止不适，不仅失礼，而且常常被人理解为傲慢、礼貌、虚伪、做作，从而对谈判产生负面影响。谈判者在谈判过程中要始终注意自己的一言一行，一举一动，要保持热情、诚恳、谦虚的交往态度，身体要正对谈判对手，抬头挺胸，目光平视，面含微笑，注意力要集中。

1. 坐姿

谈判中，不同的坐姿传递着不同的信息：挺腰笔直的坐姿，表示对对方及其谈话感兴趣，同时也表示对对方的尊敬，弯腰驼背则是对对方及其谈话不感兴趣甚至厌烦的表示；斜着身体坐，表示心情愉快或自感优越；双手放在跷起的腿上，是一种等待、试探的表示；坐着时双手摆弄东西表示对所介入事项漫不经心；若不断看表，则是不耐烦情绪的暗示；坐在椅子上转动或随便移动椅子位置则有悖常理；身体歪斜，两腿经常挪动或不时来回交叉，跷起二郎腿抖摇，均是失礼行为。

2. 手势

谈判人员要避免出现以下手部动作：

第一，双臂交叉抱于胸前。这表示防卫、拒绝、抗议，说明不愿接受对方或藐视对方，同时也有紧张等心理因素存在。

第二，两手手指顶端对贴在一起，掌心分开形似尖塔，通常表示高傲、自信、踌躇满志或暗示自己地位高。

第三，不知不觉地摸后脑勺、搔头、抓脖颈，表明你内心慌乱，紧张不安。

第四，揉眼睛、挠耳朵，透露出你的烦恼、不解和困惑。

第五，两手紧拧在一起，或不停地相互揉搓，会让人感到你的焦虑和紧张。一般来说，握的部位越接近另一只手臂的肘部，说明紧张程度越高。

四、谈判迎送

如果是在主场谈判，主方应该担负起迎送客方的接待工作。如果接待不周，极可能影响谈判效果，破坏谈判气氛。

商务谈判中，级别观念很重要。谈判之前，要获悉谈判方的人员名单和职位，据此作出合理安排。机票、酒店等服务标准都要符合对方身份，使其感到被尊重和重视。项目意义重大的谈判，可以考虑破格接待，一切以客人为尊。

确定对方的航班、车次、船次等信息，派专人接送。接站人员要提前抵达机场、车站或码头，宁可自己等，也不可让对方等，这是基本的礼貌。如因天气等不可抗力的因素造成航班、车次、船次误点，迎接人员要随时保持与对方的联系，确定准确的到达时间，准时迎接。

酒店安排应该遵从宾客意见，尊重对方习惯。了解对方的行程安排，合理制定时间表，分发到谈判代表手中，以便大家充分了解。

设宴地点不宜安排在客人下榻的饭店，这会造成在客人家里招待他们自己的感觉，宜选择有特色、有档次，并能代表本地餐饮水平的饭店招待客人。最好打探清楚客人的风俗习惯和饮食口味，并视客人的情况决定丰俭。

客人逗留期间，为客人提供一切方便的服务，比如外出用车，随行导游。谈判结束后，如果对方时间允许，应主动邀请对方多逗留几日，参观本地风景名胜。确定对方离开的时间，协助其预订返程票，并按时送客人到达机场、车站或码头，最好等到飞机起飞、火车开动、轮船起航后再离开。

无论谈判结果如何，接待客人都要善始善终。不能因为谈判成功便得意忘形，对客人疏忽大意；更不能因为谈判不成功便对客人不理不睬，或者态度急转直下。始终保持热情的态度是接待人员的素质，更体现主方的形象，也为下次合作奠定良好基础。

第五节　仪式礼仪

仪式是现代社会的重要社交方式，也是组织方对内营造和谐氛围、增加凝聚力，对外

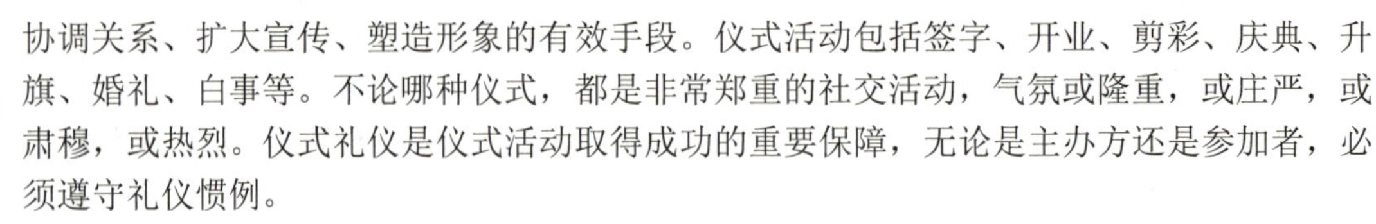

协调关系、扩大宣传、塑造形象的有效手段。仪式活动包括签字、开业、剪彩、庆典、升旗、婚礼、白事等。不论哪种仪式，都是非常郑重的社交活动，气氛或隆重，或庄严，或肃穆，或热烈。仪式礼仪是仪式活动取得成功的重要保障，无论是主办方还是参加者，必须遵守礼仪惯例。

这里主要介绍开业、剪彩、签字三种常见的公务仪式礼仪。

一、开业

开业仪式是指在单位建立、开业，项目落成、移交，以及举办某项活动之时，或是某项工作开始之时，为了表示纪念或庆贺，而按照一定的程序所举行的礼仪活动。比如公司的成立、公司的周年庆典、企业的开工、宾馆的落成、商店的开张、银行的开业、大型建筑物的启用、道路或航道的开通、展销会或展览会的开幕等，都可以举行开业仪式。开业仪式往往受到政府机关、商家及其他当事者的高度重视。

从仪式礼仪的角度来看，开业仪式是一个统称，它包括开幕仪式、开工仪式、奠基仪式、破土仪式、竣工仪式、下水仪式、通车仪式、通航仪式等。不同的仪式在具体运作上存在差异。

（一）开幕仪式

开幕仪式是指在公司、企业、银行、宾馆、商店正式启用之前，或是各类商品的博览会、展示会、订货会正式开始前所举行的开业仪式。此外，还包括文化艺术节、电影博览会的开幕等。

1. 开幕式的筹备

（1）会场布置　开幕式无论是在室内还是在室外举行，会场一般选择比较宽敞的场地，如门前广场、展览厅门口等。会场正面悬挂“×××开幕式”横幅，会场两旁布置红色彩旗。在主席台两侧或大门入口处两侧，应按一定的礼宾次序，摆放来宾馈赠的花篮。为了表示纪念，还应在接待处专设签到处，恭请各位来宾留下姓名。隆重的开幕式，其会场还要悬挂国旗（有的还须奏国歌）。

（2）服务人员与设备　经办方的工作人员要落实签到、接待、摄影、录像、扩音、翻译及剪彩（或揭幕）等有关服务，尤其要准备好剪彩用的彩球、剪刀、托盘和揭幕用的彩幕、彩带。扩音话筒以准备三个为宜，供主持人、致辞人和译员使用。扩音设备应事先调试好，确保现场使用无误。

（3）拟定开幕式宾客名单　事前，主办单位要精心拟定出席开幕式的宾客名单。一般包括政府有关部门负责人、社区负责人及代表、知名人士、社会团体代表、同行业代表、新闻单位、员工代表及各阶层公众代表。给来宾的请柬应提前一周寄送或派人呈送，已电话邀请过的仍应补送请柬。对于剪彩的来宾，宜由部门领导人代表组织负责人登门送请柬并恳请其剪彩。

2. 开幕式的程序

开幕当天，主办方的主要领导者，男性要身着深色西装，穿黑色皮鞋；女性宜穿着西装或套裙，在场依照身份站成迎宾线，微笑迎候客人并与之热情握手，表示感谢。

各界参加者在开幕当天一般都要携带包装精美、饰以红绸的书画、花篮或其他装饰品作为馈赠礼品，由主要参加者到场，双手呈交给开幕单位，并表示祝贺。来宾抵达后，应由服务人员引入休息室或会场，依次签到。

揭幕人（或剪彩人）要身着正规服装，提早熟知各项程序，并按主人的要求准时到达。开幕的具体程序如下：

第一，入场，奏乐。主席、剪彩人、来宾依次到位。

第二，主持人宣布开幕式开始，宣读主要来宾名单。

第三，主席致辞。

第四，各界代表致辞。

第五，揭幕（剪彩）。主持人宣布揭幕（剪彩）的领导或来宾名单。揭幕的方法是：揭幕人走到彩幕前恭立，礼仪小姐双手将开启彩幕的彩索递给对方，揭幕人目视彩幕，双手拉动彩索，使之开启。全场目视彩幕，鼓掌、奏乐。剪彩仪式在后面介绍。

拓展阅读

奥运会开幕式程序

开幕式历来是奥运会的重头戏，既要反映出以和平、团结、友谊为宗旨的奥林匹克精神，也要展现出东道国的民族文化、地方风俗和组织工作水平，同时还要表达对世界各国来宾的热情欢迎。现代奥运会开幕式基本仪式如下。

1. 进场

奥运会组委会主席宣布开幕式开始。国际奥委会主席和奥运会组委会主席在运动场入口迎接东道国国家元首，并引导他们到专席就座。各代表团按主办国语言的字母顺序列队入场，但希腊和东道国代表团例外，希腊代表团最先入场，东道国最后。

2. 讲话、宣布开幕、升旗

奥运会组委会主席讲话，国际奥委会主席讲话，东道国国家元首宣布奥运会开幕。奏《奥林匹克圣歌》，同时奥林匹克会旗以水平展开形式进入运动会场，并从赛场的旗杆上升起。

3. 文艺表演

这些仪式结束以后，是团体操或其他文艺表演。奥运会开幕式的成败与否，在很大程度上取决于团体操和表演的效果。

4. 运动员入场

5. 运动员宣誓

各代表团的旗子绕讲台形成半圆形，主办国的一名运动员登上讲台宣读誓言。

6. 裁判员宣誓

紧接着，主办国的一名裁判员登上讲台，以同样的方式宣读誓言。

7. 点燃火炬

奥林匹克火炬接力运动员跑步进入运动场，最后一名接力运动员沿跑道绕场一周后，点燃奥林匹克圣火，然后放飞鸽子。

8. 奏乐退场

奏或唱主办国的国歌，各代表团依次退场。

社交礼仪

（二）奠基仪式

奠基仪式是指一些重要建筑物，如大厦、场馆、亭台、楼阁、园林、纪念碑等，在动工修建之初正式举行的庆贺性活动。

1. 奠基仪式的筹备

（1）会场布置　奠基仪式现场的选择与布置比较讲究。奠基仪式举行的地点，一般应选择在建筑物的施工现场。奠基的具体位置，按常规应选在建筑物正门右侧。奠基石一般应为一块完整无损、外观精美的长方形石料。奠基石上的文字通常应当竖写，字体多采用楷书，最好是白底金字或黑字。右上款应刻有建筑物的名称，正中间为“奠基”两个大字，左下款为奠基单位全称及奠基的年月日。

在奠基石的下方或一侧，应安放一只封闭完好的铁盒，内装与该建筑物有关的各项资料及奠基人姓名，届时，它将与奠基石一同被奠基人等培土掩埋于地下，以示纪念。

在举行奠基仪式的现场，通常应设置彩棚，悬挂彩旗、彩带，安放该建筑的模型或设计图、效果图，并将各种建筑机械安装到位。

（2）宾客名单的确定、服务人员与设备的准备等　与开幕式类似。

2. 奠基仪式的程序

第一，仪式开始，介绍来宾，全体起立。

第二，奏国歌，并演奏本单位标志性歌曲。

第三，主人对该建筑物的功能以及规划设计进行简要介绍。

第四，来宾致辞道贺。

第五，正式奠基。首先由奠基人双手持系有红绸的新铲为奠基石培土。随后，由主人与其他嘉宾依次培土，直至埋没奠基石。此过程中应当奏乐或燃放鞭炮，也可以具有传统喜庆色彩的锣鼓声烘托气氛。

（三）破土仪式

破土仪式是指在道路、桥梁、河道、水库、电站、厂房、机场、码头、车站等正式开工之际，专门举行的动工仪式。

1. 破土仪式的筹备

破土仪式举行的地点应选择在工地的中央或其某一侧。现场应事先进行清扫、整理与装饰。仪式现场的布置应突出热烈、喜庆的气氛。

如果来宾较多，尤其是高龄来宾较多时，最好在现场附近临时搭建供休息使用的帐篷或活动房屋，使来宾免受风吹、日晒、雨淋，并能够借此稍事休息。

2. 破土仪式的程序

第一，宣布破土仪式开始，介绍来宾。

第二，奏国歌，并演奏本单位标志性歌曲。

第三，主人致辞，内容主要为介绍与感谢。

第四，来宾致辞。

第五，正式破土。具体做法为：众人环绕于破土处四周肃立，并目视破土人以示尊重；破土人双手持系红绸的新铲垦土三次，以示良好的开端；全体人员鼓掌、奏乐或燃放鞭炮。

（四）竣工仪式

竣工仪式又称落成仪式、建成仪式，是指在本单位所属的某一建筑或设施建设、安装工作完成之后，或是某一纪念性、标志性建筑物（如纪念堂、纪念塔、纪念碑、纪念像、纪念雕塑等）建成后，以及在某种意义重大的产品生产成功之后，所专门举行的纪念性或庆祝性活动。

1. 竣工仪式的筹备

举行竣工仪式的地点，应以现场为第一选择。如新落成的建筑物之外以及有关的纪念像、纪念碑旁边。会场的布置可根据具体情况确定，如庆祝工厂、大厦建成时，整个会场应凸显欢快、喜悦、热烈的气氛，可在会场周围点缀标语、彩旗、气球等；如在纪念像、纪念碑落成仪式上，则应烘托庄严肃穆的气氛。宾客名单的确定、服务人员与设备的准备等与开幕式类似。

2. 竣工仪式的程序

第一，宣布竣工仪式开始，介绍来宾。

第二，全体起立，奏国歌，并演奏本单位标志性歌曲。

第三，主办方负责人讲话，其内容应为介绍、回顾与感谢。

第四，剪彩或揭幕。全体人员向竣工仪式的“主角”——刚刚完工或建成的建筑物行注目礼。

第五，来宾致辞。

第六，进行参观。

二、剪彩

剪彩仪式指的是有关单位为了庆贺公司的设立、企业的开工、宾馆的落成、商店的开张、银行的开业、大型建筑物的启用、道路或航线的开通、展销会或博览会的开幕等，而隆重举行的一项礼仪性程序。因其主要活动内容是请专人使用剪刀剪断被称为“彩”的红色绸带，故称为剪彩。

一般情况下，开业仪式中剪彩是一项极其重要、不可或缺的程序。尽管剪彩可以被单独分离出来，独立成项，但在更多的时候，它是附属于开业仪式的，这是剪彩仪式的重要特征之一。剪彩礼仪就是剪彩一系列具体操作所应遵循的基本规范。

（一）剪彩准备

剪彩准备主要涉及场地布置、环境清扫、灯光与音响准备、媒体邀请、人员培训等。除此之外，还须准备以下五种物品。

1. 红缎带

红缎带亦即剪彩仪式中的“彩”。红色寓意红火热情吉祥，红色的缎带自然是不二选择。按照传统做法，它应当由一整匹未曾使用过的红色绸缎，在中间结成数朵花团而成。有些单位为了厉行节约，而代之以长度为2米左右的细窄的红色缎带，有时也可以红布条、红线绳、红纸条代替。一般来说，红色缎带上所结的花团，不仅要生动、硕大、醒目，而且其具体数目往往还同现场剪彩者的人数直接相关。花团数目有两种模式可依：一是花团数目较现场剪彩者的人数多1个；二是花团数目较现场剪彩者的人数少1个。前者可使每位剪彩者总是处于两朵花团之间，尤显正式；后者则不同常规，具有新意。

2. 新剪刀

新剪刀是专供剪彩者在剪彩仪式上使用的，每位现场剪彩者人手一把，而且必须崭新、锋利而顺手。剪彩仪式结束后，主办方可将剪彩者所使用的剪刀进行包装后，送给对方以资纪念。

3. 白手套

白色薄纱手套是专为剪彩者准备的。在正式剪彩仪式上，剪彩者剪彩时最好每人戴上一副白色薄纱手套，以示郑重其事。在准备白色薄纱手套时，除了要确保数量充足之外，还须确保大小适度、崭新平整、洁白无瑕。

4. 大托盘

托盘托在礼仪小姐手中，用来盛放红色缎带、剪刀、白色薄纱手套。在剪彩仪式上所使用的托盘，最好是崭新、洁净的，通常首选银色不锈钢制品。为了显示正规，可在使用时上铺红色绒布或绸布。就其数量而论，在剪彩时，可以一只托盘依次向各位剪彩者提供剪刀与手套，并同时盛放红色缎带；也可为每位剪彩者配置一只专为其服务的托盘，同时使红色缎带专由一只托盘盛放。后一种方法更为常用。

5. 红地毯

在剪彩现场铺设红色地毯，主要是为了提升档次，营造喜庆气氛，有时亦不铺设。红地毯主要铺设在剪彩者正式剪彩时的站立处，其长度可视剪彩人数的多寡而定，宽度一般在1米以上。

（二）剪彩人员

除司仪（主持人）外，剪彩人员主要由剪彩者和助剪者构成。

1. 剪彩者

担任剪彩者是一种很高的荣誉。剪彩仪式档次的高低往往同剪彩者的身份密切相关。

剪彩者可以是一个人，也可以是几个人，但人数不宜过多，通常是上级领导、社会名流、合作伙伴、客户代表或职员代表。

按照常规，剪彩者应着西装、套装、套裙或制服，并将头发梳理整齐，不能穿便装，也不允许戴帽子或墨镜。必要时，在剪彩仪式举行前，可将剪彩者召集在一起，强调相关注意事项，并稍事排练。

若剪彩者仅有一人，让其居于彩带正中间即可。若不止一人，则须注意其位次。按照国际惯例：中间高于两侧，右侧高于左侧，即主剪者应居于中央，距离主剪者越远位次越低，商务活动一般遵循国际惯例。政务活动中的剪彩仪式应执行我国“左高右低”的传统做法。

2. 助剪者

助剪者指在剪彩过程中为剪彩者提供帮助的人员。一般由礼仪小姐担任。

剪彩仪式上的礼仪小姐可分为迎宾者、引导者、服务者、拉彩者、捧花者、托盘者等。迎宾者的任务是在活动现场负责迎来送往。引导者的任务是在剪彩时负责带领剪彩者登台或退场。服务者的任务是为来宾提供茶水、饮料，安排休息之处。拉彩者的任务是在剪彩时展开、拉直彩带。捧花者的任务是在剪彩时手托花团。托盘者的任务则是为剪彩者提供剪刀、手套等剪彩用品。引导者可以为1人，也可以替每一位剪彩者配1

名引导者。拉彩者应有2名。捧花者的人数则视花数而定，一般应当一人一花。托盘者可以是1人，也可以为1名剪彩者配1名托盘者。有时为了表示重视或对剪彩者的重视，捧花者可以由剪彩单位的主要负责人担任。本单位的负责人应穿深色西装套装或西装套裙。

礼仪小姐的基本要求是：相貌较好、身材窈窕、年轻健康、气质高雅、反应敏捷、善于交际。礼仪小姐应穿着统一式样、统一面料、统一色彩的礼服，并且首选旗袍，应该盘发，化淡妆，穿黑色高跟制式皮鞋，配肉色连裤丝袜。除戒指、耳环、耳钉外，不宜佩戴其他首饰。

（三）剪彩程序

剪彩开始前，助剪人员应各就各位。拉彩者与捧花者应面带微笑，在既定位置上拉直缎带，捧好花朵。

主席台上的人员一般要尾随于剪彩者之后1～2米处。

当司仪宣布剪彩开始，引导者带领剪彩者走至红色缎带前，面向全体出席者站好，然后引导者从剪彩者身后退下。接着，托盘者从左后侧上场，依次为剪彩者送上手套与剪刀，当剪彩者剪彩时，应在其左后侧约1米处恭候。

剪彩时，剪彩者应同时行动。剪彩之前，剪彩者应先向拉彩者与捧花者示意，随后动手剪彩，动作利索，要“一刀两断”。捧花者不能让花朵掉落在地。这时，司仪带领全体来宾鼓掌，乐队奏乐。

剪彩完毕，剪彩者脱下手套，将它与剪刀一起放进托盘。托盘者与拉彩者、捧花者后退2步，然后一起依次列队从左侧退场。

剪彩者在此之后，应向全体出席者鼓掌，并与司仪和主人等一一握手，以示祝贺。然后紧随引导者依次退场。

剪彩结束后，主人应陪同来宾参观剪彩项目。随后，东道主可向来宾赠送纪念品，并可设宴款待来宾。

三、签字

签字仪式，通常是指订立合同、协议的各方在合同、协议正式签署时所举行的仪式。举行签字仪式，不仅是对谈判成果的一种公开化、固定化，而且也是有关各方对自己履行合同、协议所作出的一种正式承诺。

1. 场地布置

举行签字仪式的场地，一般视参加签字仪式的人员规格、人数多少及协议中的商务内容重要程度来确定。多选择在客方所住的宾馆、饭店，或主方的会客厅，洽谈室。无论选择在何处举行，主方都应征得对方的同意。

一般是在签字厅或签字室内设置长方桌作为签字桌，桌面覆盖深红色或深绿色台呢布（但要注意双方的颜色忌讳）。如签署双边协议，则在桌后放置2张椅子作为双方签字人座位。座前陈列各自保存的文本，上端分别放置签字时使用的文具，如签字笔、吸墨器等。如与外商签署协议或合同，还应将各方的国旗布置在该方签字者的正前方。如签署多边性协议时，各方的国旗则应依一定的礼宾顺序插在各方签字者的身后位置。

2. 座次安排

举行签字仪式时，座次排列共有三种基本形式，它们分别适用于不同的具体情况。

（1）并列式　并列式排座，是举行双边签字仪式最常见的形式。它的基本做法是：签字桌在室内面门横放。双方出席仪式的全体人员在签字桌之后并排排列，双方签字人员居中面门而坐，国际惯例是客方居右，主方居左。

（2）相对式　相对式签字仪式的排座，与并列式签字仪式的排座基本相同。二者之间的主要差别，只是相对式排座将双边参加签字仪式的随员席移至签字人的对面。

（3）主席式　主席式排座，主要适用于多边签字仪式。其操作特点是签字桌仍须横放在室内，签字席仍须设在桌后面对正门，但只设一个，并且不固定就座者。举行仪式时，所有各方人员，包括签字人在内，皆应背对正门、面向签字席就座。签字时，各方签字人应以规定的先后顺序依次走上签字席就座签字，签完即退回原处就座。

3. 文本准备

作为主方应为文本的准备提供准确、周到、快速的服务。

文本一旦签字就具有法律效力，所以文本要规范合法。洽谈或谈判结束后，双方应指定专人按谈判达成的协议做好待签文本的定稿、翻译、校对、印刷、装订、盖印等工作。

在准备文本的过程中，除要校对谈判协议条件与文本的一致性外，还要核对各种批件，主要是项目批件、许可证、设备分交文件、订货卡等是否完备，合同内容与批件内容是否相符等。审核文本必须对照原稿件，做到每字不漏，对审核中发现的问题，要及时互相通报，通过再谈判，最终达成一致。

在协议或合同上签字的有几个单位，就要为签字仪式提供几份文本。如有必要，还应为各方提供一份副本。

待签文本通常应装订成册，并以真皮、仿皮或其他高档质料作为封面，以示郑重。其规格一般是大八开，所使用的纸张务必高档，印刷务必精美。

与外商签署有关协议、合同时，按照国际惯例，待签文本应同时使用宾主双方的母语。

4. 签字程序

签字仪式的基本程序如下。

（1）宣布开始　此时，各方人员应先后步入签字厅，在各自既定位置上就位。

（2）签署文件　通常首先签署应由己方所保存的文本，再签署应由他方所保存的文本。依照礼仪规范，每位签字人在己方所保留的文本上签字时，应当名列首位。因此，每位签字人均须首先签署将由己方所保存的文本，然后再交由他方签字人签署。此种做法称为“轮换制”。它的含义是：在文本签名的具体排列顺序上，应轮流使有关各方均有机会居于首位一次，以示各方完全平等。

（3）交换文本　签完字后，签字人员正式交换已经由有关各方正式签署的合同文本。此时，各方签字人应热烈握手，互致祝贺，并互换方才用过的签字笔，留作纪念。全场人员应热烈鼓掌，表示祝贺。

（4）饮酒庆贺　国际上通行的增加签字仪式喜庆色彩的做法是，交换合同文本后，有关各方，尤其是签字人员一般应当场饮一杯香槟酒，并与其他各方人士一一干杯。

一、请你分析

小叶推门进来，重重地关上门。坐在主考官面前，默不作声。

主考官：你是叶飞吧？请问你是从哪所学校毕业？是什么时候毕业的？

小叶：（不解地）您没看我的简历吗？您问的这些问题简历上都写着呢。

主考官：看了。不过我还是想听你说说。请用3分钟叙述一下你的基本情况。

小叶：（快速地）我在大学里学的是文秘专业，实习时在一家广告公司负责文案。这几年，我报考了英语专业的自学考试，目前已通过五门功课的考试。我很想到贵公司工作，因为贵公司的工作环境很适合年轻人发展。我希望贵公司给我一个机会，我将回报贵公司一个惊喜。

主考官：（皱起眉头）好吧，回去等通知吧。

小叶：（急匆匆走出去，又急匆匆返回来拿落在椅子脚旁的帆布包。）

请问：小叶这次面试有哪些不当之处？

二、请你模拟

1. 实训目的

通过对面试情景的模拟训练，让学生熟悉面试过程，掌握面试时的行为举止要求及规范，养成良好的个人行为习惯，同时熟悉面试的常用试题，掌握面试应答技巧，提高面试成功率。

2. 实训步骤

（1）选定7名学生为招聘者，其中指定一位招聘组组长，1名学生为主持人，2名学生为计分、统分人员，其余学生为应聘者。面试结束后，应聘者、招聘者、工作人员角色轮换，保证每位学生各接受一次面试。

（2）全班同学依次接受面试，每名同学的面试时间控制在6分钟内，首先作3分钟自我介绍，然后回答招聘者3个左右的问题。招聘组组长负责提问。其余同学观摩。

（3）招聘者现场评分和点评，教师也可适时点评。

（4）面试全部结束后，评选出冠、亚、季军，获奖同学发表感言。

（5）教师颁奖并最后点评。

3. 实训要求

（1）面试的场景布置尽量贴近招聘的实际场景，比如座位的摆放等，教师可以设计一些小的“陷阱”，以考验学生的综合素质。

（2）面试题目要从经典面试问题中抽取，每组须事先设计好题目，除自我介绍外，题目尽量不要重复。

（3）要充分调动学生参与的积极性，每个学生要认真对待，融入角色。

（4）根据班级人数决定实训时间，一般控制在4个学时以内。

4. 评分标准

评委从参赛选手的“言”和“行”两方面来打分。

（1）言（70分）

① 自我介绍（30分），要求条理清晰，表达流畅，能力和魅力展示突出。

② 回答问题（40分），要求应答机智，内容贴切，语言流畅，条理清晰。

（2）行（30分）

主要指仪容、仪表、仪态等。要求仪表得体，举止端庄，姿态优美。

5. 考核成绩

根据评分，将学生的实训成绩分为优秀、良好、合格、不合格四个等级：

优秀：86～100分；

良好：76～85分；

合格：60～75分；

不合格：60分以下。

第六章

通联礼仪

学习目标

- 认知通联礼仪在人际交往中的重要作用。
- 领会和掌握通联礼仪规范。
- 能够在实践中得体地运用通联礼仪。
- 重视通信联络，维持与发展人际关系。

案例导入

一个电话丢掉一份工作

刘婷学习成绩优秀，长相靓丽，实习面试时主考官一眼看中，安排在王总经理办公室做助理。刘婷非常高兴，一同来实习的同学都很羡慕她。

几天后，刘婷在办公室接到一个电话，她拿起话筒就问："喂，你是谁？"对方说："我是××，请你告诉你们王总经理，我一会儿就去见他。"刘婷见王总经理不在办公室，就回答："他不在。"说完就挂了电话。过了一会儿，对方又打来电话，问王总在不在。刘婷一听，不耐烦地说："我刚才不是告诉你了吗？他不在！""啪"的一声挂断了电话。不一会儿，王总经理来到办公室，刘婷也没向他汇报刚才的事情。

第二天，刘婷被王总经理叫到办公室，问起昨天电话的事情，刘婷如实相告。她怎么也没想到，就因为这个电话，自己失去了这份理想的工作。原来，昨天打来电话的是另外一家大公司的马总经理，王总经理曾几次请他来帮助策划一些项目，约定的就是昨天。马总经理出于礼貌，来之前先给王总经理办公室打个电话，可由于刘婷两次接电话，马总经理取消了约会。王总经理再次邀约，被马总经理婉言谢绝了。

刘婷失去了工作，她觉得很委屈：我刚来，不了解情况嘛！怎么不给我一个锻炼的机会呢？

通联礼仪是人们在人际交往中进行通信、联络时所应当遵守的行为规范。遵守通联礼仪是维持良好的人际关系的重要前提。通联礼仪的主要内容包括电话礼仪、网络礼仪、文书礼仪、题字礼仪等。其共性在于，它们都是关于人际交往媒介的操作规范。

第一节 电话礼仪

电话被公认为现代最便利的通信工具，在工作和生活中扮演着重要角色。据工业和信息化部公布的统计数据显示，2020年我国电话用户数共17.76亿，其中移动电话用户数为15.94亿，固定电话用户总数1.82亿。电话交流已经成为日常生活的重要组成部分。

接打电话看似简单，其实大有讲究。要正确地利用电话，不仅要熟练地掌握使用电话的技巧，更重要的是自觉维护自己的“电话形象”。电话是一个人的“声音名片”，电话交谈反映一个人的涵养。“电话形象”是电话礼仪的主旨所在，主要由电话使用时的时间、地点、语言、内容、态度、表情、举止等几个方面构成，是个人形象的重要组成部分。

一、通话基本要求

通话基本要求主要有以下三点。

1. 讲究礼貌

通话时要面带微笑，即使不是可视电话也要如此，因为微笑是可以被听见的，面部表情也会影响讲话的语调。声音要亲切、自然、婉转，语调要愉悦。不要把话筒夹在脖子下，抱着电话机随意走动，也不要趴着、仰着、躺着、坐在桌子上，或高架双腿与人通话，更不要边打电话边吃东西。通话结束要轻放话筒，不要用力摔话筒。拨号时如对方一再占线，要有耐心，不可骂骂咧咧，甚至采取粗暴的举动拿电话机撒气。无论在哪里接打电话，都切忌旁若无人，影响他人。

2. 语言简洁

除非亲人、恋人之间“煲电话粥”，或有很重要的事情需要沟通交流，一般要遵循“电话三分钟”原则，即每次通话的时间限定在3分钟之内。通话时，语言要简洁明了，开宗明义，切中要害，不讲空话，不说废话，如“猜猜我是谁？”“知道我找你有什么事吗？”如果通话内容已陈述清楚，应及时结束通话。

3. 语音清晰

接打电话发音吐字要清晰，要让对方听明白你要表达的意思。音量要适中，嗓门过大、声调过高，有咄咄逼人之势；嗓门过小，声调过低，不仅让人听不清，还会给人沉闷感。话筒应与嘴部保持2～3厘米的间距，能有效保证音量适度。如果边吃东西边打电话，或叼着香烟打电话，话筒里的声音会含糊不清。如果听不清对方的话，则应委婉相告：“对不起，我们这边线路有点问题，我听不清楚您的说话，请大点声好吗?”对方调整过来后再向对方致谢，切不可抱怨对方。

二、固定电话礼仪

（一）拨打电话

1. 择时通话

通话人时间感的强弱能反映出其办事效率的高低和工作能力的大小。一般而言，公务电话应当在周一至周五的上班时间拨打，不宜在下班之后或例行的节假日拨打，更不能在凌晨、深夜、午休或用餐时间“骚扰”他人。如确有急事不得不打扰别人休息，务必在接通电话后向对方致歉。非公务电话应避免在对方的通话高峰和业务繁忙的时间段内拨打。如果打国际长途，应先计算时差，照顾对方是否方便。通话过程中，若通话人须取一些相关资料或暂时离开时，应在30秒之内解决。若超过30秒，须征得对方同意并致以歉意，或暂时挂断电话，完事后再拨打过去。

2. 耐心拨打

拨打电话时要耐心，给对方留足接通电话的时间。一般应等铃声响过6遍，或大约半分钟，确信无人接听后方可挂断电话。更不可在接通电话后埋怨对方让自己等得太久。拨打急救、报警等紧急电话时，切勿惊慌，要保持镇静，清晰、准确地告知详细地址、道路、附近标志性建筑、联系方式等，便于施救或接警。

3. 准备内容

拨打电话前，首先要明确受话人的电话号码，仔细核实，谨慎拨打。如有可能，明确受话人的一般情况，如姓名、性别、职务、年龄等，以免发生尴尬。通话前应清楚自己所要传达的信息和阐述的要点，最佳办法是事先把这些内容写在便笺上，预备一个条理清晰的提纲。依照提纲有条不紊地打电话，不至于遗漏要点或者语无伦次，甚至因一时想不起来该说什么，或者想起来后又重新打电话给对方。

4. 表现文明

接通电话，首先说“您（你）好”，声音清晰、明快。公务电话只有在确认信号好坏的情况下，才能开口喊“喂”，其他场合均为禁例。要讲的事可从结论说起，这样更能表达清晰。问候对方后，要自报单位、姓名和职务。请人转接电话，要向对方致谢。遇到数字和专有词汇，应进行复述，避免出错。放下话筒前先说“再见”。

5. 解释差错

如果发现拨错了电话，首先应当诚恳地向受话人致歉，毕竟给他人造成了麻烦，不可一声不吭地挂断电话，让受话人莫名其妙。其次要核对准备拨打过去的电话，防止错误再次发生。如因线路问题或其他客观原因导致通话中断，发话人应迅速重拨，并向受话人解释、致歉，不可让对方久等，也不宜等对方打来电话。

（二）接听电话

1. 及时接听

接听电话要迅速及时，电话铃一响，就做好接电准备。接电话的最佳时机是铃响2～3遍后，因为此时双方都做好了通话准备。不可故意让铃响多遍后再慢吞吞、懒洋洋地伸手去接，这样就会怠慢对方，在职场上也妨碍了周围人的正常工作。也不宜过于神速，铃响一遍就立即接听，会给人唐突之感。如确有重要原因耽误了接电话，需向对方解释并致歉。

2. 礼貌接听

接通电话，在礼貌问候对方之后，如果是在职场上，应主动报出单位或部门名称以及自己的姓名，否则只需报姓名即可。切忌拿起电话劈头就问："喂，找谁？"在会晤重要客人或举行会议期间有人打来电话，可向来电者说明原因，表示歉意，并承诺稍后联系；特殊情况可以不接听，之后回拨并致歉。休息时间若有电话打进来，耐心接听，切勿大声喧哗。

3. 做好记录

公务来电很可能是重要的信息传递，职场人士应当在电话机旁配备记录工具，有的单位甚至制作统一的来电记录表。为了避免因记不住或记不清发话人所传递的信息而一再要求其重述，受话人应进行要点记录，避免反复，节约时间。记录要点应力求完整准确，机密性内容要妥善保管。如有必要，须给有关领导传阅或批示，有的还要存档备查。

温馨提示

清楚记录5"W"和2"H"

When：电话中提及的事情是什么时间；

Where：事情在哪里发生或者需要到哪里去；

Who：涉及的单位名称或个人姓名；

What：主要涉及什么事情；

Why：事情的原因；

How：怎么完成或处理；

How much：需要花费的时间或费用，要使用的物品或设备数量等。

4. 应对补缺

如果暂时离开办公桌，以致无法接听来电，可以委托他人代为接听，让受托人嘱托来电者留下其姓名、单位及电话号码，转告来电者自己会在回办公室后即刻复电，并致歉意。一般不宜要求对方隔时再来电，以免给人以"摆架子"之嫌。也可请受托人在对方同意的情况下，代为记录来电内容。也可以设置电话录音，预留录音时态度应谦逊友好，基本内容为："您好！这里是××单位，现工作人员因公外出，请您在信号声过后留言，或留下您的姓名和电话号码。我们将尽快与您联络。谢谢！"

5. 善待拨错

若接听到误拨进来的电话，要耐心地向对方细加说明。如有可能，还应向对方提供帮助，或者为其代转电话。不要为此勃然大怒，恶语相向，甚至出口伤人。

（三）代接电话

在日常生活中，经常需要为他人代接、代转电话。代接、代转电话时，要注意殷勤转接、传达及时、记录准确、尊重隐私四个方面的问题。

1. 殷勤转接

如果接电话时发现对方找的是自己的同事，应让其稍候，然后热忱、迅速地帮对方找接话人。不要因为对方所找的人不是自己就显得不耐烦，以"他人不在"来打发对方，或者让对方久等。即使被找的人真的不在，也应友好地答复："对不起，他不在，有什么需要我转达吗？"

2. 传达及时

如果对方要找的人不在或不便接电话时，应向其致歉，让其稍后再拨。首先礼貌地告诉对方所找的人不在，然后才能问对方是何人，为何事，绝对不能将这一顺序颠倒。如果对方不愿回答这个问题，不必勉强。答应对方代为传话，就要尽快落实，不要把自己代人转达的内容，托他人转告。

3. 记录准确

如对方有代为转达的请求，转达的具体内容最好认真做好笔录。对方讲完后，应重复验证一遍，以免误事。记录的电话内容包括通话者姓名、单位、通话时间、通话要点、是否要求回电，以及回电的时间等。

4. 尊重隐私

代接电话时，不要充当“包打听”，不要询问对方与所找之人的关系。如对方不愿留言，切勿刨根究底。如果对方要找的人离自己较远，不要大声召唤。别人通话时，不要旁听，不要插嘴。当对方希望将某事转达某人时，千万不要把此事随意扩散。在解释所找之人为何不在或不便时，不可过于“坦率”，说“他在厕所”“他说他不愿接听”之类的话。

温馨提示

处理投诉电话的“六要”和“六不要”

“六要”：

一要通过自我介绍和询问对方姓名的方式使谈话变成个人间的交谈；

二要让打电话的人发完牢骚，并鼓励他说出全部抱怨；

三要附和对方的抱怨，真诚表明对他的同情和关心；

四要主动帮助对方寻求解决问题的办法；

五要在通话结束时概括自己提出的且对方同意的解决办法；

六要在还有需要进一步沟通的问题时，主动打电话给顾客。

“六不要”：

一不要在对方生气时试图解释原因；

二不要在事情未弄清楚之前提出建议或同意某种解决办法；

三不要一味找借口将责任推卸到第三人身上；

四不要抱怨他人，并使自己也生气；

五不要认为提出抱怨的只有一个人，没有形成规模而不引起重视；

六不要超越自己的权限随口承诺自己无法办到的事情。

三、移动电话礼仪

移动电话主要是指手机通信工具。移动电话礼仪规范与固定电话礼仪规范大同小异，在使用时，还要注意以下几点。

（一）置放到位

携带移动通信工具，应将其放在适当位置，总的原则是既方便使用，又合乎礼仪。常

规位置一是随身携带的公文包内，二是上衣口袋，放上衣口袋时注意不要影响衣服的整体外观。开会或与人交谈时，可将手机置于手边或办公桌上。男士着正装时，不得将手机挂在腰间皮带上。

（二）使用规范

1. 注意场合

一般来说，在办公室时，尽量少用手机，多用座机。在开会、接待客户、向领导汇报工作时不宜接打手机。为了防止泄密，在参加重要的会晤、谈判或会议时，最好将手机设置为静音或关闭。课堂上如果不需要使用手机开展教学，师生都不得使用手机。探视病人时不要在病房里接打电话，以免影响病人休息。

2. 防止噪声

必须牢记，在美术馆、音乐厅、影剧院、食堂、咖啡屋、宾馆酒店、图书馆、俱乐部、体育馆、候机楼等人员较多又相对要求安静的地方，都应尽量保持手机静音，接打手机要轻声细语，否则可能使自己成为惹人厌烦的噪声制造者。

3. 维护安全

使用手机要充分考虑自己和他人的安全。按照有关规定，驾驶汽车、乘坐飞机或者身处加油站、油库时，禁止使用手机，否则可能发生重大事故。在军事要地、博物馆、新产品发布会、新技术研讨会上，为了安全或保密等原因，手机也通常禁用。

4. 遵守法律

在任何国家、任何地方使用手机，都应自觉遵守相关法律。凡明文规定禁止使用手机或手机某些功能时，绝不能贸然犯禁。未经允许，不应用手机偷偷录音、摄像、拍照、上网或其他方式向外界传递有关单位的内部信息或他人隐私，也不要在公众场所随便录音、摄像、拍照。

5. 不宜借用

手机纯属私人用品，不仅本身价格较高，更涉及个人信息安全和财产安全，一般不要向别人借用手机，更不能向陌生人借用手机。万不得已借用了别人的手机，一定要少用快还，并且诚挚地感谢对方。

（三）巧用短信和微信

1. 发信有时间

非紧急情况的公务短信和微信适合在上班时间发送。有些人觉得早上7点之前，晚上10点以后不方便给对方打电话，发个短信告知就行。短信虽然简便，但对于24小时不关机的人来说，不必要的“短信骚扰”同样会影响休息。发短信前一定要换位思考，为他人着想。

2. 内容要高雅

短信和微信内容反映了发信者的品位和水准，内容编辑上应该和通话文明一样重视。庄重文雅、诙谐幽默的文字，是书写的一种境界。发不堪入目的黄色段子是没有公德的表现，既有失修养，又不尊重对方，有时还会给对方家庭造成误会。更不能发侮辱他人、暴露他人隐私、讽刺伟人、名人、英雄甚至是革命英烈的短信。

3. 回复要及时

除广告和垃圾信息外，收到短信和微信一般应及时回复。特别是公务短信和微信，不回复会让发信人担心，或者认为你没收到，或者认为你不屑于回复。一时没看到而晚回复，应说明原因并致歉。

4. 署名不误事

由于手机号码储存功能不同，有些手机号码不一定能存进手机里，微信通讯录也未必备注了真实姓名，发短信和微信署名便很有必要。署名既是对对方的尊重，也是达到目的的必要手段。重要节假日，几乎每个人都会收到来自四面八方的祝福短信和微信，发信者如果不署名，有时对方就不知道是谁发的，再去核对麻烦且尴尬。如果是正事，不署名更会误事。

5. 提醒用短信和微信

如果事先已经与对方约好参加某项会议或活动，怕对方忘记，最好予以提醒。提醒时宜用短信或微信而不宜直接打电话。打电话有不信任对方之嫌，短信或微信提醒会显得亲切很多。当然，短信、微信提醒时语气要亲切、委婉。

6. 频发惹人烦

如果频繁地给对方发毫无意义的短信、微信，把这当成打发时间、放松心情的方式，就是自私、没有公德的表现。如果对方正在工作，聊天式的短信和微信会让对方不悦。

7. 祝福有来往

节假日收发祝福短信、微信，来而无往非礼也。当收到别人发来的祝福信息时，一定要及时回复。接到对方回复信息后，一般不要再发致谢信息，因为对方一看，又得回过来。就祝福信息来说，一来一往足矣，二来二往就多了，三来三往就成了繁文缛节。

8. 隐私要删除

如果有不希望别人看到的短信和微信，不及时删除可能会引起麻烦。如果不幸被人传播出去，后果更严重。所以，涉及隐私或秘密的短信和一定要及时删除。

（四）慎用音乐铃声

时下很多人的手机都设置了个性化铃声，为生活增添了色彩。使用铃声也有规范。

1. 音量适度

移动通信工具的铃声和座机铃声一样，不能调得过大。有些人的铃声像是“凶铃”，在大家埋头工作时突然刺耳地响起，让人心跳迅速加快。在学校、医院、幼儿园等公众场所，过大的铃声更是一种公害。

2. 内容文明

就铃声内容来说，不能有不文明的内容，恶搞类的、玩笑类的、低俗类的，都不宜选用。在一次课堂上，老师正在专心讲课，突然传出了“汪、汪、汪”的狗叫声，老师惊诧地问：“谁带小狗来上课了？”同学们哄堂大笑：“老师，这是最新的手机铃声。”这就干扰了课堂秩序。

3. 注意场合

个性化的铃声应注意使用场合。就像穿衣打扮一样，分家里和家外两种。过于暴露的衣服可以在家里随便穿，但在办公室、拜会客人时就不能穿，手机铃声也不例外。一位女士在一次宴会上与一位高级政府官员同席。席间官员出去处理问题，手机就放在了餐桌上。一会儿，手机响了，音乐是《月亮代表我的心》，这位女士怕人误会，颇为尴尬。

4. 不能误导

在海口市，曾经发生过这样一件令人啼笑皆非的事。一辆豪华旅游车上突然传来急迫

的呼救声："抓贼呀，抓贼呀，抓偷手机的贼！"巡逻此地的边防官兵急忙将车拦住。可上车查看，并没有发现可疑人员。忽然，"抓贼呀……"的"喊声"再次响起。官兵们循声找去，原来这"呼救"是从一名熟睡的乘客手机里传出的。可以设想，如果这样的铃声随处可闻，公众秩序一定大乱。

第二节　网络礼仪

网络本质上是一种无形的联系，是不同的电脑、手机等用户进行信息共享、通信与交流的渠道。任何人在使用网络时都会直接或间接影响他人对网络的使用，在使用网络时必须遵守一些基本规则，这些基本规则就是网络礼仪。

一、基本规则

1. 公私分明

公私分明就是不利用工作之便为个人私利服务。不用公款为个人购买电脑、软件或支付因私上网的费用，不占用公家电脑私人使用，上班时间不收发私人电子邮件、玩网络游戏、网上聊天、休闲娱乐、网上购物等。

2. 语言规范

在网上与人交流时，应当用语规范，不得使用攻击性、侮辱性语言。另外，网络有自身独特的语言符号系统，如88（再见），1314（一生一世），微笑、大笑、皱眉、冷漠等表情符号，应对其加以了解，合理使用。

3. 待人宽容

网上交往，难免会有小摩擦，比如在论坛上各抒己见时，容易引起争论，只要不是恶意的，应当宽容对待。要允许犯错误，当看到别人写错字，用错词，问低级问题时，要顾及他人面子，可以善意委婉地提建议，不要批评、指责。

4. 尊重隐私

一般情况下，不要随意公开自己的真实姓名、工作单位、家庭住址、电话号码、电子邮箱、婚姻状况等个人情报，同时要尊重他人的隐私权。不要试图打探别人的私生活或者在公开场合披露别人某些难堪的历史，如生理缺陷或失恋经历等。

5. 严守秘密

一些人因工作关系，掌握着单位或客户的重要秘密，切不可将自己所掌握的秘密当作炫耀的资本加以传播或泄密，给单位或他人造成损害。平时必须对自己电脑中存有的秘密内容或重要资料予以妥善保管，或采取严格的加密措施。

二、收发邮件

电子邮件，又称电子函件或电子信函。使用电子邮件进行对外联络，不仅安全保密，节省时间，不受篇幅限制，清晰度极高，而且可以降低通信费用。

使用电子邮件联络时，应遵守的礼仪规范如下。

1. 认真撰写

向他人发送电子邮件，一定要精心构思，认真撰写。撰写时要注意以下四个方面：

第一，主题要明确。主题是接收者了解邮件的第一个信息，要使用提纲挈领、表意明确的主题词，便于收件人迅速了解邮件内容并判断其重要性。

第二，语言要流畅。电子邮件要便于阅读，不要使用过多新颖的网络语言，尽量不写生僻字、异体字。引用数据、资料时，最好标明出处，以便收件人核对。

第三，内容要简洁。网上的时间极为宝贵，电子邮件的内容应当简明扼要。如果事项繁多，最好标注序号，分段落清晰明确地说明，保证每个段落简短。

第四，附件要注明。如果发信时加了“附件”，一定要在信件内容里说明，以免对方没留意时误事。

2. 发送规范

发电子邮件要区分“To”（发送）“CC”（抄送）和“BCC”（密抄）。“To”的对象即收件人，是受理这封邮件所涉及的主要问题的人，理应对邮件予以回复响应。“CC”的对象只是需要知道这件事，而没有义务对邮件予以回复的人。当然，如果有建议，也可以回复电子邮件。“BCC”是指收件人不知道你同时发给了其他“BCC”对象，一般可用在非正式场合。“To”和“CC”中各收件人的排列应当遵循一定规则，如按部门排列或按职位从高到低排列。

3. 避免滥用

不少网民因为自己的电子信箱中堆满了垃圾邮件而烦躁不已，对其进行处理，既浪费时间和精力，又耽误正事。信息社会时间是无比珍贵的，职场人士尤其如此，因此，若无必要，不要向他人乱发电子邮件。尤其不要以之与他人谈天说地，或只为检验自己的电子邮件能否成功发出，更不宜以这种方式在网上“征友”。

4. 注意编码

我国内地及港澳台地区，世界上其他国家的华人，目前各自使用不同的中文编码系统。当我们使用中国内地的编码系统向境外或国外发电子邮件时，对方很可能收到一封由乱码组成的“天书”。因此，在使用中文向境外或国外发电子邮件时，最好用英文注明自己所使用的中文编码系统。

5. 慎选功能

电子邮件软件一般提供多种字体和各种信纸供使用者选择，有的还附带了其他功能。这虽可强化电子邮件的特色，但职场人士慎用。因为修饰过多，难免使邮件容量增大，收发时间增长，浪费时间和金钱，给人以华而不实之感。另外，收件人的电脑软件不一定能够支持上述功能。

6. 及时整理

电子信箱空间有限，有些网站还对邮件实施了自动删除管理，所以要定期整理收件箱。有价值的邮件及时保存，或者在复制后进行专门保留。垃圾邮件，或者已无实际价值的邮件应及时删除。

三、即时通信

即时通信（Instant messaging，简称IM）是一个终端服务，允许两人或多人使用网络

即时传递文字信息、档案、语音和视频交流。即时通信按使用用途分为企业即时通信和网站即时通信，根据装载的对象又可分为手机即时通信和PC即时通信。手机即时通信代表是微信和QQ，网站、视频即时通信的代表如：QQ、米聊、YY语音、MSN、百度hi、新浪UC、京东咚咚、阿里旺旺、网易泡泡、网易CC、盛大ET、移动飞信、企业飞信等应用形式。使用即时通信软件，也要遵循特定礼仪规范。

1. 语言文明礼貌

语言文明是即时通信的基本礼仪。文明用语会使聊天很愉快，给对方留下良好印象。回复对方的话语应该是有意义的语言，简单回复一个“哦”字或者类似的词代表聊天结束之意。不要使用追问、盘问、反问、讽刺等容易引起别人反感的语气，忌用侮辱、谩骂、恶毒、肮脏、下流的不文明语言。

2. 慎用表情图片

恰到好处地使用QQ表情、图片、动漫等，可以使聊天图文并茂、情景交融、妙趣横生。使用自制图片更能体现个性。但表情图片一定要加以选择，使之适合话题、适合情景、适合气氛，多使用表示友好和祝福的表情图片，不要使用表意不明、容易造成误解的表情图片，忌用侮辱性、低级下流的表情图片。

3. 使用语音聊天

语音聊天方便快捷，表达清楚，有亲切感。在对方请求语音聊天时，如无特殊原因，应尽快接受；如不愿、不能或不宜语音聊天，需要拒绝，用文字告知对方，说明理由，并表达歉意。主动请求对方语音聊天，最好先进行文字沟通，待对方同意后再发出请求。无论对方以什么理由拒绝，都不要强求。语音聊天要尽量说普通话，吐字要清晰，当对方听不清时，应该用文字加以辅助。语音聊天的语气、语速、音调、用词都能反映出一个人的修养，要恰当使用。

4. 使用视频聊天

视频聊天要保持仪表端庄。聊天过程中不能有低级、下流、猥亵、故意暴露身体等手势、肢体语言等动作、行为。请求视频聊天之前要做好文字沟通。异性聊天，一般由女性先发出视频聊天请求。发出视频聊天请求时语气要缓和，尊重对方的选择。拒绝视频聊天也应说明理由，并表达歉意。

四、网络论坛

网络论坛又称BBS（Bulletin Board System），即“电子布告栏系统”或“电子公告牌系统”。它是互联网上的一种电子信息服务系统，提供一块公共电子白板，每个用户都可以在上面书写，发布信息或提出看法，其交互性强，内容丰富而及时。用户在BBS站点上可以获得各种信息服务，发布信息，进行讨论，聊天等，目前国内的BBS已经十分普遍。使用BBS要遵守以下规则。

第一，注意论坛的主题。一般每个论坛都会有很多版，每个版都只有一个主题，在发表文章前，首先要明确自己的文章该发哪个版，不要发错了。

第二，尊重他人的成果。如果发表的文章不是自己写的，需要注明这篇文章是转帖的，最好把原作者和原发表的地方也写上。

第三，允许百家争鸣。与他人观点相左很正常，不要指望所有的人都同意你的观点。如果不同意其他人的观点，可以在回复中反驳，也可以用电子邮件等形式与其进行交流，但不要进行人身攻击。

第四，避免产生误解。在发回帖中加强沟通和交流，避免产生误解。如果对某一部分内容感兴趣，最好在回复中引用他的原文。

第五，主动承认错误。谁都不可能永远正确，如果自己的观点被证实是错误的，应该道歉或者对指出者表示感谢。

第六，遵循相关法规。言论不要违背该论坛所在地的法律和有关规定，如果观点不适合在该论坛发表，就应遵循相关法规。

第七，不发无聊帖子。不要在论坛中发表无意义的文章或文字，这样浪费网络空间和他人的时间。虽然版主看见垃圾帖子一般会删除，但也浪费了他的时间。

第八，尊重版主的劳动。尊重版主，他是在为你服务。版主也可能犯错误，如果他犯的错误涉及了你，及时和他沟通，如果解决不了也无所谓，大不了换一个论坛。如因此导致争吵、怄气，既不利人，又不利己。

第三节　文书礼仪

人际交往中，文书也是重要的媒介和手段。文书交往中应当遵循的礼仪规范就是文书礼仪，它对文书交往目的的实现起着至关重要的作用。

一、书信礼仪

通信是人际交往中最古老、最实用的通联方式。在日常生活里，个人与个人、个人与组织、组织与组织之间，都可以利用书信来传递信息，交流思想，表达感情。

与电话、网络相比，书信尽管时效性较差，但由于是发信人亲笔书写，“见字如人”，具有可视性和易藏性，既可以反复阅读，细心体味，又便于保存和收藏纪念。

（一）笺文

笺文，也称信文，即写于信笺上的书信内容。笺文一般由称谓、启词、正文、祝词、落款以及附言等几部分组成。

1. 称谓

它是对收件人的称呼，于信笺首行顶格书写，后加“：”，并且单独成行。称谓和署名要对应，要明确自己与收信人的关系。称呼可直接称姓名，也可加修饰语或直接用修饰语。

（1）给长辈的信　若是近亲，可只写称谓，不写名字，如“爸爸”“妈妈”“哥哥”“姐姐”；亲戚关系的，可只写关系的称谓，如“舅舅”“姨妈”，也可以加上修饰语，如“敬爱的舅舅”“亲爱的姑妈”；对非亲属关系的长辈，可在称谓前加姓或名，如“刘伯伯”。

（2）给平辈的信　夫妻或恋爱关系，可直接用对方名字、爱称加修饰语或直接用修饰语，如“亲爱的”“芳”“亲爱的莉莉”；写给同学、同乡、朋友、同事的信，可直接用名字、昵称或加上“同学”“同志”。

（3）给晚辈的信　一般直接写名字，也可在名字后加辈分，如“建业侄儿”，亦可直接用称谓做称呼，如“儿子”“孙女”。

（4）给师长的信　通常写其姓加“老师”二字，如“刘老师”“马师傅”；也可单称“老师”“师傅”。假如直呼其姓名或连名带姓加身份，就欠恭敬。对于德高望重的师长，往往在其姓后加“老”字，以示尊重，如“李老”，也可在其姓后加“先生”二字。

（5）职场信件　在职场上，经常以职务或职称相称，如“陈厅长”“王教授”“马书记”。给机关团体、企事业单位的信，可直接用单位名称，如“××学校”“××公司”。给一个单位几个人的信，又不指定姓名的，可写“同志们”“诸位先生”等。给单位领导人的信，可用姓名加“同志”“先生”或职务做称呼，也可直接在机关团体称呼之后加上“领导同志”“负责同志”“院长”“厅长”等。

若信是同时写给两个人的，两个称呼应上下并排在一起，也可一前一后，尊长者在前。

2. 启词

启词是正文之前的开场白。既可表示客气寒暄，也可提示写信原因。启词应于称谓之下另行空两格书写，一般应单独成段。启词应力求篇幅简短，不可过于啰唆。

3. 正文

正文是书信的主体部分，是写信者叙述的正事所在。为方便阅读，正文可酌情分段，每段首空两格，转行后顶格书写。

正文虽是公务信函的“主心骨”，但亦应力求简明扼要，以简单的语言说全、说清书信的主旨。切忌啰啰唆唆、拖沓冗长，甚至词不达意、文不对题。

正文的语言要求简明生动又不失礼貌优雅，切忌粗俗、枯燥，既体现写信者的作风和修养，也体现对交往对象的尊重。

4. 祝词

祝词即写信者在笺文结尾向收信者所表达的祝愿、钦敬、勉慰之语，一般包括以下两部分内容。

一是应酬语，即笺文结尾特以一两句话结束正文的语句。应酬语应当简洁自然。有时可同时用一些敬语，以示谦恭，如“草此”“肃此”“敬此”等。

二是问候祝福语，即出于礼貌而对收信人所作的不可缺少的祝颂或问候。如“敬颂春安”“即颂大安”“祝您成功”等。书写时应字斟句酌，具体对象具体对待。

祝词的书写格式要求较严。如果祝词较多，可单独成行，空两格后书写。也可将祝词分成两部分书写，方法有以下两种。

一是将“敬颂”“敬请”一类词单独成行，前空两格，将“春祺”“大安”一类词另起行顶格书写。

二是将“敬请”“敬颂”一类词置于正文末句之后，不另行书写，则将“大安”“春祺”一类词另起一行顶格书写。

5. 落款

落款包括署名和日期两部分。署名应位于祝词之后另起一行的右方，要与信首的称谓相吻合。若有写信者亲朋好友的附问或写信者对收信者亲朋好友的致意，则应另起一行书写，或直接写于署名之后。

一般而言，日期应具体到年月日，有时可只写月日。日期可写于署名之后，只空一格；亦可另起一行，写于署名的正下方。

6. 附言

附言是写信者对正文的补充。附言往往以“又”“另”一类词引出，或不写引出词，而以“又及”“再及”一类词结束。

附言应在署名与日期之后另起一行空两格书写，且不必分段。附言力求简洁，无须另用信笺。切勿在信笺的上下左右乱写附言，令人眼花缭乱而不知所云。

（二）封文

封文，即写在信封上的文字。封文的主要内容包括写信人和收信人的地址和姓名。

1. 封文格式

（1）国内邮寄信函　在交付邮寄的国内信函信封上，应先在左上角写清收信者所在地的邮编，然后另起一行书写收信者的详细地址。收信者姓名应以稍大字体书写于信封的正中央；信封的右下方则书写寄信者的地址、姓名（有时可只写姓氏）以及邮编。

（2）国际邮寄信函　在交付邮寄的国际信函的信封上，收信者的姓名、地址和邮编应写在信封正面的中央偏右下方；寄信者的姓名、地址和邮编则应写在信封正面的左上方或信封背面的上半部。书写的具体顺序应是姓名、地址、邮编、国名。书写地址时应自小而大，与国内写法相反。书写时应尽量使各行文字左右对齐。

（3）托带信函　在托人带交的信封上，内容一般较为简洁。信封左上角可视具体情况写上“专送”“面交”等字样。收信者地址、姓名写法不变。如托带人知道收信者地址，可以不写地址而只写姓名。信封右下角一般只注明写信者姓名，不必写其地址。收信者和写信者的邮编均不必写。

2. 信封款式

信封有直式和横式两种。直式信封以中间印有红色长方框的最为适宜；横式信封则以纯白色为佳。吊唁用的信函，当使用素色信封。

3. 封文字体

封文字体的书写，可用钢笔、圆珠笔、毛笔等，但切勿使用铅笔。颜色则以深蓝色或黑色为佳，忌用红色、绿色等彩色笔书写。如用红色笔写信，就意味是绝交信。写给长辈的信，应以端正的字体书写，以表尊敬。

4. 封文称呼

封文上的称呼是供邮递员或捎信人对收信者称呼之用，因此必须采用邮递员或捎信人所能接受的称呼。“先生”“同志”或其他以职衔所做的称呼是普遍适用的，但切勿采用表示亲友、辈分关系的称呼。

5. 邮编邮票

为便于邮局作业，寄信人务必使用带有邮政编码的标准信封。书写要清晰工整，一字一格。直式信封的邮票应粘于信封的左上角，横式信封的邮票则应粘在右上角。邮票应粘得端端正正，给人以尊重、踏实之感。寄航空、挂号信函时，需加贴标签，标签应粘贴端正。

二、礼仪函电

礼仪函电主要包括祝贺函电（贺信、贺电）、慰问函电（慰问信、慰问电）、感谢函电（感谢信、感谢电）、邀请函电（邀请函、邀请电）、悼唁函电（悼唁函、悼唁电）等。贺信与贺电、慰问信与慰问电、感谢信与感谢电、邀请函与邀请电、悼唁函与悼唁电的内容格式基本一致，只是书写的载体不同。函文是以信笺书写，电文则以电报方式发出。礼仪电文不同于普通电报，普通电报有被其他更为先进、快捷的电子通信技术手段取代的趋势，但礼仪电文由于它的礼仪性，仍经常被使用。正是这种礼仪性，使礼仪电文有完整的篇章结构。

礼仪函电的基本特征如下。

第一，实用性。礼仪函电用于日常交际，以实用为目的，既可以处理私务，也可以涉及公务。因此，写作者必须注意：只要有用就可以写，而且只有有用才能够写。在写作时应注重每一种礼仪文书的不同用处，即使同一类别，也应明确其中的细微差别，切忌张冠李戴。

第二，针对性。由于目的实用，必然要求内容为其服务。礼仪函电要有明确的对象，要注意对象的性别、年龄、职业、身份、学识、爱好、习惯、辈分等，只有有针对性地进行写作，才能使内容名副其实，写得恰到好处，贴切、确切、亲切、关切，并适当运用语气，使整体内容达到谐调一致。

第三，规范性。礼仪函电虽不如行政公文那样有严格的体式规定，但在漫长的写作实践中逐渐形成了一套约定俗成的范式。在写作时既不能太随便，也不应墨守成规；既要熟识各种规范陈式，又要跟上时代步伐，适当地推陈出新。

第四，文化性。礼仪函电既讲究礼仪内容，同时也要能体现出它的文化内涵。书写时不仅在文辞上，而且在书法款式、用笔用墨、书写印刷材料上体现文化意蕴。措辞要符合对象、场景、时令及情谊深浅等；书写款式要大方、自然、得体；用纸用料、笔墨颜色也很有讲究。在制作时，一般比较讲究质地与硬度，还配以一定的装饰，以反映礼仪文书内在的文化涵养。

（一）祝贺函电

贺信和贺电是国家、单位和个人在有关对象取得成绩、作出贡献或有喜庆事宜时，表示祝贺和赞颂的礼仪文书。

1. 格式要求

祝贺函电一般由标题、称谓、正文、落款四部分构成。标题即在首行正中位置书写“贺信（电）”两字，也可采取“发文单位+祝（电）贺+祝贺事项”方式，如“邓颖超电贺张学良先生九十寿辰”。称谓即被祝贺单位或个人的名称。落款即发函电者的署名及日期。

祝贺函电的正文由三部分构成：一是以简要的篇幅向对方表示热烈祝贺，写清向谁祝贺、为什么祝贺等；二是祝贺的内容，即所贺之事的重大意义；三是发函电者的希望和祝愿。上级写给下级的可写希望、要求；写给会议的，则可用“祝大会圆满成功”等话语。

2. 注意事项

祝贺函电的语言要充满热情、喜悦之意和温暖、愉快之感，并给人以鼓励和希望。颂扬与赞美之词要恰如其分。祝贺信函的发送要及时，要赶在有关活动之前送达。

美文欣赏

邓颖超电贺张学良九十寿辰

台北市士林至善路二段221号

汉卿先生如晤：

欣逢先生九秩寿庆，颖超特电表示深挚的祝贺。

忆昔54年前，先生一本爱国赤子之忱，关心民族命运和国家前途，在外侮日亟、国势危殆之秋，毅然促成国共合作，实现全面抗战；去台之后，虽遭长期不公正之待遇，然淡于荣利，为国筹思，赢得人们景仰。恩来在时，每念及先生则必云：先生乃千古功臣。先生对近代中国所作的特殊贡献，人民是永远不会忘怀的。

所幸者，近年来，两岸交往日增，长期隔绝之状况已成过去。先生当年为之奋斗、为之牺牲之统一祖国振兴中华大业，为期必当不远。想先生思之亦必欣然而自慰也。

我和同辈朋友们遥祝先生善自珍重，长寿健康，并盼再度聚首，以慰故人之思耳！

问候您的夫人赵女士。

邓颖超

1990年5月30日

（二）慰问函电

慰问信、慰问电是机关单位或个人对某人、某集体表示慰问而写的礼仪文书。在对方取得突出成绩时，或在对方遇到困难、遭到不幸时，均可以写慰问信或发慰问电表示慰勉、鼓励、安慰和同情。

1. 格式要求

慰问函电的构成同祝贺函电基本相同，在格式上也很相似，只是正文内容有所区别。慰问函电的正文由两部分构成：一是慰问的背景和原因，并致以诚恳亲切的慰问；二是对对方辛劳的工作或所受的遭遇表示深切的同情和慰勉，或对其所取得的重大贡献和所具有的某种精神表示褒扬和嘉奖。

2. 注意事项

要根据不同对象用不同的写作素材及慰勉用语。感情要真挚热情，充满亲切之情。文字简练，篇幅须短小。

美文欣赏

新春慰问信

应急管理系统广大干部职工、消防指战员及家属们：

值此新春佳节即将到来之际，应急管理部党委向你们致以节日的问候和新春的祝福！

刚刚过去的2020年，是新中国历史上极不平凡的一年。面对百年不遇的新冠肺炎疫情、1998年以来最严重汛情和国内外环境深刻复杂变化给安全生产带来的严重冲击，广大应急管理干部职工和消防指战员坚决听从习近平总书记号令，坚决贯彻党中央、国务院决策部署，胸怀大局、奋勇担当，抗疫情、战洪水、化危机，全力以赴防控风险、勠力同心应对挑战，在战争中学习战争、在实践中探索规律，打赢了一场场大仗硬仗、攻克了一道道险关难关，取得了新中国成立以来自然灾害和生产安全事故“三个历史最低、两个历史首次”的好成绩，确保了全国安全形势总体平稳，最大程度保护了人民群众生命财产安全，为服务党和国家事业发展大局作出了积极贡献。

一年来的成绩来之不易，正是因为有以习近平同志为核心的党中央坚强领导，有习近平新时代中国特色社会主义思想科学指引，有各地方各有关部门和全社会的大力支持，应急管理工作才能在艰难中砥砺前行。在大战大考面前，广大应急管理干部职工和消防指战员不畏艰险，奔波在赴汤蹈火路上，奋战在急难险重一线，上刀山、闯火海，与时间赛跑、与死神竞速，以生命守护生命，以奉献保卫安宁，在打赢一场场大仗硬仗中书写了对党和人民的忠诚，以救民于水火、助民于危难、给人民以力量的实际行动践行了铮铮誓言。每位应急人都是了不起的逆行者！应急管理部党委为同志们自豪！

应急管理工作取得的成绩，离不开广大家属们的理解支持和关心关爱。你们深知，选择了应急人，就选择了聚少离多；选择了应急人，就选择了独自担当。长期以来，你们与应急人风雨同舟、共克时艰，真情坚守、默默奉献，以顽强的毅力、不屈的精神和博大的胸怀，为亲人履职尽责提供了坚强后盾。特别是因公牺牲、负伤人员家属默默承受着伤痛和压力，直面生活艰辛，勇挑家庭重担，体现了崇高的美德和无私的大爱。你们的奉献付出，是激励广大应急管理干部职工和消防指战员奋发进取、不懈奋斗的强大精神动力。每位家属都是平凡的英雄！应急管理部党委向你们致敬！

初心如磐，风正帆悬。新的一年，“十四五”开局，全面建设社会主义现代化国家新征程开启，我们将迎来党的百年华诞。站在新的历史起点上，我们要以习近平新时代中国特色社会主义思想为指导，全面贯彻党的十九大和十九届二中、三中、四中、五中全会精神，胸怀“两个大局”、坚持“两个至上”、统筹“两件大事”，立足新发展阶段，贯彻新发展理念，构建新发展格局，发扬为民服务孺子牛、创新发展拓荒牛、艰苦奋斗老黄牛的精神，锚定任务、继续前行，深入推进应急管理体系和能力现代化，坚决防范化解重大安全风险，全力维护人民群众生命财产安全和社会稳定，用拼搏和奉献谱写中国特色应急管理事业新篇章、作出新贡献。

春节是万家团圆、共享天伦的美好日子，但对于应急人来说，却意味着坚守与责任。为了守护万家灯火、保卫节日平安，许多同志还要坚守岗位，舍小家、为大家。各单位要关心照顾好应急值守同志的生活，全力帮助解决好干部职工后顾之忧，让大家与全国人民一道，过一个平安祥和的春节。

祝愿伟大的祖国繁荣富强、国泰民安！祝福大家新春快乐、幸福安康！

中共应急管理部委员会

2021年2月5日

（三）感谢函电

感谢信、感谢电是向关心、帮助和支持过自己的集体或个人表示感谢的专用文书，有感谢和表扬双重意思。感谢信可以直接寄送给对方单位或个人，也可公开张贴或送报社、电台。

1. 格式要求

感谢信通常由标题、称呼、正文、结语和落款五部分构成：标题一般在首行正中写“感谢信”三个字；空一行顶格写被感谢的单位名称或个人姓名、称呼，后加冒号；正文要写出感谢的原因、赞扬好的品德作风以及产生的效果；结尾写表示感谢、敬意的话；署名则写单位名称或个人姓名、日期。

2. 注意事项

感谢函电都要有确切的感谢对象，以便让阅文者清楚是在感谢谁。要写清楚感谢的具体事由，否则就会显得抽象空洞。内容必须真实，确有其事，不可夸大溢美。感动和致谢的色彩要强烈鲜明，言语间充满感激之情。

美文欣赏

致实习单位的感谢信

尊敬的××中学领导、老师们：

您们好！

时光荏苒，岁月如梭，为期三个月的实习生涯已经结束了。临别之际，我们××师范学院的实习生谨向关心、指导我们的各位领导老师和全体教职员工表示衷心的感谢并致以崇高的敬意！

在××中学领导的精心安排下，我们的教育实习充实而又精彩。纸上得来终觉浅，在一次次备课、讲课中，我们真正体验到了中学老师工作的点点滴滴。虽然第一次走上讲台时，我们很紧张，有时候甚至连知识点都讲不清；但是在指导老师们细致、耐心的指导下，轻声的鼓励下，我们又找回了开始时的信心和勇气。在××中学实习期间，我们深刻感受到了老师们为人师表的高尚风貌，精湛的教学技艺，崇高的敬业精神以及博大的爱生情怀。通过这段时间的实习，我们真正体会到了做一名教师的艰辛与快乐。听课、备课、讲课，这些让我们在教师素养、教学技能方面有了很大的提高。我们开始在教材结构、教学理念、教学设计等方面多了一分思考。在班主任实习中，我们组织班会，参加各种班级活动、学生活动，深入班内了解状况，这使我们能有与学生零距离接触的机会。

在××中学教育实习中的这些经历将是我们的教师生涯中的宝贵财富。各位指导老师的每一份友好鼓励、每一个善意微笑、每一次细心指导，学生们的每一句礼貌问候，都深深地感动着我们。三个月的实习过得充实也很精彩，我们不仅在教学方面有了很大进步，而且在为人师表方面有了更多的体会。感谢××中学，感谢各位老师各位同学，让我们教师生涯的第一站就这么精彩！

××中学作为一所百年老校，万千学子向往的地方，独特的育人理念，优良的校风学风是同类学校的典范，是学生成长的港湾，也是年轻教师成长的摇篮。我们为有这么好的实习环境而感激、庆幸。

最后，祝××中学全体老师工作顺利，家庭幸福，桃李满天下；全体学生身体健康，学有所成；教育事业蒸蒸日上！

此致

敬礼！

××师范学院全体实习生

××××年×月×日

（四）邀请函电

邀请函、邀请电是单位、团体或个人邀请有关人员出席隆重的会议、典礼，参加某些重大活动时发出的礼仪文书。它不仅表示礼貌庄重，也有凭证作用。

1. 格式要求

邀请函电一般由标题、称谓、正文、落款四部分组成：标题在第一行中间用大字书写“邀请函（信、电）”；称谓即被请者的单位名称或姓名，另起一行顶格书写，姓名之后写上职务、职称等，如“同志”“先生”“教授”“经理”“主任”；正文应写清活动时间、地点、内容、要求，并用“敬请参加”“敬候光临”“敬请届时光临”等礼貌用语结束；落款即发函（电）者的署名与日期。

2. 注意事项

邀请函的形式要美观大方，不可用书信纸或单位的信函纸草草了事，一般用红纸或特制的纸填写。语言应恳切、热诚，文字须准确、简练、文雅。

美文欣赏

邀请函

世界各地的华夏儿女，中华民族的同胞：

泱泱中华大地，孕育了优秀的华夏儿女；灿烂的五千年文明，造就了智慧的中华民族。世界各地的华夏儿女，中华民族的同胞，都是龙之传人。我们同根同源、同宗同祖；血脉相连、骨肉情深。没有任何力量可以割断中华儿女相连的血脉，纵使千山万水，异地他乡，也阻隔不断中华儿女们心心相连、手足情深！

海上生明月，天涯共此时。殷殷期盼，魂牵梦萦！时值20××盛世年华的中秋到来之际，我们以拳拳之心、眷眷之情，殷切相邀世界各地华夏儿女和中华民族同胞，在20××年××月×日中秋那一天，回家团圆，一起遥望重逢团圆之月，共度中秋！共同欣赏CCTV大型中秋晚会，届时，晚会将特邀各界名流要人、文化、演艺巨星、工商界精英齐聚北京大联欢，盛况空前，由中央广播电视总台多频道同时播出。在那一时刻让我们共同祝愿世界和平！共同祈福华夏儿女幸福、健康、平安！阖家团圆！

这热切的邀请，来自20××年两岸三地大型中秋晚会主办单位：中国中央广播电视总台和中国中外名人文化研究会。

让我们共同携起手来，共同致力于中华民族伟大复兴！

谨致最诚挚的邀请！

20××年中秋晚会组委会

（五）悼唁函电

唁电（函）是单位（或个人）向丧家或所在单位表示悼唁的文书。它是一种特殊文书，既是办理丧事的需要，也是人们生活交往中礼节性的需要。

1. 格式要求

悼唁函电一般由标题、称谓、正文、落款四部分组成。标题的构成有两种形式：一种直接由文种名称构成，如直接在第一行正中书写“唁电”二字；另一种由逝者亲属姓名或单位名称和文种名共同构成，如《致许广平女士的唁电》。开头顶格写接收唁电（函）的单位或逝世者家属的称呼，称呼要根据收唁电者的身份而选用，诸如“先生”“同志”“夫人”“女士”等。正文另起一段，先以两三句直抒听闻噩耗后的悲恸之情。然后以沉痛的心情简述逝世者生前的品德、功绩，激起人们的缅怀、思念之情，或者表达致哀者继承逝世者遗志的决心和行动。最后向丧家表示亲切问候、安慰。结尾单行写“特电慰问”“肃此电达”等。

2. 注意事项

用词要深沉、质朴、自然，并能体现吊唁者的悲痛悼念之情。忌油腔滑调，滥用修饰词语。对死者生前的品德、情操和功绩的叙述，要实事求是，恰如其分，突出本质。语言要精练、概括、朴实、安详。忌篇幅过长。唁电要写得及时，否则将失去意义。

例文

××追悼会悼词

同志们:

今天，我们怀着极其沉痛的心情，在这里隆重悼念一位德高望重、深受师生好评的教育前辈——××老先生。××老先生生于1935年1月11日，1993年于××职中退休，这样一名人民的好教师，一位和蔼可亲的长辈，一个德高望重、倍受人们尊重的老同志，不幸因病于2016年8月6日辰时永远地离开了我们，享年83岁。

××老先生是本县城关镇人，他生于小镇，长在家乡。自幼聪明好学，孝敬父母；热爱劳动，吃苦耐劳。孩提时代，兄弟6人，姊妹2人，身为大哥的他就读于永昌××小学时，便一边读书识字，一边帮助父母干家务活，同时还要照顾7个年幼的弟弟妹妹，稚嫩的肩膀，承担着繁重的家务劳动，是远近有名的乖孩子。一九五二年，他以优异成绩考取××师范;在考学升学率极低的当年，能考入当时本地区唯一的一所高等重点中师学校，他成为家乡人的骄傲。

一九五三年××师范毕业后，他被分配到×××小学工作，后调入×××小学任教。1957至1969年在家自谋职业，1969至1978年于××下乡务农，1978年落实政策后，重返教育系统工作，先后于东寨×××小学、××职中工作，1993年退休。41年来，他爱岗敬业，爱校如家；勤勤恳恳，任劳任怨；刻苦钻研每一篇文章，精心设计每一个教案，认真上好每一堂课。为了学生，他焚膏继晷，呕心沥血；为了学生，他循循善诱，废寝忘食。特别是对经济困难的学生，他更是关怀备至，倾注爱心；经常是慷慨解囊，不计回报，真正实践着教书育人的诺言，深受学生的爱戴和社会的好评。许多经济困难的学生，在他的帮助下完成了学业，走上了成才之路。

多年来，××老先生一直从事学校教学和后勤工作，曾担任东寨×××小学校长。令人难以忘怀的是，他担任学校校长期间，关爱学生，关心教职工，心里总“装着”学校和师生员工，记得有一次在评职称时，高级职称的名额已分配给他本人，但是他在评审会召开之前，又将个人已填好的职称评定表抽取出来，将名额主动让与年轻教师，在80年代职称名额极为紧缺的情况下，他的这一举动在老师们中间引起了极大的轰动。时至今日，他的这一感人事迹仍是教育界的美谈。真可谓高风亮节，大公无私，牺牲了自己，照亮了别人。他人缘良好，作风踏实；古道热肠，有求必应。同事们说，与××老先生搭档，轻松愉快，信心十足；与××老先生交往，醍醐灌顶，如坐春风。他在平凡的岗位上默默地奉献着、耕耘着，为永昌的教育事业做出了实实在在的贡献。

××老先生的一生，是为教育事业奋斗的一生，是光明磊落的一生。他为人忠厚、襟怀坦白；谦虚谨慎、平易近人；生活节俭，艰苦朴素；家庭和睦，邻里团结，他对子女从严管教，严格要求，又不失和蔼慈祥，四个儿子两个女儿个个遵纪守法，好学上进，现都以成家立业，颇有作为，在各自的工作岗位上像他老人家那样尽职尽责，无私地奉献着，勤劳地耕耘着。他在病榻中始终关心着学校的建设和发展，以顽强的毅力和病魔做斗争，在病危时告诫家人及子女，他去世后丧事从简，不要铺张浪费。

孔子风范，万世流芳，先生形象，永不泯灭，××老先生虽然离开了我们，但他那种爱岗敬业、无私奉献的精神，脚踏实地、一丝不苟的作风，严于律己、为人师表的风范，将永远铭记在我们心中。我们一定要化悲痛为力量，团结一心，为永昌教育事业的繁荣和发展而努力奋斗。他那语重心长、不知疲倦地教诲学生的师者风范依然浮现在弟子们的脑海里，校园内鲜花绿荫边仿佛飘来他那勤快的脚步声，门房内热情接待来访家长的一张笑脸时隐时现，操场上潇洒舞剑、老当益壮的晨练老人的身影似乎仍在闪现。但是，我们没有回天之术，也无再生之能，你终究走了，永远地走了。从此以后，教育界少了一名好老师，家庭里没了撑梁柱，社会上缺了一位好楷模。

仙人已过蓬莱阁，德范犹香启后人。老人在这硕果飘香的金秋，离开了我们，他燃烧了自己，把殷殷的收获留给子孙，把光和热永远地留在了人间。××老先生，你放心地去吧！你的教诲学生们将铭心刻骨，你的遗志子孙们将一如既往地传承，你的处世风范同志们将毫不犹豫地追随效仿。

××老先生，你安息吧！你将永远活在我们心中！

三、礼仪致辞

礼仪致辞是礼仪活动中的口语表达形式，是礼仪活动的重要组成部分。礼仪致辞包括欢迎词、欢送词、答谢词、开幕词、闭幕词、祝酒词、贺词、悼词等，口语性是其显著特点。

礼仪致辞的演讲技巧如下。

第一，站法。致辞比朗诵更自然、更自由，可以随着讲稿内容而变化站位。一般而言，最好不要在致辞人面前安放供其坐下来致辞的讲桌，最好安放一个话筒，以增加音量和效果。这样，致辞人一上台，就站在台前正中的话筒前。脚跟要靠近，腿笔直，显得精神抖擞。虽不必如体育课“立正”般僵直，但是切忌双脚分立，那样显得粗俗松垮。致辞过程中，一定不要脚尖点地，脚跟颠簸，这被称为“踩电”。

第二，讲法。致辞要特别注意字正腔圆，断句、断词要准确，还要注意整篇讲来抑扬顿挫，不要像和尚念经那样低声絮语，也不要像机关枪扫射般咄咄逼人，要有快有慢，有张有弛。

第三，表情。这里指的是面部表情，即眉、眼、嘴、头配合讲词的协同动作。这些动作要完全配合讲词需要，要亲切自然。一般来说，台上的表情要比生活中的表情稍微夸张，但不宜过分，给人以做作之感。表情中尤其要注意眼神，首先，致辞者的眼神要能“拢”得住观众，不可瞪天看地，或盯着台下一隅，而要自然地平直向前，达到最后一排观众为止；其次，要照顾台下两边的观众，以加强致辞者和观众的交流。

第四，手势。致辞时手可以随着内容的需要向上、向下、向左、向右、向前挥动。在同一个方向，还有手心向上、向下、向内、向外之别，甚至可以用拳。手势可以是单手，也可以是双手，总之，要与致辞内容协调。使用手势时要注意：胳膊不要伸得过直，手指不宜弯曲。

（一）欢迎词、欢送词、答谢词

1. 欢迎词

欢迎词是客人光临时，主人为表示热烈欢迎，在座谈会、宴会、酒会等场合发表的热情洋溢的讲话。

欢迎词的内容包括：首先介绍来宾访问的背景情况，对客人的来访表示欢迎、致意；其次评价对方的业绩，阐明来访的意义、双方的友谊与合作关系；接着简单介绍本单位（本地、本国）情况；最后再次表达欢迎之意和良好的祝愿。

2. 欢送词

欢送词是机关团体、企事业单位或个人在公共场合欢送友好团队回归或亲友出行时的致辞。欢送词的显著特点是惜别性，要表达亲朋远行时的感受，所以依依惜别之情要溢于言表。当然格调也不可过于低沉。尤其是公共事务的交往更应把握好分别时所用言辞的分寸。

欢送词的内容：首先简要表达真挚、热情的欢送之意；接着叙述被送者或宾客的成绩、贡献或双方的友谊，作出积极评价；私人欢送词还应表达双方在合作期间友谊的加深及别后的想念之情。若为朋友送行，要加上一些勉励的话；最后再次表达惜别之情及对被送者的希望、祝愿。

美文欣赏

周恩来总理在尼克松答谢晚宴上的欢送词

总统先生，尼克松夫人，女士们，先生们，同志们，朋友们：

首先，我愿以所有在座的中国同事们和我本人的名义，感谢尼克松总统和夫人邀请我们参加宴会。

总统先生一行明天就要离开北京，前往中国南方参观访问。在过去几天里，总统先生会见了毛泽东主席，我们双方举行了多次会谈，就中美两国关系正常化和关心的问题交换了意见。我们双方之间有着巨大的原则分歧，经过认真、坦率的讨论，对彼此的立场和主张有了更清楚的了解，这对双方都是有益的。

时代在前进，世界在变化。我们深信人民的力量是强大的，不管历史的发展会有什么曲折反复，世界的总的趋势肯定走向光明而不是趋向黑暗。

增进中美两国人民之间的了解和友谊，促进中美两国关系正常化，这是中美两国人民的共同愿望。中国政府和中国人民将坚持不懈地为实现这一目标而努力。

现在，我提议：为伟大的美国人民，为伟大的中国人民，为中美两国人民的友谊，为尼克松总统和夫人的健康，为在座的其他美国客人的健康，干杯！

3. 答谢词

答谢词的内容包括：开头向主人致以感谢之意；接着交代致谢缘由，或表明自己来访的意图、诚意，对主人所作的安排给予高度评价，对主人的盛情款待表示衷心感谢，或对取得的收获给予充分肯定；然后谈自己的感想和心情，如颂扬主人的成绩和贡献，阐述访问成功的意义，讲述对主人的美好印象或对未来的信心等；最后再次表示感谢，并对双方关系的进一步发展表达诚挚的祝愿。

美文欣赏

致联谊会会长就职答谢词

尊敬的各位领导、各位理事、会员们：

大家晚上好！

十分感谢大家对我的信任和支持，推选我担任××县外来人才联谊会第一届理事会会长。对于这一殊荣，本人备感荣幸，同时也深感自己身上的职责重大。从各位殷殷的目光中，我看到的是大家的期望与重托。我必将在任职期间与理事会全体成员齐心协力，按照联谊会的章程规定，尽心竭力开展工作，努力向全体会员交出一份满意的答卷。

作为一名外来者，我到××已经有18年，期间我亲历了××经济社会所发生的巨大变化，那里所有的成就让我备感自豪，也让我对××的发展越来越有信心。与此同时，在那里所有的外来人才也找到了充分施展自己才华的舞台，可以说，这次我们联谊会的成立就是展示个人才华和潜力的机会。作为会长，我必将以身作则，为联谊会的发展尽最大努力。事实胜于雄辩，请让我用实际行动来向大家证明吧。

最后，祝愿我们的联谊会事业兴旺，祝愿大家身体健康，万事如意。干杯！

（二）开幕词、闭幕词

1. 开幕词

开幕词是党政机关、社会团体、企事业单位的领导人，在会议或活动开幕时所作的讲话。

开幕词的内容包括：开头部分宣布会议或活动开幕，对与会者表示欢迎，对会议活动的成功举行表示祝贺；主体部分回顾历届会议活动取得的成绩、经验或教训，提出本次会议活动的主要任务，阐明主题和意义，对与会各方提出希望和要求；结束部分预祝会议活动圆满成功。

开幕词要具有针对性，针对会议主题和需要解决的问题旗帜鲜明地表明态度；要突出重点，掌握会议活动基本精神，这是写好开幕词的基本，凡须会议讨论的问题，不必展开讨论，留待会议中充分讨论；语言要简洁，篇幅不宜过长。

美文欣赏

罗格先生在北京奥运会的开幕词

中华人民共和国主席先生、刘淇先生、奥组委成员们、亲爱的中国朋友们、亲爱的运动员们：

长久以来，中国一直梦想着打开国门，邀请世界各地的运动员来北京参加奥运会，今晚梦想变成了现实。祝贺北京，你们选择“同一个世界、同一个梦想”作为本届奥运会的主题，今晚就是这个主题的体现。

我们处在同一个世界，所以像你们一样，我们为四川的地震灾区儿童深感悲痛，中国人民的伟大勇气和团结精神使我们备受感动，我们拥有同一个梦想，所以希望本届奥运会带给你们欢乐、希望和自豪。

各位运动员，我们的创始人顾拜旦是为你们而创立了现代奥林匹克运动会，奥运会是属于你们的，让奥运会成为运动员的盛会，请大家牢记，奥运会不仅仅意味着比赛成绩，奥运会是和平的聚会。204个国家和地区奥委会相聚于此，跨越了民族、性别、宗教以及政治制度的界限，请大家本着奥林匹克的价值和精神，即卓越、友谊和尊重，投身于比赛。亲爱的运动员们，请记住，你们是世界青年的楷模，请向兴奋剂和作弊说“不”，你们的成就和表现应该让我们感到骄傲。

当我们把奥林匹克梦想变成现实之时，我们要诚挚地感谢北京奥组委，感谢他们不辞辛劳地工作。我们还要特别感谢成千上万无私奉献的志愿者们，没有他们，这一切都不可能实现。北京，你是今天的主人，也是通往明天的大门，感谢你！

现在，我荣幸地邀请中华人民共和国主席先生宣布第29届奥林匹克运动会开幕。

2. 闭幕词

闭幕词是在庄重、严肃的重要会议或活动行将结束时由有关领导人向大会所作的结束性讲话。

闭幕词内容包括：开头一般用简明的语言说明本次会议活动是在什么情况下圆满结束、胜利闭幕的，对与会同志的努力予以肯定；主体部分用叙述的方法回顾总结本次会议活动取得的成就，有哪些经验和意义，并在此基础上提出贯彻会议精神或对办好下一届会议活动的要求和希望；结尾部分向支持会议活动的单位和个人表示感谢，向与会者表达良好的祝愿，也可郑重宣布会议活动闭幕。如果闭幕式上另有专门的欢送词，可由身份最高的人士用一句闭幕词宣布闭幕。例如，“我宣布：××（活动名称的全称）闭幕！”

美文欣赏

罗格先生在北京奥运会的闭幕词

亲爱的中国朋友们，今晚，我们即将走到16天光辉历程的终点。这些日子，将在我们的心中永远珍藏，感谢中国人民，感谢所有出色的志愿者，感谢北京奥组委。

通过本届奥运会，世界更多地了解了中国，中国更多地了解了世界，来自204个国家和地区奥委会的运动健儿们在光彩夺目的场馆里同场竞技，用他们的精湛技艺博得了我们的赞叹。

新的奥运明星诞生了，往日的奥运明星又一次带来惊喜，我们分享他们的欢笑和泪水，我们钦佩他们的才能与风采，我们将长久铭记再次见证的辉煌成就。

在庆祝奥运会圆满成功之际，让我们一起祝福才华横溢的残奥会运动健儿们，希望他们在即将到来的残奥会上取得优秀的成绩。他们也令我们备受鼓舞，今晚在场的每位运动员们，你们是真正的楷模，你们充分展示了体育的凝聚力。

来自冲突国家竞技对手的热情拥抱之中闪耀着奥林匹克精神的光辉。希望你们回国后让这种精神生生不息，时代永存。

这是一届真正的无与伦比的奥运会，现在，遵照惯例，我宣布第29届奥林匹克运动会闭幕，并号召全世界青年四年后在伦敦举办的第30届奥林匹克运动会上相聚，谢谢大家！

（三）悼词

悼词有广义和狭义之分。广义的悼词指向死者表示哀悼、缅怀与敬意的一切形式的悼念性文章，狭义的悼词专指在追悼大会上对死者表示敬意与哀思的宣读式文体。下面介绍狭义的悼词。

1. 悼词内容

悼词主要由以下三部分构成。

开头以沉痛的心情说明召开或参加此次追悼会的目的，尽可能全面而准确地说明死者的职务、职称和称呼，以示尊崇，要注意这些称呼之间的先后顺序。接着简要概述死者何年何月何日何时何原因与世长辞以及所享年龄等。

主体承接开头，缅怀死者，主要由两方面组成：一是介绍死者的生平事迹，即对死者的籍贯、学历以及生平业绩进行集中介绍，应突出死者对人民、对社会、对家庭的贡献；二是对死者的思想、精神、作风、品质、修养等作出综合评价，介绍其对他人和社会产生的积极影响，如鼓舞、激励了青年人，为后人树立了榜样等。

结尾主要写明生者对死者的悼念及如何向死者学习，继承其未竟的事业，化悲痛为力量，为国家、社会作出更大贡献等。最后以“永垂不朽”“精神长存”等结束。

2. 致辞要求

悼词一般由较有威望或地位的人宣读，要注意三个方面：

第一，明确写悼词的目的是主要介绍死者的生平事迹，歌颂死者生前的功绩，让人们学习死者优良的思想作风，继承其遗志。这种歌颂是严肃的，要根据事实合理评价，不夸大，不粉饰。

第二，要化悲痛为力量。有的死者生前为党为人民做了很多好事，他们的美德会时时触动人们的心灵，悼词应勉励生者节哀奋进。

第三，语言要简朴、严肃、概括性强。

拓展阅读

徐××老师追悼会悼词

各位来宾、各位亲友、同志们：

今天，我们怀着沉痛的心情，在这里隆重悼念一位德高望重、深受人们喜爱的教育前辈——徐××老师。在此，我代表我市教育战线上的全体同志对徐老师的逝世表示沉痛的哀悼，并向其家属和亲友表示诚挚的问候！徐老师体质虚弱，患肺病多年，去年冬天旧病加重，几次住院，经医治无效，于二〇二一年三月九日六时十七分在市人民医院病逝，享年72岁。

徐××老师生于1949年3月，生在家乡，长在家乡，留恋家乡一方热土。他聪明好学，从小即怀报国之志，不计生活的艰苦，钟情于人类的教育，以优异的成绩报考了师范学校，1966年7月从××师范学校毕业，参加教育工作，把自己的一腔热血献给了党，献给了祖国和人民的教育事业，先后在古坊、凉亭、江河、马河、双畈、南山、南庄等地任教，曾任过工会主席、副校长、校长等职，2010年在上汽南庄希望小学退休。徐老师的一生，团结同志，为人忠厚，襟怀坦荡，平易近人。待上尊，待下爱，亲者念其慈，友者记其礼。同事们说，与徐老师搭档，轻松愉快，如沐春风，古道热肠，有求必应。生活节俭，艰苦朴素。工作上虚心好学，爱岗敬业，爱校如家，任劳任怨。教学上认真钻研，乐于与同事探讨教学问题，学业全面，精心备课，上好每一堂课。为了学生，他焚膏继晷，循循善诱，爱生如子，身教重于言教。徐老师本身体质多病，曾患有胃病、肺病，但仍坚持伏案工作，謦咳常闻，呕心沥血。多少个日日夜夜，多少个寒来暑往，从不言弃，从不叫苦。特别是对经济困难的学生，关怀备至，倾注爱心，慷慨解囊，不计回报，真正实践着教书育人的诺言，深受学生的爱戴和社会的好评。退休之后，又挑起了家庭的一份责任，操持家政，一面与病魔做斗争，一面顽强地生活着。

徐××老师的一生，是为教育事业奋斗的一生，是光明磊落的一生，是和谐社会中普普通通的一员，是教育战线上的一名优秀园丁，桃李满天，硕果累累。他曾悄悄地走来，如今却匆匆地走了，巍巍大别肃然垂首，绵延岳河低沉呜咽。仙人已过蓬莱阁，德范犹香启后人。儒者风范，万世流芳，万世师表，永不泯灭。在这花香遍地的时刻，徐老师虽然离开了亲人，离开了我们，教育界少了一名好老师，家庭里少了一根撑梁柱，社会上缺了一位好模范，但他那种爱岗敬业、无私奉献的精神，脚踏实地、一丝不苟的作风，严于律己、为人师表的风范，将永远铭记在我们心中；他那语重心长、不知疲倦地教诲学生的师者形象，依然浮现在弟子们的脑海里。校园内鲜花绿茵边仿佛飘来他那勤快的脚步声，门内热情接待来访家长那张笑脸时隐时现。他燃烧了自己，把殷殷的收获留给子孙，把光和热永远留在人间。

徐××老师，你永远安息吧！

宣读人：×××

2011年5月18日

第四节 题字礼仪

题字是指在人际交往之中，应他人之邀，或出于某种考虑主动要求，而为对方亲笔书写一些文字。通常认为，题字是一种与其他人进行交际应酬的高雅而易行的方式。

从具体形式上说，题字可长可短，可以是古文，也可以是白话，可以是中文，也可以是外文，可以是古已有之的诗词、成语、名言、典故，也可以是自行创作，直抒个人的胸襟抱负。题字包括赠言和签名两种。

一、赠言

荀子说："赠人以言，重于金石珠玉。"赠言是指为了惜别、留念或者相互勉励，而为别人题写的一段文字。一般用于私人交往场合，尤其多见于关系较为密切的亲朋好友之间。在适当之时赠人以言，可以升华情感，鞭策他人。

要使赠言在人际交往中真正发挥作用，以下四个方面绝对不可轻视。

（一）赠言的内容

内容是赠言的核心。赠言内容要因人、因事、因时而异，着重考虑拟赠对象的性别、年龄、职业、身份、爱好、阅历以及与自己的关系等，做到有的放矢。赠言要反复推敲，切莫临阵磨枪，随想随写。可以引用他人语句，亦可自行独创，不管是哪一种，都要做到两点。

1. 品位高雅

赠言要围绕抒怀、祝愿、勉励来构思，内容要健康向上，语言要富于文采。既要别致脱俗，令人耳目一新，又催人向上，振奋人心，最忌格调低下，内容低级、庸俗、消沉、颓废。

2. 言之有物

好的赠言，通常都有感而发、真实自然、言之有物，切忌无病呻吟、生编滥造。赠言言之有物并不意味着长篇大论，宁愿短而又短，耐人寻味，也绝不能拖沓冗长。

（二）赠言的形式

常见赠言形式有如下四种，书写时可根据情况自由选择。

1. 格言式

格言式赠言是指直接书写格言赠送他人。格言大都历经千锤百炼，言简意赅。引用得当，给人以有益的启迪。如"择善人而交，择善书而读，择善言而听，择善行而从。"所赠格言可借用名言警句，也可略作改造。

2. 名句式

名句式赠言，指的是直接利用名人名言，或名著里的名句。选择这一形式，既可诲人不倦，又免除自己好为人师之嫌。如有人用矛盾的名句"命运，不过是失败者无聊的自慰，不过是懦怯者的解嘲。人们的前途只能靠自己的意志、自己的努力来决定。"来激励他人斗志。

3. 诗词式

引用或撰写诗词赠言颇有感染力，如有人引用李白的诗“桃花潭水深千尺，不及汪伦送我情”作别友人，较为得体。不懂诗词格律的人，不可随便赋诗赠人。

4. 对偶式

对偶句对仗工整、朗朗上口、容易记忆，往往很受欢迎。如“真诚的友谊无须承诺，永恒的情缘无须约定。”

（三）赠言的格式

赠言分横式和竖式两种格式。

1. 横式

横式赠言，即将赠言横写。在书写时，通常应在左上方顶格写上受赠者的姓名与赠言缘由，在下一行正中央书写赠言主体，而将书赠者姓名与书赠时间另起一行写在右下方。

2. 竖式

竖式赠言，即将赠言竖写。具体方法是：先于右上方顶格自上而下书写受赠者姓名、赠言缘由，再自上而下、自右而左地书写赠言主体，最后将书赠者姓名、书赠时间另起一行自上而下地写于左下方。

（四）赠言的用具

1. 笔墨

书写赠言时，出于保存字迹考虑，最好从毛笔、钢笔、签字笔中选择其一，倘若擅长书法，最好选用毛笔，一般不用铅笔、蜡笔或圆珠笔。书写同一条赠言时不要使用两种不同类型的笔具，或使用两种不同色泽的墨水。使用钢笔书写赠言，最好用黑色或蓝黑色墨水，不要使用不宜保留字迹的纯蓝墨水，或色泽过于鲜亮的红色、绿色、紫色墨水。

2. 纸张

赠言一般书写于一定规格的纸张之上。书写赠言的纸张应干净、平整、耐折、吸墨，切忌肮脏、粗糙、残破。有时赠言被写在书籍、影集、日记簿、纪念册、明信片以及照片之上，或者在受赠者指定要求之处，如手帕、丝绢、书画、服装、帽子上。书写赠言切勿涂改或遗漏文字、超出规划区，更不要写错别字、病句，否则贻笑大方。

二、签名

在指定的地方写上本人的姓名就是签名。人际交往中的签名，是指应他人之邀，出于留作纪念的目的，而特意为对方写下本人的姓名。

交际签名虽是举手之劳，可以一挥而就，但不能违背约定俗成的惯例。否则，不仅有损本人声誉，而且可能失敬于人。

签名的礼仪规范，主要分为签名的字体规范与签名的表现规范两个部分。

（一）签名的字体

签名时所用的字体最能体现个人特征。要使字体符合礼仪要求，应当做到以下五点。

1. 清楚明了

签名清晰易辨，是第一要求。在签名时，必须采用规范的文字、规范的写法，不要自视不同凡响地信笔乱画，让人感到犹如天书一般难以辨识。

2. 完整无缺

若无特殊考虑，应努力使签名完整无缺，既要使姓名完整无缺，又要使姓名的笔画完整无缺。

3. 真实可信

所签姓名应为本人现用名，或交往对象所熟知的笔名、艺名、字号。不要一时兴起，签上本人的化名、假名、小名以及对方一无所知的笔名，更不能以他人的姓名李代桃僵。

4. 美观大方

古人云：字如其人。姓名是个人的代表符号，要将签名作为个人脸面来看待，以良好的形象示人。签名的字体要力求美观、工整、大方、一丝不苟。

5. 独具个性

个人的签名字体可以独具特色，如做到这一点，将有助于增强签名的艺术性。因此，平时可多练习签名。

（二）签名的表现

除重视字体外，签名还有五个方面的要求。

1. 礼貌相求

绝大多数签名，均系应邀而为。他人请求为其签名，无疑体现了对自己的尊重，通常应当尽量满足其要求，不要置之不理、敷衍了事甚至反唇相讥。请求他人为自己签名，首先要看时间、地点、场合是否合适，对方是否方便，同时要表现出耐心，要礼貌请求，礼貌道谢。不要为了得到签名死缠硬磨，惹人厌烦。

2. 态度恭敬

和做其他事情一样，任何一位有教养，懂得自爱、敬人的人，在替人签名时，都应注意自己的态度，要谦恭有礼，不可怠慢于人。有多人请求自己签名时，要一视同仁。签名不可敷衍草率。不要将名字签得过大，也不宜签得过小。

3. 相互礼让

有时会出现多人同时应邀为某一个人签名的情况，那么签名的顺序规则是：尊长优先。身份、地位相差不多的人一同为某一个人签名，彼此应相互礼让，避免争先恐后。

4. 位置恰当

签名时须选择好适宜的签名位置。一般来说，合乎礼法的常规签名位置有三处：第一，请求者本人所指定的位置；第二，适宜签名的空白位置，如果签名有碍其他，如有损文字、画面和他人的题字，则大为不妥；第三，礼让他人的位置，在多人同时于一处签名时，不要所占地盘过大，或是不自量力地抢先将本人姓名签于正中或抬头等应请尊长落笔的地方。

5. 妥善保存

得到他人签名后，理当妥善保存、收藏，不要乱扔、乱丢、乱放。不要对他人的签名说三道四。不要动辄展示于人，企图以其抬高个人身价。不要利用其进行商业性活动，借机谋取私利。

一、请你扮演

早晨公交车上，因为堵车要迟到了，张玉玲准备打电话向上司李经理说明情况。这个电话该怎么打？请同学们分组进行扮演，现场演示拨打和接听电话的过程，表演完后开展互评。

二、请你通知

公司定于当天下午2：30，在行政楼3楼会议室召开紧急会议，要求全体中层干部参加。中午，总经理办公室让小王短信通知相关人员，要通知的第一个人是销售部朱部长。请思考和讨论：如果你是小王，这条短信怎么发？让全班同学各编辑短信，并展开互评。

三、请你致辞

① 新学年开始，大家升入了二年级，迎来了新同学。一年前开学典礼的场景还历历在目，面对此情此景，作为老生代表的你想对学弟学妹们说什么？请以学长名义写一份开学典礼上致新生的欢迎词。

② 王成毕业后进入一家外贸企业，任总经理秘书。公司的合作企业来洽谈业务，签好协议后客户单位的代表将要返程，作为东道主，公司举行了盛大的饯别宴会。王成要为自己的上司准备一份欢送词的发言稿，应该如何写？与此同时，客户单位对王成所在的公司对自己的热情接待表示感谢，如果你是发言人，应该说些什么？请准备一份主方的欢迎词和一份客方的答谢词。

四、请你邀请

因受新冠肺炎疫情影响，全国商品房销售急剧下滑。为有效应对危机，减少损失，某知名房地产公司拟于近期组织召开一次全国性应对金融危机的会议，邀请国内同类企业代表参加。请你帮助该公司起草一份会议邀请函，主要内容包括：会议时间、会议地点、参会对象、会议议题、研讨内容（3～5项）、会议形式、参加会议费用、会议交流资料、交通（接站、返程票预订等）、联系人、联系方式、参会报名表等。

第七章

民俗节庆礼仪

学习目标

- 掌握中外主要节日的礼仪，了解其文化内涵。
- 掌握蒙古族、藏族、回族、维吾尔族、壮族的主要民俗礼仪。
- 掌握中外婚礼和葬礼的主要习俗。

案例导入

2019年元宵节，大连一方足球俱乐部暖心地为队员们准备了好吃的元宵，让在外冬训的球员们感受到了家的温暖。队中新加盟的斯洛伐克超级外援哈姆西克对中国传统文化非常感兴趣，他认真的戴好眼镜，兴致勃勃地拿起不太熟悉的筷子直接去夹汤圆，结果流了一碗的汤圆馅儿。队员们忍俊不禁，告诉他：中国吃汤圆不用筷子，而用汤匙。赛场上威风凛凛的哈姆西克不好意思地笑了，他表示万事开头难，中国文化博大精深，他愿意从小处学起。

民俗，即民间风俗，指一个国家或民族中广大民众所创造、享用和传承的生活文化。民俗礼仪的基本内容包括三个方面：一是物质民俗礼仪，包括居住（建筑）礼仪、服饰礼仪、饮食礼仪、生产礼仪、技术礼仪等；二是精神民俗礼仪，包括宗教礼仪、信仰礼仪、礼仪禁忌、民间文学、民间艺术、体育活动中的礼仪等；三是社会民俗礼仪，包括家庭礼仪、节日礼仪、人生礼仪、组织礼仪、社会活动礼仪等。

民族文化的多样性，决定了民俗礼仪多样性。本章主要介绍中外主要节庆、婚礼、葬礼等基本礼仪规范，掌握这些礼仪规范，便于我们入乡随俗，更好地与不同国家和民族人们交往。

节日是世界人民为适应生产和生活需要而共同创造的一种民俗文化，是世界民俗文化的重要组成部分。古今中外，各个国家和民族都有自己的节日，以表达某种民族情绪或纪念某个特殊人物或事件。节日礼仪就是人们在规定时间以特定方式表示某种特殊感情的一系列行为规范。

婚礼和葬礼都属于生命礼仪，婚礼是人生重要的里程碑，葬礼则是生命的终结仪式。所有国家和民族都有其传统的婚礼和葬礼仪式，是其民俗文化的重要内容，也是本民族文化教育的仪式，不同民族的婚礼和葬礼代表了不同民族的世界观和人生观。

第一节 中国民俗节庆

作为四大文明古国之一，中国有着五千年悠久的历史，也有着极其丰富的文化遗产。广阔的地域、众多的民族、开放的社会形态，决定了我们的民俗文化多姿多彩、中西交融，其节日的内涵也极其丰富。

一、中国传统节日

“二月二，龙抬头，开春犁，鞭春牛；三月三，桃花浴，还有清明和寒食；五月端阳龙舟赛，小孩要把彩线带；七月七，葡萄架下听织女，遥看天河两相聚；八月十五打月饼；九九重阳把高登；数九九，喝腊八，腊月廿三送灶王，腊月三十迎除夕，欢欢喜喜到初一。”这首代代相传的顺口溜里，有着醇正而浓郁的中国节味道。

传统节日的形成过程，是一个民族或国家的历史文化长期积淀凝聚的过程，我国的传统节日都是从远古发展而来的，从这些流传至今的节日风俗里，还可以清晰地看到古代人民社会生活的精彩画面。目前，国家法定休假的传统节日有春节、清明、端午、中秋四个。

（一）春节

对于中国人来说，春节绝对是一年之中最隆重、最热闹的传统节日。据记载，春节由虞舜兴起，已有4000多年历史。传统意义上的春节是指从腊月初八的腊祭或腊月二十三或二十四的祭灶，一直到正月十五，其中以除夕、正月初一和元宵节为高潮。

春节期间，我国大部分民族都要举行各种活动以示庆祝，这些活动均以祭祀神佛、祭奠祖先、除旧布新、迎禧接福、祈求丰年为主要内容。过年期间，中国人在房子的陈设、家庭成员的穿戴、人们的言行和餐饮等各方面都有着不同于平常的习俗。当然，同样一个春节，因大江南北的习俗不尽相同，许多地方都有着自己独特的春节习俗。

1. 祭灶

民谣中“二十三，糖瓜粘”即是每年腊月二十三的祭灶。这一天，老人们会“请”（其实是买）一幅灶王爷、灶王奶奶的画，恭恭敬敬挂在厨房，这天是灶王爷上天奏事的日子。厨房内方桌上，摆上红枣、核桃、柿饼、灶糖四盘“干果”，前三样可随机变化，但灶糖（芝麻糖）必须有，这是因为芝麻糖又黏又甜，可以让灶王爷“上天言好事，回宫降吉祥”。供桌正中，除了自家做的甜、咸两种祭灶饼外，必须有一只杀过的公鸡。因为传说中，灶王爷是骑公鸡上天的。

2. 扫尘

民谚称“腊月二十四，掸尘扫房子”。按民间说法：因“尘”与“陈”谐音，新春扫尘有“除陈布新”的含义，其用意是要把一切霉运、晦气统统扫出门。这一习俗寄托着人们破旧立新的愿望和辞旧迎新的祈求。每逢春节来临，家家户户都要打扫卫生，清洗各种器具，拆洗被褥窗帘，洒扫庭院。大江南北，到处洋溢着欢欢喜喜做卫生，干干净净迎新春的气氛。

3. 贴窗花

年谣云：“腊月二十八，打糕蒸馍贴花花”。所谓“贴花花”，就是贴春联、年画和福字。春联也叫门对、春贴、对联、对子、桃符等，它以工整、对偶、简洁、精巧的文字描绘时代背景，抒发美好愿望，是我国特有的文学形式。每逢春节，无论城市还是农村，家家户户都要精选一副大红春联贴于门上，为节日增加喜庆气氛。过年人们还喜爱在家里贴年画，增添欢乐的节日气氛。在民间人们还喜欢在窗户上贴上各种剪纸，不仅烘托了喜庆气氛，也集装饰性、欣赏性和实用性于一体，因为大多贴在窗户上，也称为“窗花”。此外，人们还喜欢在门上、箱柜上贴“福”字，有的故意把“福”字倒贴，表示“幸福已到”“福气已到”。

4. 吃年夜饭

年三十除夕，家家团聚吃年夜饭。北方人离不开水饺，是取新旧交替“更岁交子”的意思，水饺形似元宝，象征着“新年大发财，元宝滚进来”之意；南方人不能没有年糕，年糕谐音“年高”，是吉祥如意的好兆头。大年夜，丰盛的年菜摆满一桌，有大菜、冷盆、热炒、点心，一般少不了火锅和鱼：火锅沸煮、热气腾腾、温馨诱人，说明红红火火；“鱼”和“余”谐音，象征着“吉庆有余”，也喻示“年年有余”，一般上一条整鱼，但不能动筷，有的地方干脆就用一条木雕的鱼配在菜盘里。还有，萝卜俗称菜头，祝愿有好彩头；龙虾、鱿鱼等煎炸食物，预祝家运兴旺如“烈火烹油”。最后一道菜多为甜食，祝福往后的日子甜甜蜜蜜。这天，即使不会喝酒的人，也多少喝一点。年夜菜肴，也因各地风俗而异，如上海人年夜菜必上一盘“蛋角”，绍兴人除夕夜有一碗“鲞冻肉”，但一般有腊味，我国许多省份都有腌制腊味的习俗，其中又以广东省的腊味最为著名。

5. 守岁

除夕守岁俗名“熬年”，既有对逝去岁月的惜别留恋之情，又有对来临新年的美好寄予之意。守岁之俗由来已久，最早记载见于西晋周处所编撰的《风土记》：除夕之夜，各相与赠送，称为“馈岁”；酒食相邀，称为“别岁”；长幼聚饮，祝颂完备，称为“分岁”；大家终夜不眠，以待天明，称曰“守岁”。除夕之夜，吃过年夜饭，全家围坐一起，一边品尝糖果美食，一边闲聊或观看电视节目，其乐融融，叙旧话新，期待新年钟声敲响的那一刻，也有的人通宵守夜。

6. 放爆竹

中国民间有“开门爆竹”一说，即在大年初一，家家户户开门的第一件事就是燃放爆竹，噼噼啪啪的爆竹声除旧迎新。爆竹是中国特产，亦称“爆仗”“炮仗”“鞭炮”，至今已有2000多年的历史。

7. 拜年

新年初一，人们都赶早起床，穿上漂亮的新衣，打扮得整整齐齐，出门去走亲访友，相互拜年，恭祝来年大吉大利。拜年的方式多种多样，有的是同族长带领若干人挨家挨户拜；有的是同事、朋友相邀去拜；还有大家聚在一起相互祝贺，称为“团拜”；更有现在比较流行的短信拜年、电话拜年和微信拜年等。面对面拜年时，晚辈要先给长辈拜年，祝长辈长寿安康；长辈可将事先准备好的压岁钱分给晚辈，据说压岁钱可以压住邪祟，因为“岁”与“祟”谐音，晚辈得到压岁钱就可以平平安安度过一岁。

温馨提示

春节的禁忌

1. 语言禁忌

春节期间，与人交谈多用“发”“好”“余”等吉利的字眼，忌用“破”“坏”“没”“死”“光”“鬼”“杀”“病”“痛”“输”“穷”等不吉利字眼。如果不慎打坏杯、盘、碗、碟等，马上说“岁岁（碎碎）平安”的吉祥话来弥补。

2. 行为禁忌

忌死人，也忌办丧事；忌杀生，杀生会被认为导致灾祸；忌小孩啼哭，即使孩子惹了祸，家长一般也不打骂；忌讨债，讨债被认为对借贷双方均不吉利；忌从别人口袋里掏东西，否则认为被掏者有一年被“掏空”的危险；忌吃药，否则会被认为新年疾病缠身；忌把鱼吃完，特别是除夕，是为博个“年年有余”的彩头；忌米缸空着，否则被认为一年到头有断炊之虞。

（二）元宵节

元宵节又称为上元节、春灯节。正月是农历的元月，古人称夜为“宵”，而十五日又是一年中第一个月圆之夜，所以称正月十五为元宵节，又称为小正月、元夕或灯节。

1. 元宵节的来历

传说元宵节是汉文帝为纪念“平吕”而设。吕后病死后，诸吕惶惶不安，密谋作乱。朝中老臣、刘氏宗室一起平定“诸吕之乱”，拥立刘恒登基，称汉文帝。文帝深感太平盛世来之不易，便把平息叛乱的正月十五，定为与民同乐日，京城里家家张灯结彩，以示庆祝。从此，正月十五便成了普天同庆的民间节日。

2. 元宵节的习俗

传统元宵节过三天，即正月十四至十六日。这三日，各街衢市肆张灯结彩，民间组织戏班演戏，举办龙灯会，并有玩旱船、秧歌、高跷、竹马、骑毛驴、舞狮、灯会等文娱活动。夜幕降临，城镇沿街便灯火辉煌，男女老幼争相观赏、品评，称为“闹元宵”。现代元宵节主要习俗有四。

（1）吃汤圆　汤圆最早叫“浮元子”，后来有的地区把“浮元子”改称“元宵”，圆圆的汤圆漂在碗里，像是一轮明月挂在天际。元宵节那天，家家户户都吃汤圆，正如民歌《卖汤圆》中唱的：“一碗汤圆满又满，吃了汤圆好团圆。”汤圆象征着团圆吉利。

（2）赏花灯　燃灯赏灯是元宵节的主要活动，所以元宵节又称“灯节”，或者“闹花灯”。元宵节燃灯赏灯的习俗始于汉朝，发展到宋元时期，京都灯市常绵延数十里。元宵之夜，小孩们提着灯笼四处游走，街市上火树银花，热闹非凡。

（3）猜灯谜　宋代开始有了灯谜，灯谜就是将谜语贴在花灯上，让人一面赏灯，一面猜谜。灯谜的制作非常精妙，是一种饶有趣味的益智文娱活动，其内容上自天文，下至地理，经史曲赋，包罗万象。

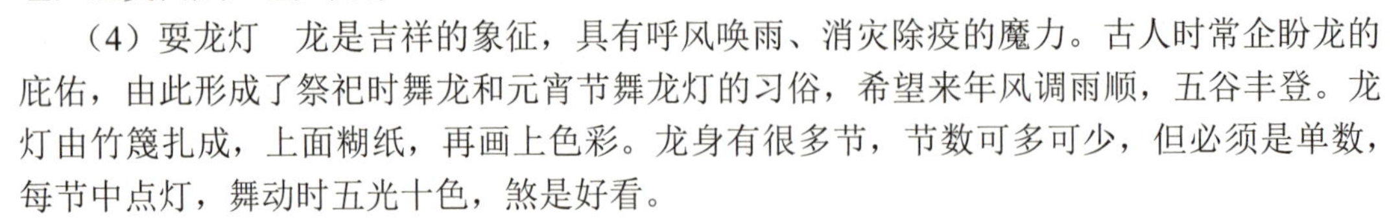

（4）耍龙灯　龙是吉祥的象征，具有呼风唤雨、消灾除疫的魔力。古人时常企盼龙的庇佑，由此形成了祭祀时舞龙和元宵节舞龙灯的习俗，希望来年风调雨顺，五谷丰登。龙灯由竹篾扎成，上面糊纸，再画上色彩。龙身有很多节，节数可多可少，但必须是单数，每节中点灯，舞动时五光十色，煞是好看。

（三）清明节

清明是我国历法中二十四节气中的一个节。按农历计算，没有确定的日期，即上一年的冬至过了106天就是清明；按阳历计算，则在4月4日或5日（以当年二月平或闰而差异）。清明一到，气温升高，正是春耕播种的大好时节，故有“清明前后，种瓜种豆”“植树造林，莫过清明”的农谚。后来，由于清明与寒食的日子接近，而寒食是民间禁火扫墓的日子，渐渐地，寒食与清明就合二为一了，而寒食既成为了清明的别称，也变成了清明时节的一个习俗。

1. 清明节的来历

我国传统的清明节大约始于周代。相传春秋时期，晋献公的妃子骊姬为了让自己的儿子奚齐继位，就设计毒害太子申生，申生被逼自杀。申生的弟弟重耳为了躲避祸害，流亡出走，流亡期间受尽了屈辱。最后只剩下几个忠心耿耿的臣子一直追随着他，其中一人叫介子推。有一次，重耳饿晕了，介子推从自己腿上割下一块肉，用火烤熟了给重耳吃。在外流亡十九年后，重耳回到晋国做了君主，就是著名的“春秋五霸”之一的晋文公。晋文公大加封赏那些和他同甘共苦的臣子，唯独介子推不来受赏，竟然背着老母躲进绵山（今山西介休市东南）。重耳命手下放火烧山，三面点火，留下一面供介子推逃出来。孰料大火烧了三天三夜，终究不见介子推出来。上山一看，母子俩抱着一棵烧焦的大柳树已经死了。晋文公后悔不迭，便把放火烧山的这一天定为寒食节，并晓谕全国，每年这天禁忌烟火，只吃寒食。第二年，晋文公登山祭奠介子推。行至坟前，只见那棵老柳树死而复活，便赐名为“清明柳”，又把这天定为清明节。

2. 清明节的习俗

（1）祭祖扫墓　扫墓是清明节最早的习俗，一直延续至今。扫墓当天，子孙们先将先人的坟墓及周围的杂草修整和清理，然后点烛、上香、敬果食、献花等，向先人祭拜，焚化纸钱，以寄托哀思，表示孝敬。扫墓要虔诚奉拜，表情真诚肃穆，不能嘻哈打闹。

（2）放风筝　放风筝是清明节人们喜爱的活动。每逢清明时节，人们白天或夜间都可以放风筝。过去，有的人把风筝放上蓝天后，剪断牵线，任凭清风把它们送往天涯海角，据说这样能除病消灾，给自己带来好运。

（3）踏青　踏青又叫春游，古时叫探春、寻春等。踏青是陪衬清明的副节目，扫墓之余，一家大小因利趁便，就在山野间游乐一番，顺手攀折柳枝戴在头上，等到入暮时分回家。

（4）植树　清明前后，春阳照临，春雨飞洒，种植树苗成活率高，成长快。故自古我国就有清明植树的习俗，有人还把清明节叫“植树节”。1979年，我国规定，每年3月12日为植树节。

（四）端午节

端午节也称端阳节、午日节、五月节，时在每年农历五月初五。在湖北、湖南、贵州、四川一带，端午节又分为大端午与小端午。小端午为每年农历五月初五，大端午为每年农历五月十五日。2009年，联合国教科文组织正式批准将其列入《人类非物质文化遗产代表作名录》，端午节成为中国首个入选世界非遗的节日。

1. 端午节的来历

端午节的由来说法甚多，诸如，纪念屈原说、纪念伍子胥说、纪念曹娥说、恶月恶日驱避说、吴越民族图腾祭说等。以上各说，各本其源。据学者闻一多先生的《端午考》和《端午的历史教育》列举的百余条古籍记载及专家考古考证，端午的起源，是中国古代南方吴越民族举行图腾祭的节日，比纪念屈原更早。千百年来，屈原的爱国精神和感人诗歌，已广泛深入人心，故人们"惜而哀之，世论其辞，以相传焉"。因此，纪念屈原之说，影响最广最深，占据主流地位。在民俗文化领域，中国民众把端午节赛龙舟吃粽子，与纪念屈原联系在一起。

2. 端午节的习俗

由于地域广阔，民族众多，各种传说故事使端午节产生了不尽相同的习俗。主要有：赛龙舟、吃粽子、佩香囊、挂菖蒲、蒿草、艾叶、熏苍术、白芷和喝雄黄酒等。

（1）赛龙舟　赛龙舟起源于古时楚国人因不舍贤臣屈原投江死去，许多人划船追赶拯救，追至洞庭湖仍不见踪迹，之后每年五月五日划龙舟纪念这位伟大的爱国诗人。在我国南方水乡，尤其汨罗江畔，每年端午节都举行隆重的竞渡仪式。人们换上节日盛装，扶老携幼，先到屈子庙朝拜，祭毕就开始龙舟竞渡。如今，赛龙舟现已突破时间地域界线，成为国际性的体育赛事。

（2）吃粽子　据记载，早在春秋时期，用菰叶（茭白叶）包黍米成牛角状，称"角黍"；用竹筒装米密封烤熟，称"筒粽"。一直到今天，每年农历的五月初，中国百姓都要浸糯米、洗粽叶、包粽子，其花色品种更为繁多，馅料也五花八门，如北方多包小枣的北京枣粽，南方则有豆沙、鲜肉、火腿、蛋黄等多种馅料，其中以浙江嘉兴粽子最为知名。吃粽子的风俗千百年来盛行不衰，且流传到了朝鲜、日本及东南亚诸国。

（3）挂艾叶　端午节时家家户户洒扫庭除，在门上插艾叶，或悬于堂中。据说艾叶的芳香奇特，可驱蚊蝇、净化空气。

（五）七夕节

七夕节是我国传统节日中最具浪漫色彩的节日，也有人称之为"乞巧节"或"女儿节"。2006年5月20日，七夕节被国务院列入第一批国家非物质文化遗产名录，又被称为"中国情人节"。

1. 七夕节的来历

七夕节起源于汉代，最早关于乞巧的记载源于东晋葛洪所著《西京杂记》："汉彩女常以七月七日穿七孔针于开襟楼，人俱习之"。后来的唐宋诗词中，妇女乞巧也被屡屡提及，唐朝王建有诗说"阑珊星斗缀珠光，七夕宫娥乞巧忙"。《开元天宝遗事》记载：唐太宗与妃子每逢七夕在清宫夜宴，宫女们各自乞巧，这一习俗在民间也经久不衰，代代延续。宋元之际，七夕乞巧相当隆重，京城还设有专卖乞巧物品的市场，世人称为乞巧市。人们从七月初一就开始置办乞巧物品，乞巧市上车水马龙、人流如潮。

2. 七夕节的习俗

（1）乞巧　七夕坐看牛郎织女星，是民间习俗。相传每年七月初七的夜晚，织女与牛郎在鹊桥相会。织女是美丽聪明、心灵手巧的仙女，凡间的女子在这天晚上向她乞求智慧和巧艺；少女们在这浪漫的夜晚，也会对着星空祈祷自己姻缘美满。在杭州、宁波、温州等地，人们在这一天用面粉制各种小型物状，用油煎炸后称“巧果”，晚上在庭院内陈列巧果、莲蓬、白藕、红菱等。女孩对月穿针，以祈求织女能赐以巧技，或者捕蜘蛛一只，放在盒中，第二天开盒如已结网称为得巧。在福建，七夕节时要让织女欣赏、品尝瓜果，以求她保佑来年瓜果丰收，供品包括茶、酒、新鲜水果、五子（桂圆、红枣、榛子、花生、瓜子）、鲜花和妇女化妆用的花粉以及一个上香炉。斋戒沐浴后，大家轮流在供桌前焚香祭拜，默祷心愿，女人们不仅乞巧，还有乞爱情、乞子、乞寿、乞美的。

（2）吃乞巧饭　在山东的甄城、曹县、平原等地，吃乞巧饭的风俗十分有趣：七个要好的姑娘集粮集菜包饺子，把一枚铜钱、一根针和一个红枣分别包到三个水饺里，传说吃到钱的有福，吃到针的手巧，吃到枣的早婚。

（3）喝“双七水”　在广西西部，传说七月七日晨，仙女要下凡洗澡，喝其澡水可避邪治病延寿，此水名“双七水”，人们在这天鸡鸣时，争先恐后地去河边取水，取回后用新瓮盛起来，待日后使用。

（六）中秋节

农历八月十五日是中秋节，也是仅次于春节的我国第二大传统节日。八月十五恰在秋季的中间，故谓之中秋节。我国古历法把处在秋季中间的八月，称为“仲秋”，所以中秋节又叫“仲秋节”。

1. 中秋节的来历

相传古代帝王有春天祭日、秋天祭月的礼制，早在《周礼》一书中，已有“中秋”一词的记载。后来贵族和文人学士也仿效起来，在中秋时节，对着天上的一轮皓月，观赏祭拜，寄托情怀。这种习俗传到民间，形成传统活动。到了唐代，祭月的风俗更为人们所重视，中秋节成为固定的节日，《唐书·太宗记》记载“八月十五中秋节”。而后沿袭至今。

2. 中秋节的习俗

（1）拜月　中秋赏月的风俗在唐代极盛，许多诗篇中都有咏月的诗句，宋代、明代、清代宫廷和民间的拜月赏月活动更具规模。我国各地至今遗存着许多“拜月坛”“拜月亭”“望月楼”，北京的“月坛”就是明嘉靖年间为皇家祭月修造的。每当中秋月亮升起，于露天设案，将月饼、石榴、枣子等瓜果供于桌案上，拜月后，全家人围桌而坐，边吃边谈，共赏明月。现在，祭月拜月活动已被规模盛大、多彩多姿的群众赏月游乐活动所替代。

（2）吃月饼　月饼最初是用来祭奉月神的祭品，后来人们逐渐把中秋赏月与品尝月饼结合在一起，寓意家人团圆。苏东坡有诗写道：“小饼如嚼月，中有酥和饴”，清朝杨光辅写道：“月饼饱装桃肉馅，雪糕甜砌蔗糖霜”，由此看来，当时的月饼和现在已颇为相近了。我国月饼品种繁多，按产地分为苏式、广式、京式、宁式、潮式等；就口味而言，有甜味、咸味、麻辣味；从馅心来看，有五仁、豆沙、冰糖、芝麻、火腿等。月饼象征着团圆。月饼的制作从唐代以后越来越考究。

（七）重阳节

农历九月九日是传统的重阳节。因为《易经》中把“六”定为阴数，“九”定为阳数，九月九日，日月并阳，两九相重，故而叫重阳，也叫重九，古人认为是个值得庆贺的吉利日子。

1. 重阳节的来历

重阳节历史悠久，起源众说纷纭，较为普遍的是东汉时期方士费长房引其徒桓景登高避祸之说。据《续齐谐记》记述，汉代桓景随《易》学大师费长房游学多年。一天，费大师对徒弟讲，九月九日那天应系茱萸登高，桓景及家人因听从师言幸免于难，而未及撤离的家畜全部患瘟疫而死亡。此事传扬开来，人们纷纷效仿，每年九月九日全家外出登高，躲避灾难，相沿成习。

由于九月初九“九九”谐音是“久久”，有长久之意，中国政府于1989年将每年的这一天定为“老人节”“敬老节”，倡导全社会尊老、敬老、爱老、助老。

2. 重阳节的习俗

（1）登高　民间在该日有登高的风俗，金秋九月，天高气爽，登高远望，可达到心旷神怡、健身祛病的目的。

（2）赏菊　重阳佳节菊花盛开，赏菊饮酒，吟诗作赋，别有一番情趣。直至今日，每逢重阳节，全国各大城市举办大型菊花展和游园娱乐活动，便是这种风俗的继承和发展。

（3）插茱萸　茱萸又名“越椒”“艾子”，是一种常绿带香的植物，具有杀虫消毒、逐寒祛风功能。插茱萸的风俗，在唐代已经普遍了。古人认为重阳节这一天插茱萸可以避难消灾，防病祛邪，于是把茱萸戴在手臂上，或放于香袋中，也表达对亲朋好友的怀念。

（4）吃重阳糕　九月九日天明时，以片糕搭儿女头额，口中念念有词，祝愿子女百事俱高，是古人九月做糕的本意。当今的重阳糕，无固定品种，各地在重阳节吃的松软糕类都称为重阳糕。

（八）腊八节

农历十二月八日是腊八节。中国人讲究在这天用各种米豆杂粮、枣栗干果等煮腊八粥，以供家人享用。

1. 腊八节的来历

从先秦起，腊八节都是用来祭祀祖先和神灵，祈求丰收和吉祥。其由来众说纷纭，一般认为，腊八前后，既是冬季最苦寒的日子，又是春季即将来临的时节，人们出于期盼来年丰收的心愿，将收获的各种米豆杂粮掺在一起，煮粥共食，以喻五谷丰登之意。

2. 腊八节的习俗

（1）腊八粥　腊八粥最早开始于宋代，至今已有千余年历史。每逢腊月初八这一天，不论是朝廷、官府、寺院还是黎民百姓家都要做腊八粥。到了清朝，该风俗更是盛行，在宫廷，皇帝、皇后、皇子等都要向文武大臣、侍从宫女赐腊八粥，并向各个寺院发放米、果等供僧侣食用。在民间，家家户户也要做腊八粥，祭祀祖先；同时，合家团聚在一起食用，馈赠亲朋好友。各地腊八粥花样繁多，有的地方将红枣、莲子、核桃、栗子、杏仁、松仁、桂圆、榛子、葡萄、白果、菱角、青丝、玫瑰、红豆、花生等不下二十种食物掺入白米中，在腊月初七半夜时分开始煮，再用微火炖，直炖到次日清晨，腊八粥才算熬好。熬好后，首先敬神祭祖，之后赠送亲友，一定要在中午之前送出去，最后才是全家食用。

（2）腊八蒜　我国北方，尤其是华北大部分地区在腊月初八这天有用醋泡蒜的习俗，叫“腊八蒜”。做法极其简单，将剥了皮的蒜瓣放到一个可以密封的容器内，然后倒入醋，封上口，放到一个冷的地方。慢慢地，泡在醋中的蒜就会变绿，最后会变得通体碧绿，如同翡翠碧玉，是吃饺子的最佳佐料，拌凉菜时也可适量使用，味道独特。

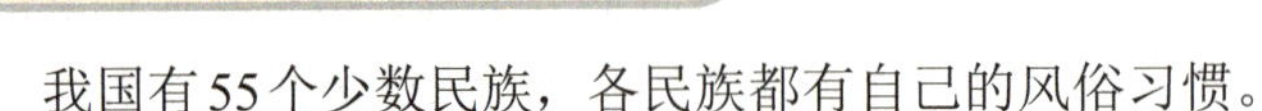

二、少数民族习俗

我国有55个少数民族，各民族都有自己的风俗习惯。

（一）蒙古族

截至2021年，我国蒙古族人口有581万余，其中70.2%居住在内蒙古，被称为“马背上的民族”。

1. 交往礼仪

蒙古族人见面要互致问候，即便是陌生人也要问好。蒙古族人性情直爽、热情好客，家中来客，都要献茶敬酒，主人敬酒时，客人应随即接住，能饮则饮，不能饮时品尝少许，然后将酒归还主人；若过分推让，会被认为是瞧不起主人。遇是贵客，蒙古族人会将美酒斟在精美的杯中，托在长长的哈达上，并唱起动人的敬酒歌款待。

2. 节庆习俗

（1）白节　蒙古族人最崇尚的是白色，以白色为纯洁、吉祥之色，故称春节为白节，与汉族春节时间一致。白节吸收了一些汉族习俗，如吃五更饺子、放鞭炮等，但也保留了蒙古族传统习俗。在农牧区，蒙古族人在除夕之夜一般都要吃手扒肉、点篝火，以示合家团圆，辞旧迎新。初一凌晨晚辈向长辈敬“迎新酒”，亲朋间互赠哈达，恭贺新年吉祥如意。整个年节里，草原上常会看到穿着节日盛装的牧民带着酒香和歌声，和着马蹄声或汽车摩托声，结伴走亲访友的热闹情景。

（2）那达慕　“那达慕”蒙古语意为“游戏”或“娱乐”，一般在每年七八月时举办，为期5～7天，牧民们穿着崭新的民族服装，从四面八方汇集到草地上，搭起毡帐，熬茶煮肉，同时进行被称为“男儿三艺”的射箭、摔跤、赛马等传统体育比赛。如今的那达慕还增加了文艺演出、物资交流等新的内容。

（3）马奶节　马奶节因赞颂骏马和喝马奶酒为主要内容而得名，主要流行于内蒙古锡林郭勒草原和鄂尔多斯牧区。通常在农历八月下旬举行，日期不固定，为期一天。这一天的清晨，牧民早早起床，穿上节日盛装，骑上骏马，带上马奶酒等食物到指定地点，杀羊宰牛，备奶食，燃起牛粪火，煮手扒肉。太阳升起之时开始赛马。赛马结束后摆开传统的盛宴，在马头琴的伴奏下，朗读节日的献诗，歌手纵情歌唱，人们跳起欢乐的舞蹈，至晚霞升起，牧民们才纷纷散去。

（4）祭敖包　祭敖包是蒙古族居住地区最普遍也是最隆重的祭祀活动。敖包是蒙古语，意为“堆子”或“鼓包”，通常设在高山或丘陵上，用石头堆成一座圆锥形的实心塔，顶端插着一根长杆，杆头上系着牲畜毛角和经文布条，四面放着烧柏香的垫石；在敖包旁还插满树枝，供有整羊、马奶酒、黄油和奶酪等。

（二）藏族

截至2021年，我国藏族同胞有541万余人，主要聚居在西藏自治区以及四川、青海、甘肃、云南等省、自治区。藏族礼仪多种多样，礼俗与佛教也有密切联系。

1. 献哈达

献哈达是藏族最普遍的礼节。婚丧节庆、拜会尊长、音讯往来、送别远行等，都有献哈达的习惯。哈达是一种生丝织品，为白色，从一二丈到三五尺长短不一。献哈达是对人表示纯洁、诚心、忠诚之意。

2. 敬酒茶

逢年过节，到藏族同胞家里做客，主人会敬酒。请喝青稞酒是农区的一项习俗。青稞酒是不经蒸馏、近似黄酒的水酒，度数不高，西藏地区几乎男女老少都能喝青稞酒。敬酒时，客人须先用无名指蘸一点酒弹向空中，连续三次，以示祭天、地和祖先，接着轻轻呷一口，主人会及时添满，再喝一口再添满，连喝三口，至第四次添满时，必须一饮而尽。喝茶则是日常的礼节，客人进屋坐定，女主人或子女必来倒酥油茶，但客人不可自行端喝，需等主人捧到你面前才接过去喝，这样，才算是懂得礼节。

3. 藏历年

藏族新年从藏历十二月二十九日开始，到正月十五日结束。节日期间每户要出一名青年人到河边、井口或自来水下“抢”头道水。据藏族传统，藏历初一谁抢到第一桶水，就是“金水”，第二桶水被称为“银水”，预示着吉祥、幸运，财源滚滚。邻居间要挨户端琪玛、敬青稞酒，高诵“扎西德勒”等表示吉祥、健康的祝辞。人们穿着盛装，走亲访友，相互拜年，大街小巷热闹非凡。广大农牧区还举行新马驮鞍仪式、赛马、拔河、投掷等丰富多彩的娱乐活动。

4. 沐浴节

沐浴节是藏族人民特有的节日，在西藏至少有七八百年的历史。在藏历七月六日至十二日举行，历时七天。藏族人民按佛教说法，青藏高原的水具有八大优点，一甘、二凉、三软、四轻、五清、六不臭，七饮不损喉，八喝不伤腹。因此七月份被人们称为沐浴最佳时间。

节日期间藏族人民携带帐篷和酥油茶、青稞酒、糌粑等食品，纷纷来到拉萨河畔、雅鲁藏布江边，来到青藏高原千江万湖旁，在水中尽情嬉戏、游泳。他们在河滩草坪树荫下搭起帐篷，围上帐幕，铺上卡垫。无论男女老幼都把自己洗得干干净净。休息时，一家人围坐在帐篷里，品尝芳醇的青稞酒和喷香的酥油茶。

在沐浴节的七天中，人们还要把家里所有被褥清洗干净，因此沐浴节又是藏族一年一度最彻底的、群众性的卫生活动。

5. 雪顿节

每年藏历六月底七月初，是西藏传统的雪顿节。在藏语中，“雪”是酸奶子的意思，“顿”是“吃”“宴”的意思，雪顿节按藏语解释就是吃酸奶子的节日，因此又叫“酸奶节”。因为雪顿节期间有隆重热烈的藏戏演出和规模盛大的晒佛仪式，所以有人也称之为“藏节”“晒佛节”。传统雪顿节以展佛为序幕，以演藏戏看藏戏、群众游园为主要内容，同时还有精彩的赛牦牛和马术表演等。节日活动的中心在拉萨西郊的罗布林卡，节日来临，罗布林卡以及周围的树林里，一夜之间便会涌现一座色彩鲜艳的帐篷城市，还形成几条热闹繁华的节日市街，几乎整个拉萨城都搬进了这片绿色天地，所有的人都在歌声舞蹈中过着野外生活，场面热闹非凡。

（三）回族

回族是中国分布最广的少数民族。截至2021年，我国回族人口有981万余，主要居住在宁夏、甘肃、青海、云南、河北、山东等地。在回族人居住较集中的地方建有清真寺，又称礼拜寺。

日常生活中，回族人见面都要问安。客人来访，要先倒茶，还要端上瓜果点心或自制面点招待，而且所有家庭成员都来与客人见面、问好。若遇上老年客人，还要烧

热炕请老人坐，并敬“五香茶”或“八宝茶”。送客时，全家人都要一一与客人道别、祝福。有时远客、贵客还要送出村庄或城镇才分手。回族的节日包括开斋节、宰牲节、圣纪节等。

（四）维吾尔族

截至2021年，我国维吾尔族总人口有839万余，95%以上居住在新疆维吾尔自治区。维吾尔族是一个能歌善舞的民族。

维吾尔族待客和做客都有讲究。如果来客，要请客人坐在上席，摆上馕、各种糕点、冰糖等，夏天还要摆上瓜果。先给客人倒茶水或奶茶。如果用抓饭待客，饭前要提一壶水，请客人洗手。吃饭时，客人不可随便拨弄盘中食物，不可随便到锅灶前去，碗中不留剩食，同时注意不让饭屑落地，如不慎落地，要拾起来放在餐布上。饭毕，如有长者领作“都瓦（祷告）”，客人不能东张西望或立起。吃完饭后，待主人收拾完食具，客人才能离席。饭前饭后必须洗手，洗后只能用手帕或布擦干，忌讳顺手甩水。维吾尔族传统节日有开斋节（肉孜节）、古尔邦节（宰牲节）、诺鲁孜节等。

（五）壮族

截至2021年，我国壮族人口1617万余，是我国少数民族中人口最多的民族，大多居住在广西壮族自治区，云南省也有100余万人。

1. 交往礼仪

壮族是个好客的民族，到壮族村寨任何一家做客的客人都被认为是全寨的客人，往往几家轮流请吃饭，有时一餐饭吃五六家。客人到家，主人家会尽量以最好的食宿招待客人，对客人中的长者和新客尤其热情。平时即有相互做客的习惯。敬酒的习俗为“喝交杯”，其实并不用杯，而是用白瓷汤匙。用餐时须等最年长的老人入席后才能开饭；长辈未动的菜，晚辈不得先吃；给长辈和客人端茶、盛饭，不能从客人面前递，也不能从背后递给长辈；先吃完的人要逐个对长辈、客人说“慢吃”再离席；晚辈不能落在全桌人之后吃完。路遇老人，男的要称“公公”，女的则称“奶奶”或“老太太”；遇客人或负重者，要主动让路，若遇负重的长者同行，要主动帮助并送到分手处。

2. 节庆习俗

（1）春节　壮族春节从大年三十至正月初一、初二，共三天，但初四至初五仍算春节期，是一年中最隆重的节日。大年三十时，阖家团聚，吃团圆饭，蒸制扣肉，制作叉烧肉等；晚饭中八道菜少不了“白斩鸡”；米饭要做得很多，剩到第二天吃，象征着富裕。大年三十晚家家都要守岁，直到半夜鸡叫，燃放鞭炮，除旧迎新。春节期间，除了走亲访友，男女青年多去参加对歌、打陀螺、跳舞、赛球、演戏等文娱体育活动。壮家包粽子过年，但年三十晚绝不吃粽子。正月初一、初二凡来客必吃粽子。壮家的粽子是较高贵的食物，粽有大有小，大的一二斤重，小的二三两。还有一种叫“风莫”（特大粽子），重达一二十斤。粽子主要原料是糯米，但要有馅儿。馅儿是去皮的绿豆、半肥不瘦的猪肉拌上面酱制成。

（2）歌婆节　壮族的歌婆节一般在每年农历的正月十五、三月初三、四月初八、五月十二举行，是壮族地区传统的群众性活动，一般由数百乃至数千人参加。届时，青年男女从各地汇集在固定地点，三五成群互相对唱，多是触景生情、随编随唱。

三、中式婚礼

婚礼属于汉族传统文化的精粹之一，是华夏文化的重要组成部分。中国传统婚礼有着上千年历史。中国人认为红是吉祥的象征，所以中式婚礼总以红色服饰、红色花轿，红色婚伞、红色请帖和火红爆竹等大红色烘托喜庆、热烈的气氛。

（一）传统婚礼习俗

中国传统的婚礼，礼仪非常烦琐，非常讲究。

1. “三书六礼”定亲

传统观点是，婚姻大事遵守“父母之命，媒妁之言”，男女双方要选择门当户对、命相相合的订婚。在成婚前有三书六礼的定亲礼。三书指聘书（订婚书）、礼书（礼物清单）、迎亲书（迎娶新娘之书）。六礼分别是纳彩、问名、纳吉、纳征、请期和亲迎。

2. 喜气洋洋成亲

成亲过程充满了喜庆、吉祥和祝福。

（1）请吃酒　迎亲前几天，新郎要请长辈亲友吃喜酒，并请长辈在红纸“知单”上签名，表示知道此事，长辈则在单上写下自己姓名，并一个“知”字。

（2）看嫁妆　最迟迎亲前一日男方去女方搬嫁妆，女方将嫁妆置于厅堂，让人观看，称“看嫁妆”。这是女方家庭地位和财富的象征。器物披挂红色彩线，衣服等熏以檀香，箱底放数枚银元，俗称“压箱钱”。

（3）安床　在婚礼前数天，选一良辰吉日，男方将新床单铺好，再铺上龙凤被，床上撒各种喜果，如花生、红枣、桂圆、莲子等，意喻新人早生贵子。抬床的人、铺床的人以及撒喜果的人都是精挑细选的“好命人”（指父母健在、兄弟姐妹齐全、婚姻和睦、儿女双全的人），希望这样的人能够给新人带来好运。

（4）上头　男女双方都要进行的婚前仪式。也是择定良辰吉日，男女在各自的家中由梳头婆梳头，一边梳，一边大声说些吉利话：“一梳梳到尾，二梳梳到白发齐眉，三梳梳到儿孙满地，四梳梳到尾，四条银笋尽标齐。”

（5）上轿　新娘上轿前，经男方喜娘三次催妆，佯作不愿出嫁，懒于梳妆，表示舍不得离开父母，不忘父母养育之恩。福建一些地方还兴父母哭轿，表示对女儿的不舍之情。

（6）拜堂　花轿进门，男家奏乐放炮仗迎轿。喜堂布置各地相同，拜堂仪式则稍异。整个过程总称为“三跪，九叩首，六升拜”。最后赞礼者唱：礼毕，退班，送入洞房。

（7）闹洞房　旧时规定，新郎的同辈兄弟朋友可以闹洞房，老人们认为“新人不闹不发，越闹越发”，并能为新人驱邪避凶，婚后吉祥如意。

3. 开开心心回门

回门即女儿偕女婿回娘家认门拜亲，春秋时期就有回门之俗，后代沿袭至今。回门时间各地不一，古时是结婚第三日、第六日或第七、第八、第九日，也有满月回门省亲的。由于“回门”是新婚夫妇一块回门，故称“双回门”。回门时，旧俗规定新娘走在前面，返回男家时，新郎走在前面。“双回门”后，一般不准在岳家过宿，必须当日返回男家，旧时有新婚一个月内不空房的风俗。

（二）现代婚礼习俗

新中国成立后，《中华人民共和国婚姻法》（该法于2021年1月1日废止，同时实施《中华人民共和国民法典》）规定男女婚姻自由，婚礼从简。年轻人结婚，吃些糖果，或办酒数席，家人亲友欢聚庆贺就行了。20世纪80年代，老百姓开始用轿车迎亲。20世纪90年代后至今，城镇婚礼一般在酒店举行，形式大多呈现中西合璧的特点。

1. 举行婚礼

（1）迎亲　结婚当天，从清晨开始新郎家就宾朋满座，热闹非凡。大门上贴喜联，室内外的门窗上贴大红“囍”字。新郎要早早出门，将婚车扎上鲜花和彩带，打扮得漂漂亮亮迎接新娘。迎亲的婚车和鲜花必须是偶数。新娘则在娘家穿好婚纱，画好浓妆，在亲朋的陪伴下，等待新郎的到来。新郎到后，新娘的家人，为表示对女儿的不舍和对新郎的考验，不会轻易开门。新郎则要不停地敲门、喊门，喊门时不仅要亲热地高喊“老婆，开门啊”，还要乖巧地改口喊“爸爸妈妈，开门啊”，同时多塞红包，讨好门内把关的亲朋好友。

（2）告别　开门后，新郎要给女方的父母鞠躬行礼，女方父母郑重地把女儿托付给女婿，女婿真诚地表示会孝顺父母、善待妻子。女方家人给新人红包，将女儿送出门。

（3）入新房　到男方家后，要放鞭炮庆贺（禁鞭后，改放鞭炮的音频）。新郎把新娘抱入新房。进入新房后，媳妇要拜公婆，给公婆敬茶，改口叫爸爸妈妈。公婆赏红包。新娘给男方长辈点烟敬茶，长辈给红包并送上祝福。

（4）结婚典礼　结婚典礼一般在酒店举行，由司仪主持，双方单位领导，亲朋来宾欢聚一堂共同见证幸福时刻。婚礼开始，礼乐和鸣，新人入场。主持人宣布典礼开始，证婚人证婚，举行拜堂仪式：一拜父母，二拜来宾，夫妻对拜。新郎新娘交换信物，喝交杯酒。单位领导或来宾代表讲话。有的还有节目表演。

（5）喜宴　宴席开始，新郎新娘换上中式服装，给来宾挨桌敬酒点烟。宾客散席后，男方家人或者新人一起在酒店门口送客。

（6）回门　结婚三天后，新娘偕同新郎回娘家省亲，叫回门。娘家人非常重视这一礼仪，众多亲友也会在这一天聚集到女方家对新人表达祝福。新郎要准备好老人喜欢的礼物，问候父母，陪父母吃饭，聆听父母教诲。

2. 参加婚礼

收到邀请喜帖后要真诚地恭贺新人，告知出席与否，好让对方能掌握准确的出席人数。

送礼金是一种祝福，红包上要写“百年好合、白头偕老”等祝福话语。礼金最好是偶数，并留下自己的姓名。

出席婚宴时，应选择比新郎、新娘简单的装束。一般情况下，男性穿西式套装或深色礼服；女性穿洋裙、连衣裙或一般礼服即可，避免新娘专用的白色，如此才合乎婚宴礼仪。

婚宴当中应认真聆听致辞，致辞结束时要鼓掌致意。当新人来敬酒时，即使不会喝酒，干杯时至少也应该拿酒杯碰一下嘴唇。吃饭时应与周围人保持一致的速度，吃得太快或太慢，都是不得体的。离席时要跟新人打招呼告别，并再次送上祝福。

四、中式葬礼

传统观念认为，人身前可以简单，但身后绝不能随便。丧葬是一个人在尘世中最后也是最隆重的礼仪，体现着生者对死亡的敬畏和哀悼。

（一）传统丧葬礼俗

丧之礼俗为：讣告、吊唁、入殓、出殡、守孝等；葬之礼俗为：埋葬、做七等。

1. 讣告

初丧时鸣放鞭炮，子孙亲房烧纸化香，将死者遗体洗净换衣，再将遗体移在榻上，随后将死者睡过的床铺搬走，地扫干净，再将消息通知给亲朋好友。

2. 吊唁

亲友得知消息会第一时间赶来，带着香纸鞭炮、礼布前来吊唁，亲人戴白帽，对吊客发孝布以致丧哀，设孝堂，备以棺材，办素餐待客。

3. 入殓

死后几日，死者放入棺材，称为“入殓”。入殓时鸣丧炮，吹唢呐，僧道击乐器，孝子及亲属绕棺材一周向遗体告别。灵前陈设牲畜祭品，亲朋好友聚集祭奠，孝子亲属诵经焚香化纸。

4. 出殡

把棺材送到墓地埋葬，称为“出殡”。出殡开始的标志是孝子将一个瓦盆摔碎，称为“摔盆儿”。孝子执“引魂幡”带队，鼓乐僧道、旌舆幡旗随后，家族、亲友在棺后相送，沿途散发纸钱到墓地。

5. 下葬

墓地的坟墓是事先委托“土公”（从事埋葬洗骨的人）掘好的，待棺木到达时，将棺上的覆盖物取掉，男性跪在棺的左边，女性跪在棺的右边，大声哭号，以示诀别。和尚和道士念完经后，就开始“放栓”，也就是在棺材的某一部位打孔，然后打进木栓。用意是让棺材里面能通空气，以便早日物化。最后把棺材放进墓穴，由丧主先往棺材上埋土，以示尽孝。

6. 守孝

按儒教传统，孝子应该在父母墓的周围守孝三年，期间避免娱乐、饮酒、食肉等。

7. 做七

从死者死亡之日起，每隔七天祭祀一次，请道士做道场念经，称为“做七”。“头七”至“五七”整三十五天，死者灵前要灯火不断，七天烧一次袱包（包好冥币的纸包），连烧七次。

以上丧葬礼仪，俗称白喜事。中国传统认为73岁以上去世或者高龄无疾而终者，都属于白喜事。各地白喜事习俗也不尽相同。

（二）现代丧葬礼仪

新中国成立后，党和政府破除迷信，树立新风，提倡丧事从简。1973年大力提倡火葬。国家领导人率先垂范，周总理死后，他的骨灰被撒到密云水库和黄河入海口。现代社会，各种低碳环保的殡葬方式层出不穷，如树葬、草坪葬、壁葬、海葬、太空葬、网葬等。这些新的殡葬方式省时、省力、省钱，也方便亲友祭奠。

现代葬礼基本礼仪如下。

1. 奠仪

初丧，亲友前往吊唁，送花圈及钱物，有单位的人员去世，由其所在单位张贴讣告。赠送奠仪不像贺仪那样可以任选礼品。一般采用的是挽幛、挽联、花圈、花篮等。当然，也可以直接送白包。一般可在白色信封的最右边写上悼某某人或某某人仙逝，中间写“香仪”或“奠仪”即可，最左边写自己的名字加“敬悼”或“敬挽”，注意位置须稍低些。

2. 唁电

接到讣闻后，如果无法到现场奔丧，可以托人带慰问信或致电表示关心与慰问之意，要注意的是唁电的署名之后不能用敬挽，而要用“敬唁”，切忌在收到讣闻后不予理睬。

3. 致祭

参加丧葬仪式时，应准时到达，并在签到簿上签名，领取应佩戴的物品，安静地进入丧礼会场。无论参加公祭或自行治丧，都包含上香和鞠躬两个动作。向逝者致敬的这些行为称作“吊”。丧仪完毕应向家属表示哀伤之意，希望对方能节哀顺变，称为“唁”。

4. 追悼会

家属亲友送遗体至殡仪馆，一般三日之后在殡仪馆开追悼会，举行遗体告别仪式。追悼会场正中，悬挂死者遗像，两边悬挂挽联，堂中摆放鲜花。家属及亲友臂缠黑纱，胸佩白花。追悼会多由单位负责人致悼词，致悼词时，应注意逝者的性别、身份和年龄，选择适当的敬词和称谓。参加丧礼态度要恭敬，保持缅怀与感伤的心情，不能大声喧哗，更不能谈笑风生，也不要迟到早退。会后，奏哀乐，与会亲友逐一向遗体鞠躬告别。整个丧礼简朴、肃穆。

5. 葬礼禁忌

素净的衣服与庄重的心情是奔丧的要诀。男女均应穿黑色或深蓝色等深色服装，男士可内穿白衬衣或暗色调的衬衣，女士不可戴亮色调的围巾，不应涂口红，不可化浓妆。尽量不要佩戴饰品，如需佩戴可考虑素色饰品或尽量不要外漏，尤其不要佩戴黄金。神情要肃穆，举止轻缓稳重，不可高谈阔论，说话声音尽量压低，带着儿童的，避免孩子嬉笑打闹。安慰死者亲属很有必要，但尽量避免号啕大哭等过当举止，措辞要得当，可以这样说：“他去了一个更好的地方，但他会永远跟我们同在。”或“他是个多好的人啊，不是吗”。

第二节　西方民俗节庆

在对待“节庆”上，西方人重视“庆”，侧重“玩乐”。西方人总是将朋友相聚、制造浪漫气氛和精神享受作为节日的核心，他们有无数的创意来营造节日的欢乐。

一、西方主要节日

（一）圣诞节

每年12月25日，是基督纪念耶稣诞生的日子，也是西方最重要的节日。大部分天主教教堂会在12月24日的圣诞夜，亦即12月25日凌晨举行子夜弥撒，而一些基督教会则举行报佳音，然后在12月25日庆祝圣诞节。圣诞节习俗如下。

（1）圣诞色　红、绿、白三色为圣诞色，圣诞节来临时家家户户都要用圣诞色来装饰。红色的有圣诞花和圣诞蜡烛，绿色的是圣诞树，它是圣诞节的主要装饰品。

（2）圣诞树　圣诞树是圣诞节中最有名的传统之一。通常人们在圣诞前后把一棵常绿植物如杉柏放在屋里或户外，并用圣诞灯和彩色装饰物装饰，把一个天使或星星放在树顶。圣诞之夜，彩灯点亮，圣诞树光华四射，分外迷人，人们围着圣诞树唱歌跳舞，尽情欢乐。

（3）圣诞老人　是圣诞节活动中最受欢迎的人物。西方儿童在圣诞夜临睡之前，要在壁炉前或枕头旁放上一只袜子，等候圣诞老人在他们入睡后把礼物放在袜子内。在西方，扮演圣诞老人也是一种习俗。

（4）圣诞礼物　据《圣经》记载，来自东方的三位圣人在耶稣降生的时候曾送上黄金和乳香等珍贵礼品。这就是圣诞老人为儿童赠送礼品习俗的由来。圣诞节时父母会把送给孩子的圣诞礼物装在袜子里，圣诞夜挂在孩子们的床头上。第二天，孩子们醒来后第一件乐事就是在床头寻找圣诞老人送来的礼物。西方人也会在圣诞节前夕彼此赠送贺卡等礼物。

（5）圣诞夜　也称平安夜，是传统上摆设圣诞树的日子，现在特指12月24日全天，由于一般节日氛围在晚上容易调动起来，大型活动都集中在晚上，因而被称作圣诞夜或平安夜。届时，千千万万欧美人赶回家中团聚，共进丰盛的晚餐，互相交换礼物，表达内心的祝福和爱，并祈求来年的幸福；或者举办别开生面的化装舞会，在酒馆、舞厅、俱乐部中尽情狂欢。虔诚的信徒们则在天主教堂里，举行纪念耶稣诞生的午夜礼拜。圣诞夜里，一些唱诗班挨家挨户到教徒家门口或窗下唱圣诞颂歌，称为“报佳音”，主人热烈欢迎，并加入歌唱。唱罢，主人再把大家请进屋，以茶点招待。之后，唱诗班再去别家，大街小巷充满歌声。

（二）情人节

情人节又叫圣瓦伦丁节，即每年的2月14日，是西方传统节日之一。这是一个关于爱、浪漫以及花、巧克力、贺卡的节日。男女在这一天互送礼物用以表达爱意或友好。情人节习俗如下。

（1）预测游戏　情人节是个需要谨慎小心的日子——对于单身者和浪漫的人来说更是如此。当天清早起床，单身的人们从钥匙孔向外窥探。据传说记载，如果你看到的第一个人是在独行，那么你当年就会独身；如果你看到两个或更多的人同行，那么你当年肯定会觅得情人；如果你看到一只公鸡和一只母鸡的话，你将在圣诞节以前结婚。可如今各家庭院已绝少有公鸡母鸡出没，城区空地上更不会有鸡的踪影，所以若能看见一对鸽子或麻雀，也有异曲同工之妙。

（2）互送礼物　情人节送礼是为了表达爱慕、崇敬、友谊等感情，浪漫比实用更重要。鲜花自然是最浪漫的礼物，对方总是为鲜花的美丽和芳香而倾倒。情人节男性向女性送玫瑰的最多，玫瑰传达着专一、炽热的情感。送一枝玫瑰，表示一心一意；三枝代表“我爱你”；九枝表示天长地久。适合情人节赠送的鲜花还有百合、郁金香、勿忘我、红掌等，都可以表达深深的爱意。女性在情人节会给心上人送巧克力，巧克力代表华贵和爱慕。男女之间最常见的互赠还有各式各样的情人卡，或者系着红缎带的郁金香花束等。

（3）化装舞会　情人节之夜浪漫而有趣的还有化装舞会。参加舞会的人煞费苦心地装扮自己，有的化装成中世纪的骑士，有的化装成西班牙的海盗，还有的化装成东方的皇帝。舞会的主人常常给每位客人发张瓦伦丁卡片，上面写着某个人的名字，这个人就是收卡者的舞伴。

（三）愚人节

4月1日是愚人节，也是欧美人民最开心的日子。这一天，人们尽可能编造一些耸人听闻的谎言，让人信以为真，以调侃、哄骗、取笑或愚弄别人。愚人节习俗如下。

（1）互开玩笑　愚人节最典型的活动是大家互相开玩笑，用假话捉弄对方。玩笑只能开到中午12点之前，这是约定俗成的规矩。过了中午还找乐子的人被认为是更大的傻瓜。

（2）家庭聚会　愚人节时，人们常常组织家庭聚会，把房间布置得像过圣诞节或新年一样，待客人来时，祝贺他们“圣诞快乐”或“新年快乐”。

（3）鱼宴　鱼宴上所有的菜都是用鱼做成的。参加鱼宴的请帖，通常是用纸板做成的彩色小鱼。餐桌用绿、白两色装饰，中间放上鱼缸和小巧玲珑的钓鱼竿，每个钓竿上系一条绿色飘带，挂着小礼物或精巧的赛璐珞鱼，或是装满糖果的鱼篮子。

拓展阅读

愚人节的起源

关于愚人节的起源众说纷纭：一种说法认为这一习俗源自印度的“诠俚节”。该节规定，每年三月三十一日这一天，情侣之间相互愚弄欺骗来取乐。但更受广泛认可的说法是，愚人节起源于法国。1582年，法国首先采用新改革的纪年法——格里历（即通用的阳历），以一月一日为一年的开端，改变了过去以四月一日为新年的开端的历法。新历法推行过程中，一些因循守旧的人反对这种改革，仍沿袭旧例，拒绝更新。他们依旧在四月一日这天互赠礼物，组织庆祝新年的活动。改革派对此大加嘲弄，在四月一日这天给顽固派赠送假礼物，邀请他们参加假庆祝会，并把这些受愚弄的人称为“四月傻瓜”或者“上钩之鱼”。久而久之便成为法国流行的一种风俗。

（四）母亲节

每年五月的第二个星期日是母亲节，它是向普天下的母亲们表达敬意和爱的传统节日。母亲节的习俗如下。

（1）赠送礼物给母亲　鲜花是献给母亲最常见的礼物。红色康乃馨象征热情、正义、美好和永不放弃，祝愿母亲健康长寿；粉色康乃馨祈祝母亲永远年轻美丽；白色康乃馨象征儿女对母亲纯洁的爱和真挚的谢意；黄色康乃馨象征感恩，感谢母亲的辛勤付出。节日当天，人们会把康乃馨佩戴在胸前，母亲健在的人佩戴红色康乃馨，母亲已经去世的人佩戴白色康乃馨。当然，除了鲜花，还可以赠送贺卡、衣物等其他礼物，只要母亲喜欢就好。

（2）代替母亲劳作　母亲节送给妈妈最珍贵、最优厚的礼物是把她们从日常家务劳动中解放出来，轻松地休息一整天。这一天，许多家庭都由丈夫和孩子们将全部家务活包下来。

拓展阅读

父亲节

父亲节是一年中特别感谢父亲的节日，很多国家的父亲节日期都不尽相同，也有各种不同的庆祝方式，大部分都与赠送礼物、家族聚餐或活动有关。世界上有52个国家和地区是在6月的第三个星期日庆祝父亲节。

父亲节的庆祝方式和母亲节大致相同，所不同的也许只是父亲们喜欢的礼物不是鲜花糖果。给父亲送的花通常是黄色的玫瑰花，因为黄色是男性的颜色，也送百合、贺卡、领带和雪茄烟。节日里，子女佩戴红玫瑰表示对健在父亲的爱戴，佩戴白玫瑰表示对已故父亲的悼念。

（五）感恩节

感恩节是美国和加拿大共有的节日，原意是为了感谢上天赐予的好收成。在美国，感恩节是在每年11月的第四个星期四，而加拿大的感恩节是在每年10月第二个星期一。像中国的春节一样，在这一天，成千上万的人无论多忙，都要和自己的家人团聚。感恩节的习俗如下。

（1）集体庆祝　感恩节这一天，人们按习俗前往教堂做感恩祈祷、举行化装游行、戏剧表演和体育比赛，学校和商店也都放假休息。孩子们还模仿当年印第安人的模样穿上离奇古怪的服装，画脸谱或戴面具到街上唱歌、吹喇叭。在他乡外地的人也会赶回家过节，全家人围坐在一起，大嚼美味火鸡，并说“谢谢”。

（2）火鸡大餐　感恩节丰盛的家宴一般提前几个月就着手准备。餐桌上食物丰盛，最吸引人的大菜是烤火鸡和南瓜馅饼，是感恩节中最传统的食品。火鸡原是栖息于北美洲的野禽，后经人们大批饲养，成为美味家禽，每只可重达四五十磅。

（3）节日游戏　感恩节人们最喜爱的游戏是南瓜赛跑。比赛者使用小勺推着南瓜跑，规则是绝对不能用手碰南瓜，先到终点者获奖。比赛用的勺子越小，游戏就越有意思。

（4）节日购物　感恩节购物已成为美国人的习俗。从感恩节到圣诞节这一个月，美国零售业总销售额占全年的1/3，是商家打折促销旺季。

二、西式婚礼

西方人非常重视家庭生活，对婚礼更是精心准备、倾情投入。西方人的婚礼以白色为基调：白婚纱、白礼服，手持白花束，他们认为白色代表圣洁美好。

（一）西式婚礼流程

西式婚礼分为仪式和宴会两部分，一般来说，新人只邀请最重要的亲人和朋友见证婚礼仪式，而宴会相对于仪式的严谨与肃穆就显得比较随便、热闹，邀请的来宾也更为广泛。

婚礼一般在下午举行，亲朋好友聚集在教堂，静候新人的到来，其仪式如下。

① 仪式开始，换进场音乐，神父到位；伴娘、伴郎入场后，面对客人成八字排开站好；戒指童入场，将戒指交到神父手中；

② 奏响婚礼进行曲，新娘挽着父亲入场，新娘父亲将新娘交到新郎手中；

③ 停止奏乐，新娘、新郎交换戒指并宣誓；

④ 证婚人致辞；

⑤ 仪式完毕，音乐响起后新人退场，宾客向新人抛撒花瓣；

⑥ 新人与来宾拍照留念。

仪式之后是宴会，宴会的基本流程为：客人们陆续进入餐厅按请柬上的桌号就座，乐队奏乐表示欢迎，各种提前准备好的饮料和餐前开胃小菜可以供客人们享用；新郎新娘进入餐厅。上第一道菜，侍者们给客人斟上香槟，重要来宾演讲致辞；开胃菜用完后，新郎新娘跳第一支舞。然后伴郎伴娘及其他客人进入舞池一起跳舞；每人重新入座等待主食；上甜点时，舞会继续；新娘抛花束后，新人在客人们间穿梭交际对他们的光临表示感谢。提供咖啡及各种餐后饮品可供客人享用；新郎新娘一起切蛋糕，供客人们跳舞空闲时享用；此时宾客可自由退场。

（二）西式婚礼禁忌

西式婚礼有很多特殊讲究：白色的婚纱要搭配白色、金色或银色的鞋子，一定不能配红鞋，因为红鞋代表跳入火坑，也不能戴红花、系红腰带、穿红底裤等红色的东西；新娘要以头纱遮面举行仪式，头纱并不是单纯的装饰，它同时还代表着一种分界线，头纱绝对不能由新郎之外的人去掀开；穿婚纱的新娘不宜鞠躬，也不宜被抱着走，在欧洲，新娘在婚礼进行中保持一种矜持的高傲。西式婚礼的站位是男右女左，与中式婚礼的男左女右刚好相反。

三、西式葬礼

西方丧葬礼属宗教式的丧葬礼仪。人死后，在死亡地或尸体发现地登记，由医生或验尸人员签发书面证明，而后对亲友发出通知或在报刊上公开宣布。

西方丧葬礼俗主要受基督教文化的影响。基督教的丧葬礼更多的是为死者祈祷，祝其灵魂早日升入天堂，解脱生前痛苦。基督教认为人死后灵魂需要安静，因此丧葬礼非常肃穆。葬礼遵循死者生前遗嘱遗言确定土葬或火葬。

西方殡葬礼俗有洗尸、更衣、停尸整容、送葬哭丧、宴谢、祭奠等程序，基督教仪式几乎贯穿其中。人死之前要在神父面前忏悔，也叫“临终关怀”。人死后由神父主持给死者洗尸，其宗教含义是洗去生前罪过，干干净净见上帝。尸体一般停在教堂，由神父主持追悼会，神父介绍死者生平并为其祈祷，亲友一同祷告。完毕之后由四人抬着棺材走向墓地。神父、亲友跟在后边送葬。下葬时，神父还要再为亡者祈祷。无论在送葬路上或下葬时，亲友都不能大声号哭，只能默默流泪或嘤嘤啜泣，意为不要打扰死者灵魂安静。

葬礼与葬礼弥撒可以同时进行，也可以分开举行，由神父或死者亲属议定，包括祈祷词和经文、圣餐以及告别仪式。

拓展训练

一、请你分析

小晴是某地级市政府部门的工作人员，近日接到单位一位领导的父亲逝世的讣闻，在同事们的商议提醒之下，决定一同去参加葬礼。葬礼当天，小晴特意穿了新买的黄蓝色相间条纹连衣裙，扎起马尾，佩戴了粉红色水晶发卡。小晴在葬礼上见到了很多其他部门的同事，小晴热情地跟大家挥手打招呼，相约追悼会完毕后去逛商场。

请问：小晴有哪些失当的举止？她应该怎么做？

二、请你回忆

去年除夕之夜，你家的年夜饭都有哪些菜肴？有什么特色？除了吃年夜饭，你家还有哪些过年的习俗？全班同学交流，集体分析不同地区风俗习惯的异同，感受其文化差异。

三、请你搜集

我国传统节日中，除了本章介绍的八大节日，还有哪些？各自习俗是什么？请就此搜集相关资料进行整理，并撰写一份调研报告。

四、请你演讲

我国55个少数民族中，除了本章介绍的5大少数民族外，其他少数民族的主要习俗是什么？请以寝室为单位，每个寝室搜集1～2个其他少数民族的习俗，并在课堂上给全班同学介绍。

第八章 涉外礼仪

学习目标

- 认知礼仪素养在涉外交往中的重要性。
- 领会并掌握涉外礼仪的基本原则。
- 熟悉五大洲代表国家的交际、服饰、用餐礼仪及习俗禁忌。
- 能够在涉外交往中遵守涉外礼仪原则。

案例导入

入乡随俗

舒女士是一名白领丽人，她聪明、漂亮，待人热情，工作出色，因而颇受领导重用。有一次，舒女士所在的单位派她和几名同事一道，前往马来西亚洽谈业务。平素处事稳重、举止大方的舒女士，在该国期间，由于行为不慎招惹了一场不大不小的麻烦。

事情的大致经过是这样的：舒女士和同事一抵达目的地，就受到了东道主的热烈欢迎。在欢迎宴会上，主人亲自为每一位来自中国的嘉宾，递上一杯当地特产的饮料，以示敬意。轮到主人向舒女士递送饮料之时，一向是“左撇子”的她不假思索，习惯性地抬起左手去接饮料。目睹此景，主人骤然变色，没有把那杯饮料递到舒女士伸过去的左手里，而是非常不高兴地将它重重放在餐桌上，随即愤然而去。

涉外礼仪是指在长期的国际社会交往实践中不断形成的约定俗成的、共同遵守的行为准则和规范。它是在尊重国际惯例和各国民族习俗的基础上，不断革新、不断完善而形成的，在涉外交往中用以维护自身形象并对外宾表示尊重、友好和礼貌。

第一节　涉外礼仪通则

涉外礼仪通则是根据礼仪通则与涉外交往活动实践，从整体性、普遍性角度加以概括的，是对涉外交际具有普遍指导意义的基本原则。它主要包括以下六个方面。

一、求同存异

涉外礼仪的原则是在长期的国际交往活动中逐渐形成并发展起来的，各个国家和地区的礼仪要求既有相同之处，进而成为国际惯例，并为各个国家和地区所共同遵守；又由于彼此在文化传统、风俗习惯等方面存在差异所导致的各自不同特点，互相也应当予以尊重。

求同存异要求做到以下几点。

1. 承认差异

首先要承认不同国家和地区在礼仪习俗上存在的特殊性，这些特殊性在其各自所属范围内是合理的。

2. 了解差异

在交往之前一定要了解交往对象在衣食住行、婚丧嫁娶、人际交往等方面特有的风俗习惯。

3. 重视差异

在具体交往中，对交往对象的习俗差异要心里有数，并在交往中认真对待。

4. 入乡随俗

如果是前往对方所在国家或地区，更要注意对对方的特有习俗无条件地尊重。

礼仪故事

邓小平同志戴牛仔帽

1979年2月，时任国务院副总理的邓小平同志访问美国。当他来到得克萨斯州休斯敦的骑术表演场，人们全体起立，掌声和欢呼声交织在一起。根据当地习俗，一位美国女骑士策马来到邓小平同志面前，把一顶乳白色的牛仔帽献给了他。当时，大家都以为小平同志不会戴上那顶帽子，谁知他微笑着接受了这一礼物，并立即戴在头上，同大家一起鼓掌。随后又频频挥动牛仔帽，向欢腾的人群致意。

第二天，邓小平同志头戴牛仔帽的大幅照片和电视镜头就通过美国各大新闻媒体，传遍了全世界，成为一大新闻。这一举止使美国人了解到，中国人不是美国人所认为的那样僵硬，那样不可接近，而是很有人情味。

二、信守约定

涉外礼仪中的信守约定是指在一切正式的国际交往中，必须严格遵守自己的所有承诺。涉外交往中，信守约定必须做到以下三点。

1. 谨慎许诺

要保证自己能够信守约定，就不能轻易许诺。不管是答应对方所提出的要求，还是自己主动向对方许愿，都要从自己的实际能力及客观可能性出发，深思熟虑，量力而行，切勿许下自己兑现不了的诺言，最终失信于人。

2. 如约而行

承诺一旦作出，就必须尽力兑现；约定一经作出，就必须如约而行，真正做到“言必行，行必果”。唯有如此，才会赢得涉外交往对象的好感与信任。在一切有关时间方面的正式约定之中，尤其需要恪守不怠。对于双方约定的时间，准时到场最为得体，过早抵达会给人闲极无聊之感，或因主人准备工作未完成而难堪，而迟迟不到极易引起对方误解。

3. 失约致歉

若因无法抗拒的原因失约或违约，应尽早向有关方通报情况，如实解释，郑重地向对方致以歉意。如因此给对方造成损失，还要主动承担违约责任。

三、热情有度

涉外交往中，对待外国友人要热情友好，但要把握好分寸，既要热情大方，又不能轻浮谄媚；既要彬彬有礼，又不能低三下四，否则就会事与愿违，过犹不及。具体来说，要把握好下面四个“度”。

1. 关心有度

即不宜对外国人表现得过于关心。对外宾的关心和热情，必须以不妨碍对方、不给对方增添麻烦、不令对方感到不快为限。若不注意恪守这个“度”，一厢情愿地过“度”热情，处处“越位”，必然会引起外国人的反感或不快。

2. 批评有度

我们不能苛求每个人的行为都合乎自己的衡量标准。在外事活动中，我们应允许对方有不同意见，外国友人的所作所为，只要不触犯中国法律和相关规章制度，不违背伦理道德，不侮辱我方的国格、人格，不危及他人人身安全等，通常没必要去评判其是非对错。特别是不宜当众对其批评指正，甚至横加干涉。

3. 距离有度

在与外国友人进行交往应酬时，应视双方关系的密切程度，与对方保持适度的空间距离。如果距离对方太近，会让对方感到受侵犯或有压迫感，不舒服，是失礼的。

4. 举止有度

在外事活动中，行为举止不可过于随意，不要随便采用某些显示热情的动作，不要采用不文明、不礼貌的动作（如勾肩搭背、拉拉扯扯等；也不要当众化妆、打扮、换衣服、脱鞋子等），从而引起误会或让人感觉无礼。

四、尊重隐私

所谓个人隐私，泛指一个人出于个人尊严和其他方面的考虑，不想告知于人、不愿意对外公开，也不希望外人了解或是打听的个人情况。中国人讲究人情味，容易忽略个人之间的距离。同时，由于传统交往习惯使然，我们经常有意无意打听别人的情况。在国内，大家都认为这是正常现象，但在外事活动中，这种做法必须禁止。在国际交往中，人们普遍讲究尊重个人隐私，并且将尊重个人隐私与否视作一个人有没有教养、能不能尊重和体谅交往对象的重要标志。

尊重他人隐私，要做到“八不问”。

1. 不问收入

在国外，个人收入的多少被认为与个人能力和实际地位有直接因果关系，因此收入的多少往往被外国人看做是自己的脸面，忌讳他人询问。

2. 不问年龄

在国外，尤其是西方国家，人们对年龄十分敏感，希望自己永远年轻，对“老”字讳莫如深，对年龄守口如瓶，既不会轻易将自己的年龄告知他人，也十分忌讳他人打听自己的年龄。在中国有尊敬之意的“老先生”“老夫人”等称呼，外国人听来会很不高兴。

3. 不问婚恋

在国外，绝大多数人并不像中国人那样关心亲友、同事的婚恋生活，乐于提供善意的帮助。西方人将婚姻生活视为纯粹的个人隐私，询问他人的婚姻状况是不礼貌的行为。

4. 不问健康

中国人见面时常以“身体好吗”作为问候语，善意地询问对方健康情况，关心对方过去的疾病等。在国外，人们一般很反感他人对自己的健康状况过多地关注和关心，被询问健康问题会感觉不自在。

5. 不问住址

在国外，人们大都将自己的私人居所视为个人的私生活领地，对于个人的家庭住址、住宅电话等纯私人信息都是要保密的。很多国家的人不愿意邀请外人前往自己的住所做客，也特别忌讳他人无端干扰自己住所的宁静。

6. 不问经历

在国外，人们交往特别是初次交往，不喜欢他人打听自己的身世与背景，像中国人交往时爱问的“您是哪里人”“您在哪里读的大学”“您在哪里高就”这类习以为常的问题，是不受外国人欢迎的，甚至会被认为别有用心。

7. 不问信仰

外国人一般认为宗教信仰和政治见解都是非常严肃的话题，在交往过程中最好避而不谈。由于所处的社会制度不同，意识形态可能有很大差异，涉外交往中不要对交往对象的宗教信仰、政治见解评头论足，更不能将自己的观点、见解强加于人，那样会被视为不友好、不礼貌。

8. 不问工作

中国人碰面时爱问“您正在忙什么”“您这是要去哪儿啊”“您现在怎么样”之类并无

实质意义的问候性问题，这在外国人看来是询问者太过好奇，不懂得尊重被问者。外国人一般认为自己目前的工作和生活状态属于个人隐私。

五、女士优先

“女士优先”是国际社会公认的重要礼仪原则，主要适用于成年的异性之间交际。“女士优先”的含义是：在一切社交场合，每一名成年男子都有义务主动自觉地尊重妇女，体谅妇女，关心妇女，照顾妇女，保护妇女，并且还要尽力为妇女排忧解难，这样才会被视为具有绅士风度。倘若因为男士的不慎，使妇女陷于尴尬、困难的处境，便意味着男士的失职。

温馨提示

女士如何优先

“女士优先”主要适用于西方发达国家、中东欧地区、拉丁美洲地区、部分非洲国家。具体表现在如下方面。

在社交场合中，女士处处优先。无论男士先到还是后到，均应首先向女士致以问候，女士已就座不必起身回礼，而男士应起身欢迎。在介绍来宾时，通常先把男士介绍给女士，男士应等女士伸手后，才可以伸手与其相握，并且此时应该脱下帽子和手套。发表讲话时应该称呼“女士们，先生们”，以体现女士优先的原则。在女士面前，未经女士允许，男士不得吸烟。

男女并排行走时，男士应走在人行道的外侧，以保护女士，为她们遮风挡雨。不能并排时，女士应走在前面，男士在距离其一步之后紧紧相随。但需要开门、下楼梯、穿越人群、经过危险路段时，男士应先行。

在宴会、舞会和音乐会等场合，男士应协助女士脱下外套，为女士拉椅子。用餐时应按女主人的暗示进行。在舞会中，女士可拒绝男士的邀请，但男士不得拒绝女士。

六、以右为尊

涉外交往中，将人们进行左右位置的排列时，讲究右尊左卑，也就是说，右侧的位置高于左侧，左侧的位置低于右侧。这一基本礼仪原则与我国传统的“以左为尊”正好相反。

“以右为尊”也体现在左右手上，如敬烟、敬酒、倒茶、递东西等必须用右手，用左手待客在许多国家被认为不礼貌或有意侮辱对方。如有特殊原因不得不用左手时，应当向客人表示歉意。为尊重对方，在递接沉重物品时可以用双手。

接待外宾，当主人前往外宾下榻之处进行拜会或送行时，主人的身份应当是“客人”，而外宾在此时此地则“反客为主”了。这时，应当使主人居右，而使外宾居左。也就是说，外宾在其临时居所内是“主人”地位，同样贯彻“以右为尊”的原则。

第二节　部分国家礼仪

俗话说，“入国问禁，入乡随俗”。随着国际交往的日益频繁，我们必须多多了解他国风俗习惯、礼仪规则，这对工作和社会交往大有裨益。

礼仪故事

克林顿的失礼

美国前总统克林顿曾出访韩国，按妇女出嫁后从夫姓的美国习俗，称呼韩国总统金泳三的夫人为“金夫人”，成了国际笑料。在韩国，女性婚后是保留本姓氏的。在国宴上，克林顿要发表演说前，突然叫翻译走近他身旁，站在他本人和坐着的金泳三之间，是又一次失礼，因为在韩国，任何人站在两国元首之间都被认为是一种侮辱。

一、亚洲

（一）韩国

韩国是世界上经济发展最快的国家之一，2021年总人口超过5126万，是一个单一民族的国家，朝鲜族占全国总人口的99%。韩国素有“礼仪之国”的称号，韩国人十分重视礼仪素养的培养，比如尊重长者是韩国人恪守的传统礼仪。

1. 服饰礼仪

韩服是韩国的传统服装，优雅且有品位，近代被洋服替代，只有在节日和有特殊意义的日子里穿。女性的传统服装是短上衣和宽长的裙子，看上去很优雅。男性以裤子、短上衣、背心、马甲显出独特的品味。白色为基本色，根据季节、身份、材料和色彩而不同。在韩国从事商务活动，亦穿西装。

2. 餐饮礼仪

韩国人喜欢吃辣和酸菜肴，口味大多比较清淡。主食主要是米饭、冷面，菜肴有泡菜、烤牛肉、人参鸡等。平日，韩国人大都喝茶和咖啡，通常不喝稀粥和清汤，最爱吃的是“炖汤”，这是用辣椒酱配以豆腐、鱼片、泡菜或其他肉类和蔬菜加水煮制的。吃东西时，嘴里响声太大，在韩国人看来是不懂礼仪的表现。

韩国人在自己家中设宴招待来宾时，宾主一般都是围在一张矮腿方桌周围，盘腿席地而坐。在这种情况下，将双腿伸直，或是双腿叉开，都是不允许的。用餐时，不宜高谈阔论，忌把汤匙和筷子同时握在手里；不要把匙和筷子搭放在碗上，不要端着饭碗和汤碗吃饭；用汤匙先喝汤之后，再吃别的食物；饭和汤类用汤匙吃，其他菜用筷子夹；共享的食物要夹到各自的碟子上吃，醋酱和辣酱也最好拨到碟子上蘸着吃；用餐时，不能咽的骨头或鱼刺，应避开旁人悄悄地包在纸上扔掉，不要扔在桌子上或地上。用餐后，汤匙和筷子放在最初的位置，使用过的餐巾叠起来放在桌上。

席间敬酒时，要用右手拿酒瓶，左手托瓶底，鞠躬致辞后再倒酒，而且要一连三杯。

敬酒人应把自己的酒杯举得低一些，用自己杯子的杯沿去碰对方的杯身，敬完酒后再鞠个躬才能离开。

在韩国，如有人邀请你到家吃饭或赴宴，你应带些小礼品，最好挑选包装好的食品。

3. 交往礼仪

韩国人见面时的传统礼节是鞠躬，晚辈、下级走路时遇到长辈或上级，应鞠躬、问候，站在一旁，让其先行，以示敬意。与长辈握手时，还要以左手轻置于右手之上，躬身相握，以示恭敬。男人之间见面打招呼互相鞠躬并握手，握手时，或用双手，或用左手，并只限于点一次头。鞠躬礼节一般在生意人中不使用。和韩国官员打交道一般可以握手或是轻轻点一下头。

在韩国，妇女非常尊重男子，双方见面，总是女子先向男子行鞠躬礼，致意问候；男女同坐时，男子一般位于上座，女子位于下座。一般情况下，妇女和小孩不与男子握手，以点头或鞠躬作为常见礼仪。在称呼上多使用敬语和尊称，很少直接称呼对方名字。如果对方在社会上是有地位头衔的，韩国人一定会用于称呼中。

韩国人用双手接礼物，但不会当着客人的面打开。不宜送外国香烟给韩国友人。酒是送韩国男人最好的礼品，但不能送酒给妇女，除非你说清楚这酒是送给她丈夫的。如果送钱，应放在信封内。

4. 习俗禁忌

韩国人与不了解的人来往，都要有一位双方都信任的第三者进行介绍和委托，否则不容易得到韩国人的信任。为了介绍方便，要准备名片，中英文或韩文均可，但要避免在名片上使用日文。

逢年过节见面时，不能说不吉利的话，更不能生气、吵架。农历正月头三天不能倒垃圾、扫地，更不能杀鸡宰猪。寒食节忌生火。渔民吃鱼不许翻面，因忌翻船。忌到别人家里剪指甲，认为这样两家死后结怨。吃饭时忌戴帽子，认为这样会终身受穷。睡觉时忌枕书，认为这样会读书无成。忌杀正月里生的狗，认为这样三年内会死去。

韩国人珍爱白色。国花是木槿花，国树是松树，国鸟是喜鹊，国兽是老虎。忌讳的数字是“4”和“13”，因发音与“死”相同的缘故，对发音相似的“私”“师”“事”等一般不使用。韩国人的民族自尊心很强，反对崇洋媚外，倡导使用国货。在赠送礼品时，宜选择鲜花、酒类和工艺品，最好不是日本货。

（二）日本

日本是一个群岛国家，实行以天皇为国家象征的君主立宪政体。2021年日本人口总数超过1.27亿，以单一的大和民族为主。其科研能力和教育居世界前列，国民拥有很高的生活质量，是全球最富裕、经济最发达的国家之一。日本与中国一水之隔，其生活习俗与中国人的习俗有诸多相近之处，但也存在着较大差异。

1. 服饰礼仪

当代日本人的服装可以分为传统服装（即和服）和现代服装两类。除了某些专门从事茶道、花道的教师等特殊工作的人外，绝大多数日本人在商务交往、政务活动以及对外场合中都身着现代服装。传统和服只在节日或举行某些仪式时才穿。他们在交际应酬中对打扮十分介意，不修边幅等行为注定会失去其信任。

2. 餐饮礼仪

日本食物主要由米饭、蔬菜、海鲜和水果构成。最能代表日本饮食特色的是生鱼片、寿司以及茶道。他们爱吃生鱼，常把活鱼切成薄如蝉翼的鱼片，佐以姜丝、酱汁等蘸着吃。一般不吃肥肉和猪内脏。寿司为米饭团，在饭团里卷上鱼、虾等。习惯通过沏茶、品茶联络感情、陶冶性情。斟茶时通常以半杯为敬，并且一般不再续茶。

日本人设宴时，传统的敬酒方式是在桌子中间放一只装满清水的碗，并在每人面前放一块干净的白纱布，斟酒前，主人先将自己的酒杯在清水中涮一下，杯口朝下在纱布上按一按，使水珠被纱布吸干，再斟满酒双手递给客人。客人饮完后，也同样做，以示主宾之间的友谊和亲密。

3. 交往礼仪

日本人素有重礼节、讲礼貌的传统风尚。平时见面时总要互施鞠躬礼，并互相问候。在行鞠躬礼时，日本人不但讲究行礼者必须毕恭毕敬，而且在鞠躬的度数、鞠躬时间的长短、鞠躬的次数等方面还有特别的讲究。日本人在初次见面时非常重视交换名片。初次见面不带名片，被视为失礼或无诚意交往。因而有人将日本人的见面礼节归纳为“见面就鞠躬，然后递名片”。

到日本人家中去做客，要预先约定时间，进门前先按门铃通报姓名。如果住宅未安装门铃，绝对不要敲门，而是打开门的拉门，问一声“对不起，里面有人吗？”进门后要主动脱衣脱帽，解去围巾（即使天气炎热，也不能穿背心或赤脚，否则是失礼行为），穿上备用的拖鞋，并把带来的礼品送给主人。按习惯，要给女主人带上一盒糕点或糖果，而不是鲜花。在屋内就座时，背对着门坐是有礼貌的表现，只有在主人的劝说下，才可以移向尊贵位置（指摆着各种艺术品和装饰品的壁龛前的座位，是专为贵宾准备的）。日本人不习惯让客人参观自己的住房，所以不要提出四处看看的请求。在日本，特别忌讳男子进入厨房。

日本是世界上最重视送礼的国家之一。给日本朋友送礼要掌握好“价值分寸”：若过重，他会认为对方有求于他；若过轻，则会认为对方轻视他。日本人对礼品十分讲究包装，礼品要包上好几层，再系上一条漂亮的缎带或纸绳。日本人认为，绳结之处有人的灵魂，标志着送礼人的诚意。不过，日本人不喜欢在礼品包装上系蝴蝶结。忌送装饰有狐狸、獾图案的礼物，也忌送梳子，因为梳子的发音与死相近。日本人送礼一般不用偶数，这是因为偶数中的“四”在日语中与“死”同音，为了避开晦气，诸多场合都不用“四”，久而久之，干脆不送二、四、六等偶数了。他们爱送单数，尤其是三、五、七这三个单数。但“九”也要避免，因为在日语中“九”与“苦”发音相同。接送礼物要双手，不当面打开礼物。接受礼物后，再一次见到送礼的人一定会提及礼物并表示感谢。

4. 习俗禁忌

“爱面子”是日本人的共性。“面子”被认为是一个人荣誉的记录，又是自信的源泉，情面会强烈地影响日本人的一切，一句有伤面子的话，一个有碍荣誉的动作，都会使交往陷入僵局。日本人办事显得慢条斯理，他们不喜欢对抗性和针对性的言行，也不接受急躁的办事风格。所以，在与日本人打交道的过程中，缺乏耐性和沉稳的性格，冲动而草率的举止都会严重影响双方合作。

虽然内敛含蓄、谦恭有礼，但日本人天生就喜欢掌控别人，坚信“优胜劣汰”，他们尊敬强者。在和他们交往与合作时，一定要有自己的主见，自身能力越强，实力越雄厚，越能得到对方的尊重，成交和合作的可能性就越大，否则很容易被对方掌控或者失去主动。

日本人对樱花无比厚爱，而对荷花很反感。樱花是日本的国花，荷花是丧葬活动用的。菊花在日本是皇室的标志，不要作为礼物送给日本人。水晶是日本的国石。日本人很喜欢猕猴和绿雉，并且分别将其确定为国宝和国鸟。同时，他们对仙鹤和乌龟好评如潮，认为是长寿和吉祥的代表。但是，日本人对金色的猫以及狐狸和獾极为反感，认为它们是“晦气”“贪婪”和“狡诈”的化身。一般而言，日本人大都喜欢白色和黄色，讨厌绿色和紫色，并敬重数字“7”。

日本人用右手的拇指与食指合成一个圆圈时，绝对不是像英美人那样表示“OK”，这个手势在日本表示“钱”。

（三）泰国

截至2021年，泰国人口总数超过6981万，共有30多个民族，泰族为主要民族，约占人口总数的40%，泰语为国语，佛教为国教，90%以上的国民信仰佛教，其马来族信奉伊斯兰教，还有少数信奉基督教、天主教、印度教和锡克教。华人是泰国的重要族群，约占总人口的12%。

1. 服饰礼仪

泰国各个民族都有自己的传统服饰。现在泰国城市中的男子在正式社交场合通常穿深色西装，打领带。妇女在正式社交场合可穿民族服装，也可穿裙子。

2. 餐饮礼仪

泰国人不喝热茶，而习惯在茶里放冰块，成为冰茶。用餐时，泰国人习惯围着小圆桌跪膝而坐，用手抓食，不用筷子，但现在有用叉子和勺子的。泰国食品和中国食品大同小异。

3. 交往礼仪

泰国人见面时，通常不握手而是双手合十放在胸前；双手抬得越高，越表示对客人的尊重，但双手的高度不能超过双眼，一般双掌合起应在额至胸之间：地位较低或年轻者，应先向对方致合掌礼。只有和尚可不受约束，不必向任何人还合掌礼，即使面见泰王和王后，也不用还礼，只是点头微笑致意。但官员、知识分子也施握手礼，男女之间不握手。为了表示友善和亲近，不习惯称呼其姓，而是以名来称呼对方，如“建国先生”“秀兰女士”。泰国人跟外人打交道时，显得有教养，讲究彬彬有礼，并且喜欢面带微笑，所以泰国在国际上亦被称“微笑之国”。在泰国，在众目睽睽之下与人争执，咄咄逼人的表现会被泰国人认为是可耻的行为。

4. 习俗禁忌

在泰国，人的头部被认为是精灵所在的重要部位，不要触及他人头部，也不要弄乱他人的头发。如果无意中触及他人的头部，应立即诚恳地道歉。泰国人忌讳外人抚摸小孩（尤其是小和尚）的头部，小孩子的头只允许国王、僧侣和自己的父母抚摸。即使是理发师也不能乱动别人的头，在理发之前必须说一声“对不起”。

泰国寺院是泰国人公认的神圣之地，在进入佛教寺庙时，衣着应得体端庄，身着任何短裙、短裤或袒胸露背装都不得入内。在进入佛堂、回教寺和私人住宅时，游客需要脱鞋，并注意不可脚踏门槛。

泰国人认为右手清洁而左手不洁，左手只能用来拿一些不干净的东西。在比较正式的场合，物品要用双手奉上，用左手则会被认为是鄙视他人。与左手一样，脚掌也被认为是不干净的。泰国人认为脚部是卑贱的，只能用来走路，不能干其他事情，例如用脚踢门和用脚指东西等都是不礼貌的行为。坐着时，不要跷起脚和把脚底对着别人。妇女落座，要求更为严格，双腿必须并拢，否则会被认为是不文明，缺乏教养。

在泰国，睡莲是国花，桂树是国树，白象则是国兽。对于这些东西，不要表示轻蔑或是予以非议。泰国人偏爱红色和黄色，对蓝色颇有好感。他们认为蓝色象征着“永恒”与“安定”。在泰国的三色国旗上，蓝色居中，并代表着王室。泰国人比较忌讳褐色。

二、欧洲

（一）英国

英国全称为大不列颠及北爱尔兰联合王国，主体是英格兰，所以习惯上称英国，2021年人口总数6657万余，是一个有多元文化和开放思想的社会。英国人十分注重礼节。讲文明，有礼貌，尊重女性是英国的重要特点之一。

1. 服饰礼仪

英国人对着装特别讲究，不同场合的服饰也不相同。许多正式的宴会或舞会，往往会在请柬上注明服装要求。出席正式场合一般须着礼服，礼服有晨礼服、小礼服、大礼服之分。在正式场合着装，英国人有下列禁忌：忌打条纹式领带，因为那会让英国人联想起旧式“军团领带”或老式学校的制服领带；忌不系长袖衬衫袖口的扣子，或将长袖衬衫的袖管挽起来；忌在正式场合穿凉鞋，英国人认为，只有在海滨度假或是在家中闲居时，才能穿凉鞋；忌以浅色皮鞋配西装套装。

2. 餐饮礼仪

在英国，除了一日三餐外，威士忌最具有代表性。威士忌是一种以麦类、玉米为原料的“蒸馏酒”，以苏格兰所产最为有名。英国人喜好饮茶。按照传统习俗，向客人敬茶时，必须首先把少许牛奶倒进茶具内，接着冲以热茶，最后还要加一点糖。如果先倒茶而后放牛奶，则被认为是失礼和缺乏教养的行为。

3. 交往礼仪

社交场合，英国人极其强调“绅士风度”。待人接物上，讲究含蓄和距离。从总体上讲，英国人性格内向，不爱张扬。他们不仅自己如此，而且也乐于看到别人这么做。因此，在外人看来，英国人个个严肃刻板，神情冷漠，不苟言笑。与英国人第一次结交时，见面只是握手问好，一般不行拥抱礼。英国人说话含蓄、谦虚、幽默。交谈时，英国人，特别是那些上了年纪的英国人，喜欢别人称呼其世袭爵位或荣誉头衔；至少也要郑重其事地称其为“阁下”或“先生”“小姐”“夫人”等。

4. 习俗禁忌

在英国，朋友之间讲究送礼，但涉及私生活的服饰、香水和带有公司标志与广告的物品不受欢迎。一般情况下，英国人习惯用鲜花、威士忌、巧克力、工艺品以及音乐会门票等送人。英国人忌讳当众打喷嚏；忌讳用同一根火柴连续点燃三支香烟；忌讳把鞋子放在桌子上；忌讳在屋子里撑伞；忌讳从梯子下面走过。

（二）法国

法国全称为法兰西共和国，隔英吉利海峡与英国隔海相望，2021年人口总数6523万余，不仅在工农业方面非常发达，而且也是世界文化中心之一。社交是法国人的重要生活

内容，没有社交活动的生活难以想象。法国人爽朗热情，善于雄辩，高谈阔论，好开玩笑。受传统文化影响，法国人不仅爱冒险，而且喜欢浪漫的经历。法国人是世界上最著名的“自由主义者”，他们虽然讲究法制，但是一般纪律较差，不大喜欢集体行动。法国人拥有极强的民族自尊心和民族自豪感，在他们看来，世间的一切都是法国最棒。

1. 服饰礼仪

法国人对于衣饰的讲究，在世界上是最为有名的。正式场合，法国人通常穿西装、套裙或连衣裙，颜色多为蓝色、灰色或黑色，质地则多为纯毛。出席庆典仪式时一般要穿礼服。男士多穿配以蝴蝶结的燕尾服，或黑色西装套装；女士多穿连衣裙式的单色大礼服或小礼服。对于穿着打扮，法国人认为重在搭配是否得法。在选择发型、手袋、帽子、鞋子、手表、眼镜时，都十分强调要使之与自己的着装协调一致。

2. 餐饮礼仪

作为举世闻名的世界三大烹饪王国之一，法国人十分讲究饮食。在西餐中，法国菜可以说是最讲究的。法国大餐、白兰地及香槟酒更是誉满全球。

法国人爱吃面食和奶酪，因此素有“奶酪王国”“面包王国”等美称。在肉食方面，他们爱吃牛肉、猪肉、鸡肉、鹅肝，不吃动物内脏、无鳞鱼和带刺骨的鱼。法国人特别善饮，他们几乎餐餐必喝，而且讲究以不同品种的酒水搭配不同的菜肴；除酒水外，法国人还爱喝咖啡。

法国人用餐时，两手允许放在餐桌上，但却不许将两肘支在桌子上，在放下刀叉时，他们习惯将其一半放在碟子上，一半放在餐桌上。

3. 交往礼仪

法国人在社交场合与客人见面时，一般以握手为礼，少女向妇女也常施屈膝礼。男女之间、女子之间见面时，还常以亲面颊来代替相互间的握手。法国人还有男性互吻的习俗，一般当众在对方的脸颊上亲一下。法国人对礼物十分看重，也特别讲究。宜选具有艺术品位和纪念意义的物品，不宜选刀、剑、剪、餐具或是带有明显广告标志的物品作为礼物。男士向一般关系的女士赠送香水是不合适的。在接受礼品时若不当着送礼者的面打开其包装，则是一种无礼表现。到法国人家里登门拜访千万别送菊花，因为它表示悲哀。

4. 习俗禁忌

法国人工作和假日分得很清，工作不能影响假日，但假日可以占用工作时间。法语中有一句俚语叫“架桥”，比如星期四是某个法定假日，那么他们会自行在星期四和周末之间“架桥”，星期五就不去上班了。法国人工作时尽职尽责，一旦下班或休假，一般不做任何工作，因为假日对他们来说神圣不可侵犯。法国人干什么事都讲究预约。无论是在办公室或是家中，不速之客推门而入的现象极为少见。如果事先不预约，首先对方会觉得你不礼貌；其次，没有预约，常常会吃闭门羹。

法国的国花是鸢尾花。菊花、牡丹、玫瑰、杜鹃、水仙、金盏花一般不宜送给法国人。法国的国鸟是公鸡，被认为是勇敢、顽强的化身。法国人多喜爱蓝色、白色与红色，忌讳的色彩主要是黄色和墨绿色。

（三）德国

德国是欧洲的一个优秀国家，2021年人口总数8229万余，居民中约33.7%的人信奉基督教新教，约33.2%信奉罗马天主教，此外，还有少数人信奉伊斯兰教和犹太教。德语为通用语言和官方语言，国庆日是10月3日，纳粹受害者纪念日是1月27日。德国人在社交场合所表现出来的独特风格，往往会给人以深刻的印象。

1. 服饰礼仪

德国人的穿着打扮庄重、朴素、整洁。一般情况下，男士大多爱穿西装、夹克，喜欢戴呢帽。妇女们则大多爱穿翻领长衫和色彩、图案淡雅的长裙。正式场合，必须穿戴得整整齐齐，衣着一般多为深色。德国人对发型较为重视，男士不宜剃光头，以免被人当成“新纳粹”分子；少女的发式多为短发或披肩发，烫发的妇女大多是已婚者。

2. 餐饮礼仪

德国人爱好“大块吃肉，大口喝酒”。他们口味较重，偏油腻，主食以炖或煮的肉类为主。最爱吃猪肉，人均猪肉消费量居世界首位，以猪肉制成的各种香肠，德国人百吃不厌。除北部沿海地区外，大多数人不习惯吃鱼。他们有个特有的饮食风俗，就是吃鱼不准说话；而且，吃鱼用的刀叉不得用来吃肉或奶酪。他们还特爱吃马铃薯、色拉等，爱喝啤酒。

德国人对早、午餐较为重视，早餐不喜欢喝牛奶，爱喝咖啡或可可，晚餐较为简单，一般都是香肠或火腿吐司。他们用餐时喜欢关掉电灯，只点些小蜡烛，在幽淡的烛光下促膝谈心、进餐饮酒。

3. 交往礼仪

德国人时间观念很强，一旦约定时间，迟到或过早抵达都被视为不懂礼貌。

德国人注重礼节，社交场合与人见面，一般行握手礼。与德国人握手时，有两点需要注意：一是握手时务必要坦然地注视对方，二是握手的时间宜稍长一些，晃动的次数宜稍多一些，握手时所用的力量宜稍大一些。而与熟人朋友和亲人相见时，一般行拥抱礼。

德国人重视称呼，若非对方主动提出，绝不贸然以名字相称。与德国人交谈时，切勿疏忽对“您”与“你”这两种人称代词的使用：称“您”表示尊重，称“你”则表示地位平等、关系密切。

与德国人相处时，几乎见不到他们皱眉头和漫不经心的动作，因为他们把这些动作视为对客人的不尊重，是缺乏友情和教养的表现。

被邀请到德国人家里作客是一种殊荣。鲜花是送女主人的最好礼物，且必须是单数，但忌送红玫瑰和“13”朵；在门厅里解开包装纸，见到女主人就献上花。威士忌酒可以作为礼物，但不要带葡萄酒前往，因为此举足以显示你认为主人选酒品味不够好。

4. 习俗禁忌

德国人偏爱蓝色的矢车菊，并视之为国花。对白鹳也倍加喜爱，并视其为国鸟。人们还把白鹳在屋顶筑巢看成吉祥之兆。在德国，不宜随意以玫瑰或蔷薇送人，前者表示求爱，后者则专用于悼亡。

德国人不喜欢听恭维话，他们认为恭维实际上是对人的看不起，甚至是污辱。他们忌讳在公共场合窃窃私语（夫妻和恋人间除外），因为这容易引起他人的疑心。他们对于四个人交叉握手或交叉谈话比较反感。

按照德国送礼的习俗，若送剑、餐具，则请对方还一个硬币给你，以免所送礼物伤害你们之间的友谊。德国人对礼品包装纸很讲究，忌用白色、黑色或咖啡色的包装纸，更不要使用丝带。德国人视浪费为“罪恶”，一般人都没有奢侈的习惯。

（四）俄罗斯

俄罗斯联邦通称俄罗斯或俄国，由22个自治共和国、46个州、9个边疆区、4个自治区、1个自治州、3个联邦直辖市组成。国土面积为1707.54万平方千米，是世界上国土面积最大的

国家，2021年总人口约1.44亿。俄罗斯是一个浪漫的国度，也是一个非常注重礼仪的民族。

1. 服饰礼仪

俄罗斯人注重仪表，衣着整洁，出门旅行常带着熨斗。不扣好扣子或将外衣搭在肩上被认为是不文明的表现。城市居民多着现代西装，春秋季喜欢在西装外套一件漂亮的风衣，冬季则以呢大衣为主。女士爱穿裙子。在俄罗斯民间，已婚妇女必须戴头巾，并以白色为主；未婚姑娘则不戴头巾，但常戴帽子。参加晚会、观看演出，俄罗斯人习惯穿晚礼服，尤其是看芭蕾舞剧，显得特别高贵。

2. 餐饮礼仪

在饮食习惯上，俄罗斯人讲究量大实惠，油大味厚。他们喜欢酸、辣、咸味，偏爱炸、煎、烤、炒的食物，尤其爱吃冷菜。他们一般以面食为主，爱吃用黑麦烤制的黑面包。特色食品还有鱼子酱、酸黄瓜、酸牛奶等。吃水果时，他们多不削皮。俄罗斯人很能喝冷饮，最爱喝的酒是伏特加；此外，他们还喜欢喝一种叫“格瓦斯”的饮料。

俄罗斯人用餐时，多用刀叉，忌讳用碗。参加俄罗斯人的宴请时，宜对其菜肴加以称道，并且尽量多吃一些。俄罗斯人将手放在喉部，一般表示已经吃饱。

3. 交往礼仪

俄罗斯人素以热情、豪放、勇敢、耿直著称于世。在交际场合，俄罗斯人见面和告别时，习惯于接吻和拥抱。特别是亲人和好友，要在面颊上连吻三下。与年长的妇女握手时，别先伸手。对初见面的妇女，可先鞠躬。在迎接贵宾之时，俄罗斯人通常会向对方献上“面包和盐”，这是给予对方的极高礼遇，客人应该小心翼翼地掰下一块面包，然后蘸着盐吃掉，这表示双方已经成为朋友。在斯拉夫文化中，面包被认为是一种圣物，家里没有面包意味着没有东西可吃，“面包是生命之杖”。盐则象征着灵魂的纯洁（因为盐没有保质期）。通过奉上面包和盐，俄罗斯人不仅希望为客人带来财富，还可以驱走一切不好的东西。当然，也可以检查来者是否是人，而非邪灵。如果客人不接受这份礼物，将不会被允许进入屋内，以避免其邪恶眼睛的注视和恶念的出现。

与俄罗斯人正式场合认识和交谈，要努力记住对方的全名，称呼他的名字时应加上父姓，以示尊敬和客气。俄罗斯人非常看重人的社会地位，因此对有职务、学衔、军衔的人，最好以其职务、学衔、军衔称呼。

4. 习俗禁忌

俄罗斯人讲究女士优先，在公共场合，男士往往自觉充当“护花使者”。不尊重妇女的男子，到处都会遭受白眼。在俄罗斯，被视为“光明象征”的向日葵最受人们喜爱，它被称为“太阳花”，并被定为国花。拜访俄罗斯人时，送给女士的鲜花宜为单数。在数目方面，俄罗斯人最偏爱“7”，认为它是成功、美满的预兆。他们也特别喜欢小动物，如猫、狗等。俄罗斯人喜欢文学，酷爱读书，在汽车上、地铁里，随处可见看报、读书之人。蹲在地上，卷起裤腿，撩起裙子，都是严重的失礼行为。如打碎镜子和打翻盐罐，在路上看见有人手提空桶，或者挑着两只空桶，都被认为是不祥之兆。

三、非洲

（一）埃及

埃及地跨非、亚两洲，有“金字塔之国”“尼罗河的礼物”“棉花之国”“长绒棉之国”“文明古国”的美称。埃及2021年总人口超过1.01亿，伊斯兰教为国教。阿拉伯语为国语，在饭店、观光地区及一般商务活动中通行英语，受教育阶层大都懂英语和法语。

1. 服饰礼仪

埃及的传统服装是阿拉伯大袍，在农村不论男女仍以穿大袍者为多，城市平民也有不少以大袍加身。20世纪20年代后期，西方服装逐步进入埃及。当地妇女喜欢戴耳环、手镯等。在一些边远地区，女子外出还保留着蒙面纱的习俗。

2. 餐饮礼仪

埃及人通常以“耶素”为主食，进餐时与“富尔”（煮豆）“克布奈”（白乳酪）“摩酪赫亚”（汤类）一并食用。“耶素”即为不用酵母的平圆形埃及面包，他们喜食羊肉、鸡肉、鸭肉、鸡蛋以及豌豆、洋葱、南瓜等。口味清淡、甜、香、不油腻。串烤全羊、烤全羊是他们的佳肴。他们习惯用自制的甜点招待客人，客人如果谢绝，一点也不吃，会让主人失望，也失敬于人。当地人就餐前一般都要说：以大慈大悲真主的名义。

埃及人在正式用餐时，忌讳交谈，否则会被认为是对神的亵渎。他们习惯用右手就餐，认为左手不洁净，忌用左手与他人接触或给别人递送物品。埃及人一般都遵守伊斯兰教规，忌讳饮酒，但可饮茶。他们有饭后洗手、饮茶聊天的习惯。他们忌吃猪肉、狗肉，不吃虾、蟹、动物内脏（除肝外）、鳝鱼、甲鱼等。

3. 交往礼仪

埃及人与朋友相见时，常称呼对方为阿凡提，意思是先生，原来这一称呼只限于王室，现在这一称呼已被广泛使用。埃及人见面时一般是握手，随后亲吻对方的脸。谈话时习惯站得靠近些，目光注视对方但不盯视。他们认为用手指招呼人不礼貌。进入清真寺，他们举止恭敬，态度虔诚，忌讳踩祈祷用的铺垫。

星期六到下星期四，是埃及人上班的时间，星期五是伊斯兰教的休息日。埃及的社交聚会比较晚，晚饭可能十点半以后吃。应邀去吃饭，可以带些鲜花或巧克力。和埃及人相处，谈话时多赞美埃及有名的棉花和古老的文明。

4. 习俗禁忌

莲花是国花，猫是国兽，橄榄石是国石。喜欢葱，认为它代表真理。喜欢绿色和白色，忌讳黑色和蓝色。喜欢金字塔形莲花图案。禁穿有星星图案的衣服，如果送礼品给埃及朋友，图案不得有星星、猪、狗、猫及熊猫。3、5、7、9是人们喜爱的数字，忌讳13，认为它是消极的。

每天下午3—5点，埃及人不卖针，不买针，也不谈针。他们认为，天神每天都在这个时间下凡，向人们恩赐生活必需品。神的施舍很特别，越富的人赐予越多，越穷的人赐予越少。穿针引线是穷困者的生计，所以得不到更多赏赐。因而在“诸神下凡”的时间里，人们都忌讳与针有关的事情。如非借针不可，出借的人会把针插在面包里交给借针人。

在埃及要会给小费，否则寸步难行；男士不要主动与妇女攀谈；不要夸人身材苗条；不要称道埃及人家中的物品，人家会以为你是索要此物；不要与埃及谈论宗教纠纷、中东政局及男女关系。

（二）南非

南非位于非洲大陆最南端，东、西、南三面濒临印度洋和大西洋，2021年人口总数5740万余。南非社交礼仪可以概括为“黑白分明”“英式为主”。所谓“黑白分明”是指受到种族、宗教、习俗的制约，南非的黑人和白人所遵从的社交礼仪不同；“英式为主”是指在很长一段历史时期内，白人掌握南非政权，白人的社交礼仪特别是英国式社交礼仪广泛流行于南非社会。

1. 服饰礼仪

在城市中，南非人的穿着打扮基本西化了。大凡正式场合，他们都讲究着装端庄、严谨。进行官方交往或商务交往时，穿样式保守、色彩偏深的套装或裙装，不然会被视为失礼。另外，南非黑人通常还有穿着本民族服装的习惯，不同部族的黑人，往往会有不同的着装特色。

2. 餐饮礼仪

南非当地白人平日以吃西餐为主，经常吃牛肉、鸡肉、鸡蛋和面包，爱喝咖啡与红茶。非黑人喜欢吃牛肉、羊肉，主食是玉米、薯类、豆类。不喜生食，爱吃熟食。

南非著名的饮料是如宝茶。在南非黑人家做客，主人一般送上刚挤出的牛奶或羊奶，有时是自制的啤酒。客人一定要多喝，最好一饮而尽。

3. 交往礼仪

南非人见面时采用握手礼，称交往对象为“先生”“小姐”或“夫人”等。在黑人部族中，尤其是广大农村，南非黑人往往会表现出与社会主流不同的风格。比如，他们习惯以鸵鸟毛或孔雀毛赠予贵宾，客人此刻得体的做法是将这些珍贵的羽毛插在自己的帽子上或头发上。

4. 习俗禁忌

信仰基督教的南非人，忌讳数字13和星期五；南非黑人非常敬仰自己的祖先，他们特别忌讳外人对自己的祖先失敬。跟南非人交谈，有四个话题不宜涉及：为白人评功摆好；评论不同黑人部族或派别之间的关系及矛盾；非议黑人的古老习惯；为对方生了男孩表示祝贺。

四、美洲

（一）美国

美利坚合众国简称美国，是由华盛顿哥伦比亚特区、50个州和关岛等众多海外领土组成的联邦共和立宪制国家，2021年人口总数3.28亿余。美国是一个多民族的移民国家。建国两百多年来各民族相融，兼收并蓄，在习俗和礼节方面，形成了以欧洲移民传统习惯为主的特色。

1. 服饰礼仪

美国人的服饰追求个性、气质、风度，讲究舒适，工装裤、牛仔服、毛绒衫、运动服、夹克衫等都是他们最爱的服装。任何人都不能在公众场合穿背心、睡衣。正式场合非常注重着装，参加重要宴会，应注意请柬上有关服装规定。请柬上有些字如“casual（非正式）”，并不意味着你可以穿牛仔裤，“semi-formal（半正式）”也并不表示你可以不打领带，最好问清楚。

2. 餐饮礼仪

美国人的饮食可谓五花八门，最具代表性的是快餐。美国人的午餐较随便，常吃汉堡包、三明治等。而经营快餐的麦当劳、肯德基等店已经在世界各地落户。他们不爱吃肥肉，不吃清蒸和红烧的食品。一般不饮烈性酒，即便要饮，也通常加入冰块再喝。

3. 交往礼仪

美国人以不拘小节、自由自在著称。他们只在正式场合行握手礼，一般场合见面时相视一笑，说声“嗨！（Hi）”或“哈罗！（Hello）”即为见面礼节。初次见面，相互介绍也很简单。美国人相互称呼直呼姓名，一般不用“先生”“太太”等称呼，一般也不用正式头衔。只对法官、医生、高级官员、高级神职人员称呼头衔，如果有博士学位，常常称“某某博士”。称呼长者忌用“老”字。

男女交往在美国比较开放，约会看电影吃饭也非常普遍，和异性热情地交往并不算失礼。男女双方均可主动邀约，通常男性较主动。约会应准时，如赴宴则最好迟到几分钟，如果比主人先到，反而失礼。可以各自付账或一方请客。美国朋友倘若说“Let's go get a beer”或“Want a cup of coffee？”时，别误会他要请客，这种情形通常是各自付费。如果应邀地点在餐厅，餐后可提议付小费，倘主人坚持不允，也可不必勉强。

美国人交谈、示意喜欢用手势。他们习惯打过招呼即谈正事，不上茶、不寒暄。交谈中注重礼貌。敬语在美国人言谈中经常使用，如“谢谢”“请原谅”“没关系”“对不起”等。当对你的谈话内容持不同意见时，可能会沉默一下，以示无意与你争论。美国人很注重平等待人，包括对子女。许多美国人都不愿因自己的年龄、声誉、资历、辈分或社会地位高而被置于突出或显要位置。美国人不把互赠名片视为礼节，只为便于日后联系时才送名片。送名片给他人时并不期待他人回送名片。美国人举行家庭招待会，在两三个小时内同时接待几十名来访的亲友，客人送不送礼皆可。如果出席专为宾客举行的家宴时，则应带些小礼品。美国人之间一般送瓶酒或鲜花。如果空手赴宴，则表示你将回请。

4. 习俗禁忌

美国人非常看重受大家喜欢、具有吸引力的人。他们总是希望能同别人无拘无束地接触，并结识更多的朋友。美国人交往时，不喜欢服从别人，也不喜欢别人过分恭维自己；他们从小便养成独立奋斗、不依赖父母的习惯，不喜欢依赖别人，也不喜欢别人依赖他们。

美国人最忌讳打探个人隐私，询问他人收入、年龄、婚恋、健康、籍贯、住址、种族等，都是不礼貌的。在美国讲究排队时保持1米距离，这已经成为保护隐私的一项礼仪。

（二）墨西哥

墨西哥全称“墨西哥合众国”。截至2020年墨西哥人口超1.3亿，印欧混血人种占约90%，印第安人约占10%，官方语言为西班牙语。居民中约89%信奉天主教。墨西哥是仙人掌的故乡，享有“仙人掌王国”美誉。

1. 服饰礼仪

墨西哥人穿着打扮非常讲究，在公共场合的着装既严谨又庄重，男子穿长裤，女子穿长裙才是符合要求的。平时喜欢穿色彩艳丽的衣服，据说这和当年玛雅人的习俗一致，认为色彩对比强烈的衣服能吓退妖魔，保佑众生平安。

2. 餐饮礼仪

墨西哥人的传统食物主要是玉米、菜豆和辣椒，它们被称为墨西哥人餐桌上必备的“三大件”。玉米被称为“墨西哥人的面包”。菜以辣为主，有人甚至在吃水果时也要加入一些辣椒粉。墨西哥是世界上昆虫食品消耗量最大的国家，视蚂蚱、蚂蚁、蟋蟀、蝇卵、龙舌兰虫等为美味佳肴。墨西哥人还有吃仙人掌的习惯，仙人掌与香蕉、西瓜等一样，可以当水果吃。

3. 交往礼仪

在墨西哥，熟人见面时主要行拥抱礼与亲吻礼。上流社会男女之间行吻手礼。他们惯于使用的称呼是在交往对象的姓氏后加上“先生”“小姐”或“夫人”之类的尊称。约会时，有不准时到达约会地点的习惯，通常情况下要比约定的时间晚一刻钟到半个小时，在他们看来这是一种待人的礼貌。

4. 习俗禁忌

墨西哥人忌讳在不熟悉的男子之间行亲吻礼或吻手礼。向墨西哥人送礼物，不能送紫色类的物品或以紫色包装的礼品。穿紫色系的衣服访问他人，或招摇过市，同样不受欢迎。忌讳送人手帕和刀剪，因为手帕是和眼泪联系在一起的，而刀剪是友谊破裂的象征。

五、大洋洲

澳大利亚全称为澳大利亚联邦，1788年至1900年，曾是英国的殖民地。1901年，殖民统治结束，澳大利亚成为一个独立的联邦国家。澳大利亚2021年人口总数2477万余，自然环境优美。

1. 服饰礼仪

澳大利亚的衣着习惯可以简单总结为两条：一是按需要穿衣打扮；二是尽可能让自己舒适。在平常日子里，人人穿着朴实，个个随意休闲，不管男女老少，人们的衣着以T恤衫、牛仔裤、运动鞋等休闲服装为主。

2. 餐饮礼仪

澳大利亚人一般喜欢吃牛肉、羊肉、鸡肉、鸭肉、鸡蛋、野味等。菜要清淡，讲究花样，不吃辣，对中国菜颇感兴趣。西餐喜欢吃奶油烤鱼、炸大虾、什锦拼盘、烤西红柿等。澳大利亚人接待宾客通常在饭店中宴请，私人集会则在家中招待。在饭店正式宴请宾客时，最流行的饭菜之一是中餐。饭店里习惯付小费，对侍应服务一般付10%的小费是可以接受的。在一年中的温暖月份里，宴请可以在室外进行，或采取现场烧烤的方式做菜。在工作之余设宴，通常要邀请客人的妻子参加。

如果到当地人家中做客，用餐时，一般主人坐在离厨房最近的位置，其余的人由主人指定座位。当主人上菜时，不要是不礼貌的，但可说不要的理由或少要一点。进餐时应尽量把盘子里的东西吃完，如果剩一些，会被认为很不礼貌。

3. 交往礼仪

澳大利亚的交往礼仪五花八门，兼容并蓄。以见面礼为例，他们所行的既有拥抱礼、亲吻礼，也有合十礼、鞠躬礼、握手礼、拱手礼、点头礼，当地土著居民行的则是勾手礼。澳大利亚人大都名在前，姓在后。称呼别人先说姓，接上“先生”“女士”“夫人”“小姐”类。熟人之间直呼其名或称昵称。澳大利亚同英国一样有“女士优先”的习惯。

澳大利亚人的时间观念很强，约会必须事先联系并准时赴约。到当地人家中做客，最合适的礼物是给女主人带上一束鲜花，也可以给男主人送一瓶葡萄酒。在澳大利亚经商或从事类似的工作，携带名片很重要。名片是向对方提供自己身份的证明，收到名片的人通常会将它保存起来。

4. 习俗禁忌

澳大利亚人崇尚人道主义和博爱精神，乐于保护弱者，甚至将保护动物看作是自己的天职，最喜爱的动物是袋鼠与琴鸟，前者被澳大利亚人视作澳洲大陆上最早的主人，后者则是澳大利亚的国鸟。

数字方面，受基督教的影响，澳大利亚人对于“13”与“星期五”普遍反感。他们对公共场合的噪声极其厌恶，在银行、邮局、公共汽车站等公共场所，都是耐心等待，秩序井然。

爱好娱乐的澳大利亚喜欢邀请友人一同外出游玩，他们认为这是密切双边关系的捷径，对此类邀请予以拒绝，会被认为不给面子。议论种族、宗教、工会和个人私生活以及等级、地位问题，最令澳大利亚人不满。

拓展训练

一、请你讨论

一次，英国一访华观光旅游团下榻北京国际会议中心大厦。一天，翻译小姐陪同客人外出参观，在上电梯时，一位英国客人请这位翻译小姐先上，可是这位小姐谦让了半天，执意要让客人先行。事后这些客人抱怨说：他们在中国显示不出绅士风度来，原因是接待他们的女士们都坚持不让他们显示。比如，上下汽车或进餐厅时，接待他们的女士们坚持让他们先走，弄得他们很不习惯，甚至觉得受了委屈。虽然我方人员解释，中国是“礼仪之邦”，遵循“客人第一”的原则，对此解释他们也表示赞赏，但对自己不能显示绅士风度仍表示遗憾。

在本案例中，双方都遵循了自己的礼仪规范，造成客人遗憾的原因是什么？如果你是中方人员，你会怎么处理？

二、请你分析

国内某家专门接待外国游客的旅行社，有一次接待来华的意大利游客，专门从杭州订制了一批纯丝手帕送给每位游客。手帕是名厂生产，每个手帕上绣着花草图案，十分美观大方，并且装在特制的纸盒内，盒上还有旅行社社徽。中国丝织品闻名于世，料想会受到客人的喜欢。旅游接待人员带着礼物到机场迎接意大利游客，欢迎致辞热情、得体。在车上他代表旅行社赠送给每位游客两盒包装甚好的手帕，作为礼品。没想到车上一片哗然，议论纷纷，游客很不高兴。特别是一位夫人，大声叫喊，表现极为气愤，还有些伤感。接待人员心慌了，好心好意送人家礼物，怎么不但得不到感谢，还出现这般景象！

你认为意大利游客为何如此？请查找相关资料，指明应给这些客人送什么礼物为好？

三、请你扮演

分组扮演角色，分别表演到日本、法国、美国等不同国家的外国朋友家里做客的情况。中方代表两人，外国友人为一对夫妇。推选4名同学做裁判，根据各组表演情况，从语言表达、个人仪容仪表和举止、台词设计、表演技巧和风格、小组配合等方面综合评价，评出最佳“礼仪先生”“礼仪小姐”和“最佳礼仪团队”。

要求：

① 深入了解不同国家的餐饮礼仪及相关禁忌；

② 准确把握所扮演角色的特点；

③ 在表演过程中充分发挥团队协作的力量。

参考文献

[1] 金正昆．职场礼仪．北京：北京联合出版公司，2019.

[2] 金正昆．社交礼仪．北京：北京联合出版公司，2019.

[3] 金正昆．社交礼仪教程．北京：中国人民大学出版社，2019.

[3] 杨金波．政务礼仪．北京：中华工商联合出版社，2018.

[4] 董乃群，刘庆军．社交礼仪实训教程．北京：清华大学出版社；北京交通大学出版社，2020.

[5] 金常德．现代交际礼仪．大连：大连出版社，2012.

[6] 竭红云，张海珍．实用社交礼仪教程．北京：中国人民大学出版社，2016.

[7] 文智辉．社交礼仪．上海：华东师范大学出版社，2011.

[8] 云牧心．社交与礼仪知识全集．北京：北京工业大学出版社，2006.

[9] 许湘岳，蒋璟萍，费秋萍．礼仪训练教程．北京：人民出版社，2012.

[10] 赵惠岩．实用礼仪．北京：科学出版社，2012.

[11] 李嘉珊．实用礼仪教程．北京：中国人民大学出版社，2011.

[12] 卢新化．社交礼仪．北京：北京大学出版社，2012.

[13] 周秀梅．礼仪大全．北京：中国戏剧出版社，2005.

[14] 王华．现代社交礼仪．广州：华南理工大学出版社，2009.

[15] 赵景卓．现代礼仪．北京：中国物资出版社，2009.

[16] 徐白．公关礼仪教程．上海：同济大学出版社，2008.

[17] 李智．社交礼仪．长春：吉林大学出版社，2010.

[18] 李洪勇，李聪聪．礼仪全攻略．北京：清华大学出版社，2010.